Perspetives on Portuguese History

THE 2024 LECTURES BY PROFESSOR KENNETH MAXWELL

ROBBIN LAIRD, EDITOR

Copyright © 2025 by Robbin Laird

All rights reserved.

No portion of this book may be reproduced in any form without written permission from the publisher or author, except as permitted by U.S. copyright law.

Library of Congress Control Number: 2024923581

The cover photo is photo from 25 April 1974, Lisbon, Portugal, It is from the Z1 Collection from Alamy Stock Photo

Contents

Foreword v
Preface xiii

Prologue: Portugal 1964 — 1
Introduction — 31
Uma bolsa de estudo por acaso — 41

1. LOOKING BACK AT THE PORTUGUESE REVOLUTION: THE 25 APRIL 2024 SÃO PAULO LECTURE — 51

2. OLHANDO PARA TRÁS NA REVOLUÇÃO PORTUGUESA: PALESTRA SÃO PAULO 25 DE ABRIL DE 2024 — 66
A conferência de São Paulo — 66

3. INTERNATIONAL CONFERENCE OF THE POMBAL PARADOX: JUNE 2024 — 81
Federal University of Sergipe to Award an Honorary Doctorate to Historian Kenneth Maxwell — 82
III International Symposium — 82
Salute to Professor Kenneth R. Maxwell at the Solemnity of the Title of Doctor Honoris Causa by the Federal University of Sergipe — 84
Acceptance Speech by Professor Kenneth Maxwell — 87
Questions and Answers — 90
Bibliographical References — 94

4. CONFERÊNCIA INTERNACIONAL SOBRE O PARADOXO DE POMBAL: JUNHO DE 2024 — 96
Universidade Federal de Sergipe concederá o título de Doutor Honoris Causa ao historiador Kenneth Maxwell — 97
Saudação ao Professor Kenneth R. Maxwell na Solenidade de Outorga do Título de Doutor Honoris Causa pela Universidade Federal de Sergipe — 99
Discurso de aceitação do Professor Kenneth Maxwell — 102

Perguntas e respostas	105
Referências Bibliográficas	110

5. THE INTERNATIONAL COLLOQUIUM ON LUSO-BRAZILIAN ART AND LITERATURE AT HARVARD UNIVERSITY ... 111
   Kenneth Maxwell on the Harvard Symposium ... 111
   London: The Great fire and Failed Plans for the Reconstruction of the City ... 114
   Lisbon: The Great Earthquake of 1755 and the Reconstruction of Lisbon ... 123
   Paris: The Reconstruction of Paris by Napoleon III and Baron Haussmann. ... 138
   Conclusion ... 149

6. O COLÓQUIO INTERNACIONAL DE ARTE E LITERATURA LUSO-BRASILEIRA NA UNIVERSIDADE DE HARVARD ... 156
   Kenneth Maxwell sobre o Simpósio de Harvard ... 156
   Londres: O Grande Incêndio e os Planos Falhados para a Reconstrução da Cidade ... 159
   Lisboa: O Grande Terramoto de 1755 e a Reconstrução de Lisboa ... 169
   Paris: A reconstrução de Paris por Napoleão III e pelo Barão de Haussmann. ... 184
   Conclusão ... 195

7. THE PIVOT: THE PORTUGUESE COUP OF THE 25TH APRIL AND ITS GLOBAL CONSEQUENCES ... 202
   The Pivot: The Portuguese Coup of the 25th April and its Global Consequences ... 203

8. O PIVÔ: O GOLPE PORTUGUÊS DO 25 DE ABRIL E AS SUAS CONSEQUÊNCIAS GLOBAIS ... 219
   Epilogue ... 238

About the Author	263
About the Editor	265
Notes	267

Foreword

On April 25, 1974, Kenneth Maxwell was waiting for the military coup that would put an end to the authoritarian Estado Novo regime - the oldest dictatorship in Europe - and start a revolutionary process that, against all expectations, would pave the way for the decolonization of the last African colonial empire and the institutionalization of democracy in Portugal.

The coup d'état came as a surprise both to Portugal's allies, including the United States, and to its enemies, including the Soviet Union. But Kenneth Maxwell, a young historian who had done his thesis at Princeton on relations between Portugal and Brazil between 1750 and 1808,[1] knew Portugal well and, on the eve of the coup by the Armed Forces Movement, had obtained credentials as a journalist so that he could follow the change of regime closely. In the following months, he published the best articles on the Portuguese revolution in the **New York Review of Books** and **Foreign Affairs**.[2]

Kenneth Maxwell was, and still is, an outstanding classical historian of the Enlightenment, with a special reference to the Ibero-American space and, in particular, to the Marquis of Pombal, about whom he wrote a biography that is an indispensable reference in 18th century Portuguese historiography.[3]

However, the political changes in Portugal after 1974 needed an author and they found in him the best interpreter of the history of the revolution, decolonization and Portuguese democracy. In the following years, between Columbia and Harvard, Kenneth Maxwell would also become a notable international historian of the 20th century, with a special reference to Portugal, Brazil and the Atlantic system.

In the same period, he created the **Camões Center for the Study of the Portuguese-Speaking World** at Columbia University in New York, a unique institution for Portuguese and Brazilian studies in the United States, where he received all the political, intellectual and academic personalities relevant to the democratic transformation of Portugal and Brazil.

His writings on the internal evolution of the revolutionary process and the transfer of sovereignty in the African colonies, the strategies of the United States in relation to the Portuguese revolution and decolonization, the consolidation of Portuguese democracy and Portugal's foreign relations, are must-reads. They have been published, in English and Portuguese, as book chapters, working papers and articles in academic journals, including **International Politics** and **International Relations,** to whose editorial board he has belonged since the first issue. Kenneth Maxwell has directed the publication of several books on Portuguese politics and, in 1997, published **The Making of the Portuguese Democracy** which is still the reference work on political change in Portugal in the post-25 April period. [4]

Kenneth Maxwell is the doyen of historians of the revolution, decolonization and Portuguese democracy and as such was honored at the conferences held in Portugal and Brazil to commemorate the 50th anniversary of 25 April.

His studies on Portuguese democracy are particularly important. Firstly, they underline that the change in the post-25 April period was a revolution and not a mere political transition, like, for example, the **ruptura pactada** in post-Franco Spain. Secondly, they show that internal political evolution in Portugal is inseparable from the process of decolonization in Africa; and thirdly, they define Angolan decolonization as the turning point that divided the Armed Forces Movement.

In fact, what separates the Portuguese case from other experiences of

FOREWORD

post-authoritarian transition to democracy is precisely the fact that the change of political regime in Portugal was a revolution. More importantly, it is a unique revolutionary process because it ends with the institutionalization of a constitutional democracy and, in this sense, anticipates the European revolution of 1989 and the post-communist transitions to democracy in Eastern Europe fifteen years later.

On the other hand, the Portuguese case, in comparison with subsequent post-authoritarian transition processes, is unique because the transformation of the political regime is inseparable from the change in the nature of the state with the end of the empire and a process of decolonization parallel to the revolutionary process.

In Spain, the exit from Western Sahara was nothing more than a **fait divers**, expeditiously resolved in the days between Franco's death and the enthronement of the new Head of State.

Finally, decolonization is decisive in the sense that it begins by being the main factor of unity in the Armed Forces Movement, whose members want to put an end to the colonial war, before becoming the main factor of division in the Armed Forces Movement, when its members differ on the Angolan decolonization process. For the "gonçalvistas", Angola's independence must mean its alignment with the Soviet bloc, for the "melo-antunistas" this alignment jeopardizes future post-colonial relations between Lisbon and Luanda. Without the internal rupture in the Armed Forces Movement, it is unlikely that the Portuguese revolution would have given rise to a regime of pluralist democracy.

Kenneth Maxwell returns to these themes in his latest interventions on the Portuguese revolution published in this book, which also includes an essay on Portugal written in October 1964, as well as historical essays on relations between Portugal and Brazil and on the reconstruction of London, Lisbon and Paris in the 17th, 18th and 19th centuries respectively, uniting the Marquis of Pombal and the Baron of Haussmann in the same class of visionaries who restored the capital of the state..

In his 2024 lectures in São Paulo and Lisbon, Kenneth Maxwell summarized the origins, conflicts and outcome of the Portuguese revolution.

FOREWORD

In São Paulo, he compared the three Portuguese revolutions of 1640, 1820 and 1974 to underline the similarity of the reactions of dread of the Count-Duke of Olivares, the Prince of Metternich and Secretary of State Kissinger, and their international consequences: in the 17th century, the Portuguese Restoration marked the end of Spain's universal empire; in the 18th century, the liberal revolution ensured Brazil's independence; and in the 20th century, April 25 was the beginning of the end of white rule in Southern Africa.

In Lisbon, he deals for the first time with Brazil's position on the Portuguese revolution, when General Geisel refused to support General Spínola in 1975 and, above all, he once again highlights the intervention of Ambassador Frank Carlucci, whom he considers to have been decisive in preventing a repetition of the coup in Chile, which the United States had supported on the eve of the military coup by the Armed Forces Movement.

E. H. Carr wrote that facts without their historian are dead and meaningless. Kenneth Maxwell has ensured that the first democratic revolution of the 20th century and its international consequences are alive and kicking.

* * *

No dia 25 de Abril de 1974, Kenneth Maxwell estava à espera do golpe militar que vai pôr fim ao regime autoritário do Estado Novo - a ditadura mais antiga da Europa - e dar início a um processo revolucionário que, contra todas as expectativas, vai abrir caminho à descolonização do último império colonial africano e à institucionalização da democracia em Portugal.

O golpe de Estado foi uma surpresa, tanto para os aliados de Portugal, incluindo os Estados Unidos, como para os seus inimigos, incluindo a União Soviética. Mas Kenneth Maxwell, um jovem historiador que tinha feito a sua tese em Princeton sobre as relações entre Portugal e o Brasil entre 1750 e 1808[5] conhecia bem Portugal e, nas vésperas do golpe do Movimento das Forças Armadas, tinha obtido credenciais como jornalista para poder acompanhar de perto a mudança de regime. Nos meses seguintes, publicou na **New York Review of Books** e na

Foreign Affairs os melhores artigos escritos a quente sobre a revolução portuguesa.[6]

Kenneth Maxwell era, e continua a ser, um notável historiador clássico do Iluminismo, com uma referência especial ao espaço ibero-americano e, nomeadamente, ao Marquês de Pombal, sobre o qual escreveu uma biografia que é uma referência indispensável na historiografia portuguesa do século XVIII.[7]

Kenneth Maxwell era, e continua a ser, um notável historiador clássico do Iluminismo, com uma referência especial ao espaço ibero-americano e, nomeadamente, ao Marquês de Pombal, sobre o qual escreveu uma biografia que é uma referência indispensável na historiografia portuguesa do século XVIII. Porém, as mudanças políticas em Portugal depois de 1974 precisavam de um autor e encontraram nele o melhor intérprete da história da revolução, da descolonização e da democracia portuguesa: nos anos seguintes, entre Columbia e Harvard, Kenneth Maxwell, vai passar a ser também um notável historiador internacional do século XX, com uma referência especial a Portugal, ao Brasil e ao sistema atlântico.

No mesmo período, cria o **Camões Center for the Study of the Portuguese-Speaking World** na Universidade de Columbia em Nova York, uma instituição única de estudos portugueses e brasileiros nos Estados Unidos, onde recebe todas as personalidades políticas, intelectuais e académicas relevantes para a transformação democrática de Portugal e do Brasil.

Os seus textos sobre a evolução interna do processo revolucionário e da transferência de soberania nas colónias africanas, as estratégias dos Estados Unidos em relação à revolução portuguesa e à descolonização, a consolidação da democracia portuguesa e as relações externas de Portugal, são referências obrigatórias. Foram publicados, em inglês e em português, como capítulos de livros, **working papers** e artigos em revistas académicas, incluindo a **Política Internacional** e a **Relações Internacionais,** a cujo conselho editorial pertence desde o primeiro número. Kenneth Maxwell dirigiu a publicação de vários livros sobre a política portuguesa e, em 1997, publicou **The Making of the Portuguese Democracy,** que continua a ser a obra de referência sobre a mudança política em Portugal no post-25 de Abri[8]

FOREWORD

Kenneth Maxwell é o decano dos historiadores da revolução, da descolonização e da democracia portuguesa e como tal foi homenageado nas conferências que se realizaram em Portugal e no Brasil para comemorar os 50 anos do 25 de Abril.

Os seus estudos sobre a democracia portuguesa são especialmente importantes. Em primeiro lugar, sublinham que a mudança no post-25 de Abril é uma revolução e não uma mera transição política, como, por exemplo, a **ruptura pactada** na Espanha post-franquista; em segundo lugar, mostram que a evolução política interna em Portugal é inseparável do processo de descolonização em África; e, em terceiro lugar, definem a descolonização angolana como o ponto de viragem que divide o Movimento das Forças Armadas.

Com efeito, desde logo, o que separa o caso português das outras experiências de transição post-autoritária para a democracia é, justamente, o facto de a mudança de regime político em Portugal ter sido uma revolução. Mais importante, trata-se de um processo revolucionário singular porque termina com a institucionalização de uma democracia constitucional e, nesse sentido, antecipa a revolução europeia de 1989 e as transições post-comunistas para a democracia na Europa de Leste, quinze anos depois.

Por outro lado, o caso português, na comparação com os processos posteriores de transição post-autoritária, é único porque a transformação do regime político é inseparável da mudança na natureza do Estado, com o fim do império e um processo de descolonização paralelo ao processo revolucionário - na Espanha, a saída do Sahara Ocidental não foi mais do que um **fait divers**, expeditamente resolvido nos dias que separam a morte de Franco da entronização do novo Chefe do Estado.

Por último, a descolonização é decisiva no sentido em que começa por ser o principal factor de unidade do Movimento das Forças Armadas, cujos membros querem pôr fim à guerra colonial, antes de ser o principal factor de divisão do Movimento das Forças Armadas, quando os seus membros divergem sobre o processo de descolonização angolano. Para os "gonçalvistas", a independência de Angola deve significar o seu alinhamento com o bloco soviético, para os "melo-antunistas" esse alinhamento compromete as futuras relações post-coloniais entre Lisboa e Luanda. Sem a ruptura interna no Movimento das Forças Armadas é improvável que a revolução portuguesa tivesse dado origem a um regime de democracia pluralista.

Kenneth Maxwell regressa a esses temas nas suas últimas intervenções sobre a revolução portuguesa publicadas neste livro, que inclui também um ensaio sobre Portugal escrito em Outubro de 1964, assim como ensaios históricos sobre as relações entre Portugal e o Brasil e sobre a reconstrução de Londres, de Lisboa e de Paris, respectivamente nos séculos XVII, XVIII e XIX, unindo o Marquês de Pombal e o Barão de Haussmann na mesma classe de visionários que restauraram a capital do Estado.

Nas suas conferências de 2024 em São Paulo e em Lisboa, Kenneth Maxwell resume as origens, os conflitos e o resultado da revolução portuguesa. Em São Paulo, comparou as três revoluções portuguesas de 1640, de 1820 e de 1974 para sublinhar a semelhança das reacções de pavor do Conde-Duque de Olivares, do Princípe de Metternich e do Secretário de Estado Kissinger, e as suas consequências internacionais: no século XVII, a restauração portuguesa marca o fim do império universal da Espanha; no século XVIII, a revolução liberal assegura a independência do Brasil; e, no século XX, o 25 de Abril é o princípio do fim do domínio branco na Africa Austral. Em Lisboa, trata, pela primeira vez, da posição do Brasil perante a revolução portuguesa, quando o General Geisel se recusa a apoiar o General Spínola em 1975 e, sobretudo, volta a sublinhar a intervenção do Embaixador Frank Carlucci que considera ter sido decisiva para evitar uma repetição do golpe no Chile, que os Estados Unidos tinham apoiado nas vésperas do golpe militar do Movimento das Forças Armadas.

E. H. Carr escreveu que os factos sem o seu historiador estão mortos e não têm sentido. Kenneth Maxwell assegurou que a primeira revolução democrática do século XX e as suas consequências internacionais estão vivas e continuam a ter sentido.

* * *

Carlos Gaspar is a senior researcher at the Portuguese Institute of International Relations (IPRI NOVA). He was political advisor to the

FOREWORD

first three elected Presidents of the Portuguese Republic between 1977 and 2006. His latest book on Portugal - **Regresso à Europa. The International Position of the Portuguese Democracy** - will be published in 2025.

Carlos Gaspar é investigador sénior do Instituto Português de Relações Internacionais (IPRI NOVA). Foi assessor político dos três primeiros Presidentes eleitos da República Portuguesa, entre 1977 e 2006. O seu último livro sobre Portugal - **Regresso à Europa. A Posição Internacional da Democracia Portuguesa** - será publicado em 2025.

Preface

We have published two earlier collections of essays by Dr. Maxwell.

The first was published on June 8, 2023, and focused on global trends. The second was published on March 17, 2024, and focused on Brazil. This book continues the analysis contained in both those books.

In 2024, Maxwell travelled to Brazil, to the United States, and to Portugal, to give three keynote lectures at three different occasions.

The first was given at the University of São Paulo (USP) in April and focused on the international dimension of the Portuguese revolution in 1974.

He returned to that theme but explored additional dimensions in his keynote presentation at an October 2024 conference in Lisbon.

In between he returned to Harvard University and participated in an international colloquium on Luso-Brazilian Art and Literature. His keynote lecture focused on a subject which encompassed how the rebuilding of Lisbon after the great earthquake in 1755 was related with the rebuilding of London and Paris.

This book contains the full text of these lectures along with associated materials.

Each lecture is presented in a separate chapter and after that chapter,

PREFACE

which is provided in English, the next chapter provides the same material in Portuguese.

We start the book with a forward by Carlos Gaspar discussing Maxwell's work and the lectures contained in this book. We then move to a prologue essay which Dr. Maxwell wrote after visiting Portugal in 1964. This essay provides a sense of Portugal a decade before the 1974 revolution.

* * *

Já publicámos duas colecções anteriores de ensaios do Dr. Maxwell.

A primeira foi publicada em 8 de junho de 2023 e focou nas tendências globais. E a segunda foi publicada em 17 de março de 2024 e focou no Brasil.

Este livro continua a análise contida em ambos os livros.

Em 2024, Maxwell viajou para o Brasil, para os Estados Unidos e para Portugal para dar três palestras em três ocasiões diferentes.

A primeira foi proferida na Universidade de São Paulo (USP) em April de 2024, e incidiu sobre a dimensão internacional da revolução portuguesa de 1974.

Voltaria a esse tema, mas exploraria dimensões adicionais na sua apresentação principal numa conferência em Lisboa, em outubro de 2024.

E, pelo meio, regressaria à Universidade de Harvard em Setembro 2024 para participar num colóquio internacional sobre Arte e Literatura Luso-Brasileira. A sua palestra incidiu sobre um tema que englobou a forma como a reconstrução de Lisboa após o grande terramoto de 1755 se enquadrou na reconstrução de duas outras grandes cidades europeias, nomeadamente Londres e Paris.

Este livro contém o texto integral destas conferências, bem como materiais associados às próprias conferências.

Cada conferência é apresentada num capítulo separado, juntamente com os materiais associados a esse evento.

Depois de o capítulo ser apresentado em inglês, o capítulo seguinte apresenta o mesmo material em português.

PREFACE

Começaremos o livro com um ensaio de prólogo que o Dr. Maxwell escreveu depois de visitar Portugal em 1964. Este ensaio dá-nos uma ideia de Portugal uma década antes da revolução de 1974.

Prologue: Portugal 1964

This essay written by Maxwell in October 1964 provides his observations on Portugal a decade prior to the 1974 events. He typed this essay on his Olivetti portable typewriter. He had spent much of 1964 in Lisbon and had just arrived in the United States in October 1964 to begin his graduate studies at Princeton University.

THE OCTOBER 1964 ESSAY

According to an article in *The London Times* published on May 1, 1964: "Portugal should not be called a 'police state' or himself a 'Dictator.' The police, including the PIDE charged with state security, operated under limitations imposed by law."

Crowds began to build up in "Rossio" shortly after six, around the fountains before the theatre, on the pavements. May Day has been hot and bright. There were more police than usual, in the University City, around the Faculty of Sciences, in town. They were armed and watching.

The cafe was less crowded than usual, younger men in groups. Some outside by the corner of a side street. At six-thirty they move towards the square.

The group by the fountain is larger, mainly students. The shutters are down, the shoe-shine shops closed. Suddenly there is a short dull thud and the crowd scatters. It is nothing. A false alarm. A blue police Volkswagen circles the "Rossio" slowly. PIDE [The Portuguese Secret Police] top brass watching the group by the fountain. A man beside me muttered "Gestapo". There are more people now.

Next time the blue Volkswagen is greeted with jeers. At seven a general movement begins towards "Restauradores." The other square is at an angle to "Rossio". An open space between them. The Central Station on one side, the theatre on the other. The police are behind the Theatre. They move out both ways.

The whole of the "Low Town" [The Baixa] is already cut off, all traffic stopped. A police line moves across the "Rossio." The other towards 'Restauradores." Rifles, small frightened PIDE eyes under grey helmets, hip machine guns. A squad crosses towards us.

We are forced back at rifle point with kicks and blows back into the station. "Rossio" is lined from end to end with police in open-sided trucks. "Restauradores" has been surrounded. It was five minutes before the shooting began.

It did not last long, it did not achieve much: one killed, two wounded, a few broken windows. There was a short communique in the press the next day from the minister of the interior. Another martyr eulogized the illegal communist "Avante" a month later. It was as neither claimed.

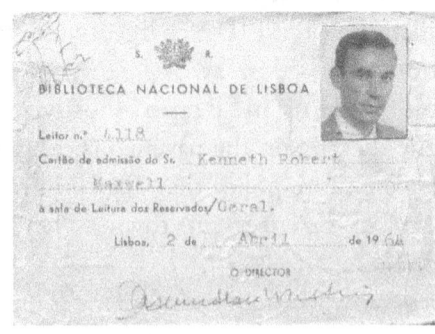

The demonstrators were as good a cross-section as any in Portugal. The fear in the eyes of the police, the indescribable scorn and contempt in those of the people, I shall not forget. It was not their weakness that was revealed. It was that of a State which used a sledgehammer to crush a peanut.

Opposite St. George's Castle, built on the hill of the old high quarter, the "Bairro Alto," dominating the center of Lisbon, is the Convent of Carmo, the Barracks of the Republican Guard beside it, sentries with drawn sabers, an elegant square in front, noisy with schoolboys. An old man sells entrance tickets by the arched door. I have the first for to-day.

There are hundreds of pigeons, no other visitors. It is a risky walk down the Nave of chipped columns, Gothic and Hebrew memorials. The chancel has a high roof, and in the corner a glass case, a row of grinning skulls, with false hair. The Convent is in ruins, the nave open to the sky, the atmosphere English Reformation. The Convent Carmo was not shaken by ideas. It was destroyed by the great Lisbon earthquake of 1755.

Maxwell on the waterfront in Lisbon in 1964 with his mother, sister and her friend

It was a Sunday morning, All Saints Day. Within fifteen minutes two-thirds of the city was destroyed. A tidal wave swept over the low-lying districts. Churches caved in on their congregations. Candles honoring the "Saints" added fire to the horror which was to shake the imagination of Europe.

Pombal, an eighteenth-century dictator extraordinary, emerged all powerful from the anarchy. He built a new Lisbon, a planned city of cities. Pombal presides today from a white column where old meets new at the center of a busy roundabout. Near him the elegant art nouveau townhouses are giving way steadily to functional office blocks.

The last years have been crisis years in Portugal. The beginning was the presidential candidature of General Humberto Delgado in 1958. Most believe in a fair election Delgado would have won. He attracted popular support so formidable as to terrify the government. The General left Portugal a year later after a brief asylum in the Brazilian embassy. The "Santa Maria" affair focused world attention in 1961. The kidnapping of a Portuguese airliner over Lisbon too, the work of Henrique Galvão, a former chief inspector of Colonial Administration, and deputy for Angola.

In March 1961 was the Angola revolt, and in December came defeat in Goa. The war in Africa is now costing over a third for the budget, some £70M a year. New Year's Day 1962, an abortive assault on the Beja barracks in Southern Portugal. A plot foiled by treachery and armed intervention by Police, Republican Guard, and the Portuguese Legion.

Then the long and bitter student strike of 1962, where fierce repressive action bludgeoned a wealthy, sheltered, apolitical student body into political consciousness, turning a protest at infringement of academic autonomy into a head-on collision with the Government.

For diverse reasons, dissatisfaction is general, workers at low wages, "funcionários públicos" hit by inflation, the middle class frustrated by the "Estado Novo," tired of Salazar, but petrified by thoughts of the future. It is fear of the alternatives, more than of PIDE, and the Legion, which in 1964 is Dr. Salazar's security.

Black Horse Square, Pombal's masterpiece, is the epitome of Lisbon. Green walls and white stone, full of cars or utterly empty on Sunday morning, a proud equestrian King at the center, a triumphal arch, cool arcades, Government Ministries. Why it is called "Black Horse Square" to the English, no-one seems to know. It is "Commercial" Square to the Portuguese, much less romantic. One side is open to the proud steps between the twin columns to the water. The Tagus swarms with crafts. The wharves run far towards the sea where the immensely tall and growing piles of the new bridge shorten the "Christo

Rei" statue on the hill on the far riverbank by comparison. Black flat ferries belching oily smoke or stubby fluvial double decker's, fast and full of passengers, join each shore meanwhile, weaving between grey warships and merchantmen.

The massive figure of Christ the King, a monument of thanksgiving for Portuguese non-involvement in the Second World War, stands facing the city across the river. Brightly painted sailing barges glide upstream or tack in slow zigzags for the narrows.

Perhaps a Cruise Liner is anchored in the Estuary and behind the Maritime Station the forest of mast and rigging of a cadet ship in the Naval dock. It is no surprise that the Portuguese were sailors. The Tagus is a calm enticing invitation to the Ocean. The Ocean that was Portugal's destiny.

Antonio Sergio, the Portuguese Philosopher, wrote just forty years ago: "That capacity to examine something in concrete reality, without losing it to general tendencies, to the magic words in vogue, the social passions and obvious ideas which have hegemony over the age. This I believe is the stamp of intelligence ... We Portuguese do just the opposite of the golden rule. We play the 'intellectual.' We let ourselves be taken without any resistance into the languid stream of the idea in fashion." The Portuguese middle-class suspects where the next "magic words" might lead them.

Old Lisbon is the famous "Alfama" snuggled around the Castle of Saint George. I climbed a series of steep steps, past an archway, crowded with tattered bookstalls and orange sellers, where a one-armed musician with battered mandolin strums two stringed melodies. The "Alfama" is a contortion of noisy overhanging passageways, baroque churches, and small Dickensian workshops. The Alleyways are full of children and washing, windows blocked by huge women in black, talking in large voices. The windowsills are lined with potted plants and sleeping cats. On the doorsteps sit hunched old men with vacant eyes. Then there is the wall and steep entrance to the fortress itself. After the steps up from the city, the claustrophobic streets, it is cool under the evergreens in the courtyard. From the battlements, the view is breathtaking.

Out to the west are the narrows to the Ocean, the "Costa do Sol" in the distance, further south the wide inner estuary where smoke rises from the industrial township on the far shore, below a series of terraced orange and melon gardens and the city, and behind the mountains. One could sit all day among unselfconscious peacocks, and brass cannon, and never be bored for a moment.

An eminent non-governmental Portuguese: "We are not interested in buying and selling. We are interested in culture and civilization. I look at the so-called independent states in Africa and see ruling oligarchies, no real change in the economic relationship with the ex-colonial power. Our rule in Africa is no less representative, no less competent, no less racially tolerant. When Angola, Mozambique, Portuguese Guinea reach that stage of culture and civilization, independence as in Brazil before, is a natural development."

A student at the Lisbon University: "I can only ask these questions. If Angola is 'independent' as part of Portugal, why are we fighting a war? If we are not interested in commerce, is it not Portugal then, poor and small in population, being bled of its wealth and her sons, in protection of interests exploited by foreigners? If our end is the spreading of civilization and culture, have not most immigrants to the African colonies always been illiterate peasants? As the war progresses are not security problems enforcing a racial separation as rigorous as in South Africa?"

Salazar: "There are no Portuguese possessions. There are morsels of Portugal scattered throughout the World."

Parallel streets run back for "Black Horse Square;' "Gold" and "Silver" street, the "Rua Augusta." The 'Baixa' is the commercial and banking center. There are expensive shops, fat policemen at the crossings, the open doors of the money changers with banknotes and gold bars in their windows, bare footed urchins, instant pathos on dirty faces, scurry after soft hearted Americans, and fisherwomen with large pot bellies balance wicker trays on determined heads. The occasional black marketeer, oily hair and stubble chin, beckoned from a side street. He produces a gold watch and a toothless grin as if by some magic Jack-in-the-Box. A student wrapped up a black academic cloak with tattered edges. The traffic is murderous. Taxi-drivers philosophically run over as a kind of consolation prize for the unfortunate who have refused a fare.

Lisbon is familiar too: English double-decker buses, trams, and telephone boxes. There is a lift to the "High Quarter" disguised as the Victoria Tower, where the Union Jack flies on holidays: "R. Waygood & Co. Ltd., London, Lift Makers to Her Britannic Majesty."

The evidence of the Oldest Alliance is tangible. In the background is always the sad music of a street musician, reminiscent of "Fado". "Saudade" has no translation. It is a complex of emotions. Most "Fado" is associated with homesickness, a Lusitanian "Blues," nostalgic and melancholic, wrote Francisco Manuel de Melo: "A sorrow that one enjoys, a happiness one suffers."

My friend pushed his empty coffee cup to one side slowly. "The tragedy is that under any other government we might just have achieved something unique. Even if we raise racial equality to an ideological tenant, falsify history to prove we have always everywhere done so, surely there are worse tenants, worse falsifications. Brazil is almost perhaps an example of what the Portuguese spirit should truly represent."

I nodded and remembered Prof. Boxer. My friend had given me this quotation. "...it did not follow from this readiness to mate with colored women that the Portuguese male had no racial prejudice, as is often asserted by modern apologists."

The Sunday Times, July 26, 1964: "The process of mixing continues," said a proud Portuguese official: "Many of our troops have made African girlfriends, and a new generation of dark children with long Portuguese noses is growing up."

"Rossio" is Lisbon's finely balanced principal square, home to flower sellers, under bright sunshades, a place for watching and being watched. On one side are fashionable "Pastelarias," magnificent for their pastries, and on the other cafes. Often to be seen an unmistakable representative in tweed of that resilient, and with many winds of change around, almost unique body, the resident British community.

The "Praca da Figueiredo" adjoins "Rossio:" A row of tailor's shops, dark interiors and anxious salesmen, piles of cloth ends waving in the breeze; Food shops, salty dried octopus hanging on hooks, sardines, and cheese, and Port wine. There are fewer tourists. The Praça is not fashionable. There will be a mad gauntlet of Lottery ticket sellers to avoid on the morning of the draw. Workers under wide brimmed black hats walk in pairs, talking quietly.

High above, the walls of the Castle. There is no equivalent here of the bustling evening promenade which fills the center of every Hispanic township. It may be a mixed blessing. En masse the strolling arm-in-arm mothers and daughters of Spain are disconcerting enough. The formidable likeness of one to the other is nothing to the uncomfortable reminder of what the señorita seems to inevitably expand into once she becomes as señora. For better or worse, such comparisons are not possible in Portugal.

A Newspaper view: "We in Portugal as a principle, never attempt to influence the life of other countries. The legacy of our history has been the imitation of foreign examples. In politics we do not copy. We do not impose on others."

A student: "Salazar has given us thirty-eight years of 'stability,' 'financial integrity.' Rescued us from intolerable chaos, but what is the cost to the present, what will be the cost for the future?

Antonio Sergio: "It is not good 'politicos' that we need most. What we lack in Portugal are true citizens.".

"Restauradores" joins "Rossio" at an angle, the curious central station with horseshoe doorways on the way. There is a large Egypto-Portuguese cinema, ugly anyway. Next door the Ministry of Information, an immobile cloaked Salazar stands on a stone slab in the courtyard. Nearby is the "Avis" cafe of the "ultras," stale cakes and old waiters with mean faces. Then all are palm trees and shade. The beginning of the "Avenida da Liberdade," the parade ground, folk dancing platform, and traffic nightmare.

The Avenida is a promenading territory with mosaic sidewalks in black and white. Pavement cafes appear in May and there are water spouting Neptunes, on green banks, and docile swans, in constricted glides on tiny lakes. It is a danger zone for foreign females. Up the top, by white stone Liberal politicians of another century, wait for old hack prostitutes, hopeful, with heavy faces.

The Portuguese government like some others by crying communism wherever there is protest, heaps credit on the undeserving. In the inverted world of dictatorship, cause and effect pursue curious paths. The American ambassador busy combating government inspired anti-Americanism, with bonhomie and public sycophancy, provokes latent anti-Americanism into a reality by identifying himself unreservedly with the regime. The antidote to the non-existent ill brings the ill, but for the opposite reason, so the communists get credit, so the panacea grows more attractive.

The Avenida ends with Pombal, the Marquis on his column, office blocks, traffic. Then the park, Edward VII Park, named after his visit to Lisbon in 1903. Here there are flowering trees in profusion, shaded benches, turf banks. At weekends it is crowded with conscript soldiers in blue grey uniforms and sailors in white,

Unofficial football is played each afternoon at five if the police are not watching, and there is fortune telling by a dark eyed gypsy worthy of Tom Jones.

The new Ritz Hotel stands behind, and under the brow of the hill the famous "Estufa Fria," lavish tropical greenery, a lake and peacocks on the grass.

With old and new, infinite care is taken over the smallest details. If it is possible to make something attractive, that opportunity is not wasted. As carefully attended is a tiny garden far from tourist eyes where a mad negress preaches each morning from a fifth-floor balcony.

Lisbon is well designed, light, and rarely inelegant. It abounds in concerts, Opera, and comfortable cinemas. Lisbon is a formal city too, the youth "mods" with short hair, regulation one-inch cuffs and hair-dressers out of "Arabian Nights." Parque Eduardo has one of the most pleasant "esplanadas" in the city. It is a student haunt, piles of books on round tables, small cups of black coffee. Some are busy, some are not. The Pavilion of Sports is nearby, the band of the Republican Guard at practice.

Franco's power is military-based. Salazar is increasingly thrown back on the very rich, and they rely on him for mutual self-preservation. Franco's "Plan of Economic and Social Development" is a competent document and recognition of realities. Salazar, because of his reliance on such a narrow foundation, has insurmountable opposition to real social engineering. His limited activities look paltry against the well-publicized efforts of his neighbor. The Spanish Government is moving in the right direction. The Portuguese people know this, and they know that they are trapped and bound to the status quo.

Spain has an economic miracle in the offing, collects fat tourist receipts, has better relations with the Afro-Asians and Latin-Americans than many elsewhere care to admit.

The contrast with Portugal's position is obvious, and evident. Franco governs with a cabinet of impressive technocrats, Salazar rules alone, speaking and increasingly seeing through the eyes of one man, José Gonçalo Correia de Oliveira.[1]

The black shirt and roman salute are discreet and rare in Spain these days. That is not so in Portugal. Salazar's fascism was a matter of political philosophy. Franco's, one suspects of convenience. Spaniards will speak of the "Caudillo." I met no Portuguese who speak for Salazar. The contrasts between the two aging Dictators are today as significant as their similarities.

"Dia de Portugal," and "Empire Day", flags and militarism, Salazar appears himself in Black Horse Square. The crowds are thin but appreciative of the soldiers, their sons, the youth of Portugal caught up for three years or more in hot desert or jungle war. The standards come first, stiff fifteenth century banners, green and red, Then the military cadets, behind the crack troops, the "hunters" marching Portuguese goose-steps, nosily, a kind of heavy stamping. The Navy marched quietly, swords over shoulders.

On the 14th of June 1578, King Sebastian paraded the streets of Lisbon on a white charger amidst wild enthusiasm. Ten days later he sailed for Tangier and then to Anzila on a wild adventure. At Alcazar-Kebir he met the Moors. Of his 25,000 troops fifty escaped. Soon consequently Portugal lost her independence to sixty years of Spanish occupation. "Sebastianism" became a national mania. the picaresque inverted, the aberration of a courtly Dom Quixote tilting at impossible imperialist windmills.

Salazar worries about history. He would like perhaps to be a second Pombal. He could be a second Sebastian. The irony is that even should Angola be won, the cost might be the loss of Portugal.

A trip to the country. Taking a train up beside the river to Santarém. It is Saturday afternoon, very hot and the carriage is full of wicker panniers, black hats, and old creased faces.

Santarém is Capital of the Ribatejo, bull breeding land. a Moorish strong point perched high over the Tagus. It is an impressive city. The tomb of Cabral is here, two Indian elephants guarding the door. The "Feria" is in progress, Massey-Ferguson and Union Jack at the entrance, a new concrete bull ring behind, and a rodeo corral at the center full of would-be matadors.

A sensible bull it appears is not very interested in wasting its breath. The young men of Santarém dance closer. The bull will not be drawn. A short, hairy chested hero pulls its tail, then turns his back scornfully. That is too much. The bull moved like lightning. Hairy chest escaped, ignobly, and only just in time. A shiny black carriage with liveried footmen rumbles up in a cloud of dust. The mounted herdsmen, green caps and brown jackets, make way.

On to the "Aldea" by car, ten miles up in the "Serra." Bright evening sun, brick red earth and olive trees, donkeys homeward bound, a cared for landscape. We arrive on a windswept hill with a cluster of white cottages. A tour to meet the personalities, to see the sights: Billiards and Jazz group, empty big house, tiny church and startled worshippers. Enormous dinner and far too much port wine, and after, we walk unsteadily to the cafe where the village is assembled in a smoky gloom to take coffee and watch "Bonanza" on T.V. Then to bed and gratefully, the whole family in attendance, an exquisitely simple room with white walls.

Spain needs peaceful constructive opposition and gets bomb-throwers, "Twenty-five years of Peace" Franco claims. The Portuguese opposition is based in Prague, Algiers, and occasionally Brazil, has been united since 1962. In organization the Communist Party of Álvaro Cunhal is the most influential. So dedicated to peaceful activity has the party been in its thirty-eight years of apparently useless endeavor it is increasingly alienating an increasingly impatient youth. It is not the martyrs they want. It is the results. Their hopes begin to lie with the adventurers, the "politicos," the growing "Chinese wing". A small optimistic scrawl has been appearing on Lisbon walls. It reads: "WANTED: A FIDEL CASTRO."

Next morning I drove back to Lisbon. Fátima first. the Portuguese Lourdes, Basilica and enormous square, several peasant women, rosaries clasped in gnarled hands crossing the hot tarmac end to end on their knees. "Lost Persons" is said over a dark doorway. It meant what it said, and not what I thought it did.

Powerful rock-strewn hills on the way to Batalha, a Spanish landscape if it were not of the neat cottages and tidy gardens. Then there was a large pink monastery in a valley, beautiful intricate tombs within, one of the daughters of John of Gaunt, Dona Philipa of Lancaster, another of Henry the Navigator, her son. More tombs at Alcobaça, carving to rival any, an inferno Bosch could be proud of.

Dom Pedro and Dona Inês, Romeo and Juliet of Medieval Portugal lie in the Abby's transepts, battered with Cromwellian abandon by Napoleon's troops. Off the cloisters is a vast kitchen, the river bubbling up at one end, vast chimney stacks at the other.

Kitchens are a Portuguese speciality. At Sintra they dominate the whole Royal Palace with twin Oust House flues. The heart lands of Portugal are here. Alfonso Henriques, the first King, founded the Abbey of Alcobaça in gratitude for his victory over the Moors at Santarém. John of Avis whose infantry routed the army of Castile at Aljubarrota built Batalha.

Not far away is Torres Vedras where Wellington held in check the armies of Napoleon. It is a winding journey to the coast at Nazaré. The headland protects the bay, and the old town is perched precariously high up on the cliff edge.

Above the beach are cheap restaurants in bright white squares. French tourists, and multi-skirted village girls. At Mafra, the Royal Palace Monastery, built for a King who couldn't decide whether he wanted an imitation Escorial or imitation Versailles, with a predictable result architecturally.

Sinta appears on its mountain. A discovery of Byron, rugged but gently so, afternoon tea and simulated adventure. The Tagus estuary is ahead. The trip to the country is almost done. A cargo boat is making up the river under a cloud of black smoke, soon cobbled streets, tram lines, impatient motorists.

Spanish historians are almost unanimous in regarding Portugal's independent existence as a "mere accident." The Portuguese regard it as the fruit of profound socio-geographic fundamentals which bound Portugal to the sea, brought the discoveries, expressed itself in Franciscan Christianity and universalism. They say a spirit is utterly opposed to the religion of Loyola, the imperialism of the Meseta.

The Spanish historians dismiss this as "anti-scientific nationalism," which coming from Spanish historians is a strange complaint indeed. Language, History, and Culture would seem to propel the Portuguese instinctively outwards, the Spanish inwards.

While the Spanish can survive isolation it is doubtful the Portuguese can or want to. Why Spain is Spain and Portugal is Portugal has baffled everyone. Everyone except the Spanish and the Portuguese.

Fast electric train from the "Cais do Sodre" on the waterfront and the whole of the "Costa do Sol" is within minutes. The carriages are crowded. Large ladies with fans sit on either side. "Lisboetas" on their way to their favorite beach. We stop at small, neat stations among cacti and flowers, a string of deserted midday towns under a heat haze, bright streets, shuttered windows, parks and bandstands.

Estoril is a place of foreigners and assorted exiles. There are prosperous pink bodies on deckchairs, a casino, a plush tourist office filled by antique Englishmen reading *The Times*. The other beaches are less prosperous, crowded at weekends, brown Portuguese bodies on scalding sand. There is a winding tram journey from the "Cais do Sodre" also, past small shops, waterfront bars, and warehouses to Belém.

The new Tagus bridge is on the way, the piers of the approach road striding across the suburbs with squat legs and truncated arms. The offices of United States Steel and men in yellow helmets are by the river side. Belém is on the outskirts of Lisbon by the narrows. The President lives behind the Coach Museum in a pink palace. Further along the Jerónimos Monastery, resting place of Vasco da Gama, an intricate Manueline cloister within, peculiarly Portuguese. a decorative idiosyncratic architecture of seafaring symbols, a response to the discoveries.

By the Tagus itself is the Tower of Belém, and the great white momentto Henry the Navigator, and a neat harbor and luxury yachts.

How has Portugal been "Portugalized"?

What is the secret of the longevity of a regime unparalleled in contemporary Europe?

A grammar schoolteacher in the north had a simple answer: "Football. Fado and Fatima. The three F's we call it. Football to absorb the young, the music of Fado and sentimentality for the middle aged, Fatima and religious obscurantism for the old."

How much longer will the regime survive?

To the assembled troops of Portugal Day, Admiral Roboredo e Silva, chief of staff said: "I wish to affirm publicly with the certainty that I interpret the thinking of the military chiefs of the three branches of the armed forces, that they are perfectly identified with the policy of intransigent defence of the overseas provinces as an undeniable part of the national patrimony, a policy which the President of the Conselho [Salazar] has rigorously defined as with the meridian clarity to which he has accustomed us."

The Chief of Staff provoked much shaking of heads that night. The trouble is that when the government specifically denies something in Portugal, most people take the reality to be the opposite.

Out of Lisbon on a dull English Day, a few drops of rain fall apologetically. I travel by *Royal Mail Liner* in third class, a cabin for four, scaly eyed white rum Australian, neat Englishman, silent Spaniard. We eat a crazy dinner, flag masts passing the portholes with ludicrous rapidity, wine banished in lieu of English breakfast, the waiter shrugs, vacant at the change of clientele. It is a dining room of the ancients and the very young. An English couple from some South American jungle sit at the next table. The wife is diminutive, Salvation Army beady eyes, large round national health spectacles, a Victorian collar high to the neck and fixed with an oval broach. The husband is immeasurably long, immeasurably shy.

Into Vigo on a rainy Galician morning, orange trees in the streets, Spanish lunch and "claret", illusions dispelled. The Australian is a cockney artist, his accent is that of Sidney. The Englishman carried an American passport. The jungle pair are Uruguayan Austrians. The Spaniard had left. The rain stopped later.

The boat was beginning to roll where the calm of the bay gave way to the Ocean. Storm clouds rushed back inland, the evening sun breaking through for a moment to spotlight the receding city. It made a forbidding dramatic exit, white breakers on a reef, a bank of pitch-black cloud over the interior, an incongruous waltz over the ship's loudspeaker.

It was Galicia in a nutshell, apart from the waltz. One Portuguese turns to me: "We can talk without fear" he says " He can talk. I can talk. We can talk without fear."

* * *

Este ensaio escrito por Maxwell em outubro de 1964 apresenta as suas observações sobre Portugal uma década antes dos acontecimentos de 1974. Este ensaio foi dactilografado na sua máquina de escrever portátil Olivetti. Tinha passado grande parte de 1964 em Lisboa e tinha acabado de chegar aos Estados Unidos em outubro de 1964 para iniciar os seus estudos de pós-graduação na Universidade de Princeton.

O ENSAIO DE OUTOBRO DE 1964

De acordo com um artigo do *The London Times* publicado em 1 de maio de 1964: "Portugal não deve ser chamado de 'Estado policial' ou ele próprio de 'Ditador'. A polícia, incluindo a PIDE, encarregada da segurança do Estado, actuava sob as limitações impostas pela lei".

Pouco depois das seis da tarde, a multidão começa a acumular-se no Rossio, à volta das fontes antes do teatro, nos passeios. O Primeiro de maio foi quente e luminoso. Há mais polícias do que o habitual, na Cidade Universitária, à volta da Faculdade de Ciências, na cidade. Estão armados e vigiam.

O café está menos cheio do que o habitual, homens mais jovens em grupos. Alguns ficam do lado de fora, na esquina de uma rua lateral. Às seis e meia, dirigem-se para a praça.

O grupo junto à fonte é mais numeroso, sobretudo estudantes. As persianas estão fechadas, as lojas de engraxadores de sapatos também. De repente, ouve-se um breve estrondo e a multidão dispersa-se. Não é nada. Um falso alarme. Um Volkswagen azul da polícia circula lentamente à volta do Rossio. Os chefes da PIDE observam o grupo junto à fonte. Um homem ao meu lado murmura "Gestapo". Agora há mais gente.

Da próxima vez, o Volkswagen azul é recebido com vaias. Às sete começa um movimento geral em direção aos Restauradores. A outra praça está em ângulo com o Rossio. Um espaço aberto entre elas. A Central do Brasil de um lado, o teatro do outro. A polícia está atrás do Teatro. A polícia está atrás do Teatro.

Toda a "Baixa" já está cortada, todo o trânsito parado. Uma linha policial avança em direção ao Rossio. A outra em direção aos Restauradores. Espingardas, pequenos olhos assustados da PIDE sob capacetes cinzentos, metralhadoras de anca. Um pelotão cruza-se na nossa direção.

Somos obrigados a recuar na ponta das espingardas com pontapés e golpes para dentro da estação. "O Rossio está cercado de ponta a ponta por polícias em camiões de caixa aberta. "Os Restauradores estão cercados. Passaram cinco minutos antes do início do tiroteio.

Não durou muito tempo, não conseguiu muito: um morto, dois feridos, alguns vidros partidos. No dia seguinte, a imprensa publica um breve comunicado do ministro da Administração Interna. Um mês mais tarde, um outro mártir elogiava o "Avante" comunista ilegal. Foi como nenhum dos dois afirmou.

Os manifestantes eram os mais representativos de Portugal. O medo nos olhos da polícia, o indescritível desprezo e desdém nos do povo, não os esquecerei. Não foi a sua fraqueza que se revelou. Foi a de um Estado que usou uma marreta para esmagar um amendoim.

Em frente ao Castelo de S. Jorge, construído na colina do antigo bairro noturno, o "Bairro Alto", dominando o centro de Lisboa, está o Convento do Carmo, o Quartel da Guarda Republicana ao lado, sentinelas com sabres desembainhados, uma praça elegante em frente, barulhenta de colegiais. Um velho vende bilhetes de entrada junto à porta em arco. Eu tenho o primeiro para hoje.

Há centenas de pombos, nenhum outro visitante. É um passeio arriscado pela nave de colunas lascadas, monumentos góticos e hebraicos. A capela-mor tem um teto alto e, a um canto, uma vitrina, uma fila de caveiras sorridentes, com cabelos falsos. O Convento está em ruínas, a nave aberta para o céu, o ambiente de Reforma Inglesa. O Convento do Carmo não foi abalado por ideias. Foi destruído pelo grande terramoto de Lisboa de 1755.

Era uma manhã de domingo, dia de Todos os Santos. Em quinze minutos, dois terços da cidade foram destruídos. Um maremoto varreu os bairros mais baixos. As igrejas desabaram sobre as suas congregações. As velas que honravam os "Santos" incendiavam o horror que iria abalar a imaginação da Europa.

Pombal, um extraordinário ditador do século XVIII, emergiu todo-poderoso da anarquia. Construiu uma nova Lisboa, uma cidade planeada de cidades. Pombal preside hoje a partir de uma coluna branca onde o velho se encontra com o novo, no centro de uma rotunda movimentada. Perto dele, as elegantes moradias arte nouveau estão a dar lugar a blocos de escritórios funcionais.

Os últimos anos foram anos de crise em Portugal. O início foi a candidatura presidencial do general Humberto Delgado, em 1958. A maioria acredita que, numas eleições justas, Delgado teria ganho. Atraiu um apoio popular tão formidável que aterrorizou o governo. O General abandonou Portugal um ano mais tarde, após um breve asilo na embaixada brasileira. Em 1961, o caso "Santa Maria" concentrou as atenções do mundo. O rapto de um avião português sobre Lisboa é também obra de Henrique Galvão, antigo inspetor-chefe da Administração Colonial e deputado por Angola.

Em março de 1961, a revolta de Angola e, em dezembro, a derrota em Goa. A guerra em África custa agora mais de um terço do orçamento, cerca de 70 milhões de libras por ano. No dia de Ano Novo de 1962, um assalto abortado ao quartel de Beja, no Sul de Portugal. Um plano frustrado pela traição e pela intervenção armada da Polícia, da Guarda Republicana e da Legião Portuguesa.

Depois, a longa e amarga greve estudantil de 1962, em que uma ação repressiva feroz levou um corpo estudantil rico, protegido e apolítico a tomar consciência política, transformando um protesto contra a violação da autonomia académica numa colisão frontal com o Governo.

Por razões diversas, a insatisfação é geral: trabalhadores com salários baixos, funcionários públicos atingidos pela inflação, classe média frustrada com o Estado Novo, cansada de Salazar, mas petrificada com o futuro. É o medo das alternativas, mais do que da PIDE, e da Legião, que em 1964 é. A segurança do Dr. Salazar.

A Praça do Cavalo Preto, obra-prima de Pombal, é o epítome de Lisboa. Paredes verdes e pedra branca, cheia de carros ou completamente vazia ao domingo de manhã, um orgulhoso Rei equestre no centro, um arco triunfal, arcadas frescas, Ministérios do Governo. Porque é que para os ingleses se chama "Black Horse Square", ninguém parece saber. Para os portugueses é "Praça do Comércio", muito menos romântica. Um lado está aberto para os orgulhosos degraus entre as colunas gémeas até à água. O Tejo enche-se de embarcações. Os cais estendem-se em direção ao mar, onde as estacas imensamente altas e crescentes da nova ponte encurtam, em comparação, a estátua do "Christo Rei" na colina da margem distante do rio. Ferries pretos e planos a deitar fumo oleoso ou double decker's fluviais atarracados, rápidos e cheios de passageiros, juntam-se entretanto a cada margem, entrelaçando-se entre navios de guerra cinzentos e navios mercantes.

A figura maciça do Cristo Rei, um monumento de ação de graças pelo não envolvimento de Portugal na Segunda Guerra Mundial, está virada para a cidade do outro lado do rio. Barcaças à vela pintadas de cores vivas deslizam rio acima ou fazem ziguezagues lentos para os estreitos.

Talvez um navio de cruzeiro esteja ancorado no estuário e, por detrás da Gare Marítima, a floresta de mastros e cordames de um navio de cadetes na doca naval. Não é de estranhar que os portugueses fossem marinheiros. O Tejo é um convite calmo e sedutor para o Oceano. O Oceano que era o destino de Portugal.

António Sérgio, o filósofo português, escreveu há apenas quarenta anos: "Essa capacidade de examinar uma coisa na realidade concreta, sem a perder para as tendências gerais, para as palavras mágicas em voga, para as paixões sociais e ideias óbvias que têm hegemonia sobre a época. Este é, a meu ver, o selo da inteligência... Nós, portugueses, fazemos exatamente o contrário da regra de ouro. Fazemos de "intelectual". Deixamo-nos levar sem resistência pela corrente lânguida da ideia em voga". A classe média portuguesa suspeita onde as próximas "palavras mágicas" a podem levar.

A Lisboa antiga é a famosa "Alfama", que se aconchega à volta do Castelo de São Jorge. Subi uma série de degraus íngremes, passei por um arco, apinhado de bancas de livros esfarrapadas e vendedores de laranjas, onde um músico maneta com um bandolim gasto dedilha melodias de duas cordas. Alfama é um contorcionismo de ruidosas passagens suspensas, igrejas barrocas e pequenas oficinas dickensianas. Os becos estão cheios de crianças e de roupa lavada, as janelas estão bloqueadas por mulheres enormes vestidas de preto, que falam em voz alta. Os parapeitos das janelas estão cobertos de vasos de plantas e gatos adormecidos. Nas soleiras das portas sentam-se velhos encurvados com olhos vazios. Depois, há a muralha e a entrada íngreme da fortaleza propriamente dita. Depois de subir os degraus da cidade, as ruas claustrofóbicas, o pátio é fresco sob as árvores sempre verdes. Das ameias, a vista é de cortar a respiração.

A oeste, os estreitos do Oceano, a Costa do Sol ao longe, mais a sul, o largo estuário interior, onde se levanta o fumo da cidade industrial na margem mais distante, por baixo uma série de jardins de laranjeiras e melões em socalcos e a cidade, e por trás as montanhas. Poderíamos passar o dia inteiro sentados entre pavões e canhões de bronze, sem nos aborrecermos nem por um momento.

Um eminente não-governamental português: "Não estamos interessados em comprar e vender. O que nos interessa é a cultura e a civilização. Olho para os chamados Estados independentes em África e vejo oligarquias no poder, sem qualquer mudança real na relação económica com a antiga potência colonial. O nosso governo em África não é menos representativo, não é menos competente, não é menos tolerante em termos raciais. Quando Angola, Moçambique, a Guiné Portuguesa atingirem esse estádio de cultura e civilização, a independência, tal como aconteceu no Brasil, é um desenvolvimento natural."

Um estudante da Universidade de Lisboa: "Só posso fazer estas perguntas. Se Angola é 'independente' como parte de Portugal, porque é que estamos a travar uma guerra? Se não nos interessa o comércio, não será então Portugal, pobre e pequeno em população, a ser sangrado das suas riquezas e dos seus filhos, em defesa de interesses explorados por estrangeiros? Se o nosso fim é a difusão da civilização e da cultura, a maioria dos imigrantes nas colónias africanas não foram sempre camponeses analfabetos? À medida que a guerra avança, não estarão os problemas de segurança a impor uma separação racial tão rigorosa como na África do Sul?"

Salazar: "Não há possessões portuguesas. Há bocados de Portugal espalhados pelo Mundo."

Ruas paralelas voltam para a "Praça do Cavalo Preto"; a "Rua de Áurea" e "Prata", a "Rua Augusta". A "Baixa" é o centro comercial e bancário. Há lojas caras, polícias gordos nos cruzamentos, as portas abertas dos cambistas com notas e barras de ouro nas montras, os mendigos de pés descalços, com o pathos instantâneo nos rostos sujos, correm atrás dos americanos de coração mole, e as pescadoras com grandes barrigas equilibram tabuleiros de vime em cabeças determinadas. O vendedor ocasional do mercado negro, de cabelo oleoso e queixo rapado, acena de uma rua lateral. Produz um relógio de ouro e um sorriso desdentado, como se de um passe de mágica se tratasse. Um estudante embrulha uma capa académica preta com as pontas esfarrapadas. O trânsito é infernal. Os taxistas atropelam filosoficamente, como uma espécie de prémio de consolação para os infelizes que recusaram o bilhete.

Lisboa também é familiar: Autocarros ingleses de dois andares, eléctricos e cabines telefónicas. Há um elevador para o "Bairro Alto" disfarçado de Torre Vitória, onde a Union Jack voa nos feriados: "R. Waygood & Co., Ltd., Londres, fabricantes de elevadores para Sua Majestade Britânica."

A prova da mais antiga aliança é tangível. Ao fundo, há sempre a música triste de um músico de rua, que faz lembrar o fado. "Saudade" não tem tradução. É um complexo de emoções. A maior parte do fado está associada à saudade, um blues lusitano, nostálgico e melancólico, escreveu Francisco Manuel de Melo: "Uma tristeza que se goza, uma felicidade que se sofre".

O meu amigo empurrou lentamente a chávena de café vazia para um lado. "A tragédia é que, com qualquer outro governo, talvez tivéssemos conseguido algo único. Mesmo que elevássemos a igualdade racial a um princípio ideológico, que falsificássemos a história para provar que sempre o fizemos em todo o lado, há certamente princípios piores, falsificações piores. O Brasil é quase talvez um exemplo do que o espírito português deve verdadeiramente representar."

Acenei com a cabeça e lembrei-me do Prof. Boxer. O meu amigo tinha-me dado esta citação. "...não se segue desta prontidão para acasalar com mulheres de cor que o homem português não tivesse preconceitos raciais, como é frequentemente afirmado pelos apologistas modernos."

The Sunday Times, 26 de julho de 1964: "O processo de miscigenação continua", disse um orgulhoso oficial português: "Muitos dos nossos soldados arranjaram namoradas africanas e está a crescer uma nova geração de crianças negras com longos narizes portugueses."

O "Rossio" é a principal praça de Lisboa, finamente equilibrada, onde se encontram vendedores de flores, sob guarda-sóis luminosos, um lugar para ver e ser visto. De um lado, as pastelarias da moda, magníficas pela sua pastelaria, e do outro, os cafés. É frequente ver-se um inconfundível representante em tweed dessa resistente, e com muitos ventos de mudança à volta, corpo quase único, a comunidade britânica residente.

A Praça da Figueiredo é contígua ao Rossio: uma fila de alfaiatarias, interiores escuros e vendedores ansiosos, pilhas de pontas de tecido a ondular ao sabor da brisa; lojas de comida, polvo seco salgado pendurado em ganchos, sardinhas e queijo e vinho do Porto. Há menos turistas. A Praça não está na moda. Na manhã do sorteio, os vendedores de bilhetes de lotaria são uma loucura a evitar. Trabalhadores com chapéus pretos de abas largas caminham aos pares, falando baixinho.

No alto, as muralhas do Castelo. Aqui não há equivalente ao movimentado passeio noturno que enche o centro de todas as cidades hispânicas. Talvez seja uma bênção mista. Em massa, as mães e filhas de Espanha que passeiam de braço dado são suficientemente desconcertantes. A formidável semelhança de uma com a outra não é nada para o incómodo lembrete daquilo em que a señorita parece inevitavelmente expandir-se quando se torna señora. Para o bem e para o mal, estas comparações não são possíveis em Portugal.

Opinião de um jornal: "Em Portugal, por princípio, nunca tentamos influenciar a vida dos outros países. O legado da nossa história tem sido a imitação de exemplos estrangeiros. Em política não copiamos. Não nos impomos aos outros".

Um estudante: "Salazar deu-nos trinta e oito anos de 'estabilidade', de 'integridade financeira'. Resgatou-nos de um caos intolerável, mas qual é o custo para o presente, qual será o custo para o futuro?

António Sérgio: "Não é de bons 'políticos' que mais precisamos. O que nos falta em Portugal são verdadeiros cidadãos".

"Os Restauradores juntam-se ao Rossio num ângulo, a curiosa estação central com portas em ferradura no caminho. Há um grande cinema egípcio-português, feio de qualquer maneira. Ao lado, o Ministério da Informação, um Salazar encapuçado e imóvel sobre uma laje de pedra no pátio. Perto, o café "Avis" dos ultras, bolos estragados e velhos empregados com cara de maus. Depois, tudo são palmeiras e sombra. O início da Avenida da Liberdade, local de desfiles, palco de danças folclóricas e pesadelo do trânsito.

A Avenida é um território de passeio com calçadas de mosaico a preto e branco. Os cafés de calçada aparecem em maio e há Neptunes que jorram água, em margens verdes, e cisnes dóceis, em deslizes apertados em pequenos lagos. É uma zona de perigo para as mulheres estrangeiras. No cimo, junto a pedras brancas, políticos liberais de outro século esperam por prostitutas velhas, esperançosas, de rosto pesado.

O governo português, como alguns outros, grita comunismo onde quer que haja protestos e dá crédito a quem não merece. No mundo invertido da ditadura, causa e efeito seguem caminhos curiosos. O embaixador americano, ocupado a combater o anti-americanismo inspirado pelo governo, com bonomia e bajulação pública, provoca o anti-americanismo latente ao identificar-se sem reservas com o regime. O antídoto para o mal inexistente traz o mal, mas pela razão inversa, para que os comunistas ganhem crédito, para que a panaceia se torne mais atractiva.

A Avenida termina com Pombal, o Marquês na sua coluna, blocos de escritórios, trânsito. Depois o parque, o Parque Eduardo VII, batizado com o nome da sua visita a Lisboa em 1903. Aqui há árvores floridas em profusão, bancos à sombra, bancos de relva. Aos fins-de-semana, está repleto de soldados recrutas com uniformes azuis e cinzentos e marinheiros de branco,

Todas as tardes, às cinco, joga-se futebol não oficial, se a polícia não estiver a vigiar, e há leitura da sorte por uma cigana de olhos escuros, digna de Tom Jones.

O novo Hotel Ritz fica atrás e, sob o cume da colina, a famosa "Estufa Fria", com uma luxuosa vegetação tropical, um lago e pavões na relva.

No velho e no novo, o cuidado com os mais pequenos pormenores é infinito. Se é possível tornar algo atrativo, essa oportunidade não é desperdiçada. Tão cuidado é um pequeno jardim longe dos olhos dos turistas, onde uma negra louca prega todas as manhãs a partir de uma varanda do quinto andar.

Lisboa é bem desenhada, leve e raramente deselegante. Abunda em concertos, ópera e cinemas confortáveis. Lisboa é também uma cidade formal, os jovens "mods" com cabelo curto, algemas de uma polegada e cabeleireiros saídos das "Noites da Arábia". O Parque Eduardo tem uma das esplanadas mais agradáveis da cidade. É um local frequentado por estudantes, pilhas de livros em mesas redondas, pequenas chávenas de café preto. Algumas estão ocupadas, outras não. O Pavilhão dos Desportos fica perto, a banda da Guarda Republicana está a treinar.

O poder de Franco é militar. Salazar está cada vez mais virado para os muito ricos, e estes confiam nele para se preservarem mutuamente. O "Plano de Desenvolvimento Económico e Social" de Franco é um documento competente e um reconhecimento das realidades. Salazar, devido à sua dependência de uma base tão estreita, tem uma oposição insuperável a uma verdadeira engenharia social. As suas actividades limitadas parecem insignificantes quando comparadas com os esforços bem divulgados do seu vizinho. O Governo espanhol está a avançar na direção certa. Os portugueses sabem-no e sabem que estão encurralados e presos ao status quo.

A Espanha tem um milagre económico a caminho, obtém receitas turísticas chorudas, tem melhores relações com os afro-asiáticos e os latino-americanos do que muitos outros países querem admitir.

O contraste com a posição de Portugal é óbvio e evidente. Franco governa com um gabinete de impressionantes tecnocratas, Salazar governa sozinho, falando e vendo cada vez mais através dos olhos de um homem, Jose Gonçalo Correia de Oliveira.[2]

A camisa preta e a saudação romana são, hoje em dia, discretas e raras em Espanha. Em Portugal, não é assim. O fascismo de Salazar era uma questão de filosofia política. O de Franco, suspeita-se que por conveniência. Os espanhóis falarão do "Caudillo". Não conheci nenhum português que falasse de Salazar. Os contrastes entre os dois ditadores envelhecidos são hoje tão significativos como as suas semelhanças.

"Dia de Portugal" e 'Dia do Império', bandeiras e militarismo, Salazar aparece ele próprio na Praça do Cavalo Negro. A multidão é escassa, mas aprecia os soldados, os seus filhos, a juventude de Portugal envolvida durante três anos ou mais numa guerra quente no deserto ou na selva. Os estandartes vêm em primeiro lugar, rígidos estandartes do século XV, verdes e vermelhos. Depois, os cadetes militares, atrás das tropas de elite, os "caçadores" que marcham a passo de ganso português, de forma rude, numa espécie de estampido pesado. A marinha marchava silenciosamente, com as espadas sobre os ombros.

No dia 14 de junho de 1578, D. Sebastião desfilou pelas ruas de Lisboa, montado num cavalo branco, no meio de um entusiasmo selvagem. Dez dias depois, parte para Tânger e, em seguida, para Anzila, numa aventura selvagem. Em Alcazar-Kebir encontra os mouros. Dos seus 25.000 homens, cinquenta escaparam. Pouco tempo depois, Portugal perdeu a sua independência para sessenta anos de ocupação espanhola. O "sebastianismo" tornou-se uma mania nacional. O picaresco invertido, a aberração de um Dom Quixote cortês a atirar-se a moinhos de vento imperialistas impossíveis.

Salazar preocupa-se com a História. Gostaria talvez de ser um segundo Pombal. Poderia ser um segundo Sebastião. A ironia é que mesmo que se ganhe Angola, o custo pode ser a perda de Portugal.

Uma viagem ao país. Apanhar um comboio junto ao rio para Santarém. É sábado à tarde, está muito calor e a carruagem está cheia de malas de vime, chapéus pretos e rostos velhos e amarrotados.

Santarém é a capital do Ribatejo, terra de criação de touros, um ponto forte dos mouros, situado no alto do Tejo. É uma cidade impressionante. O túmulo de Cabral está aqui, com dois elefantes indianos a guardar a porta. A "Feria" está em curso, com a Massey-Ferguson e a

Union Jack à entrada, uma nova praça de touros em betão atrás e um curral de rodeo no centro, cheio de aspirantes a matadores.

Um touro sensato, ao que parece, não está muito interessado em desperdiçar o seu fôlego. Os jovens de Santarém dançam mais perto. O touro não se deixa atrair. Um herói de peito curto e peludo puxa-lhe a cauda, depois vira as costas com desdém. É demasiado. O touro move-se como um relâmpago. O peito peludo fugiu, ignobilmente, e mesmo a tempo. Uma carruagem preta reluzente com criados de libré sobe numa nuvem de poeira. Os pastores montados, de bonés verdes e casacos castanhos, abrem caminho.

De carro, para a "Aldea", dez quilómetros acima na "Serra". Sol de fim de tarde, terra vermelha e oliveiras, burros a caminho de casa, uma paisagem cuidada. Chegamos a uma colina varrida pelo vento com um aglomerado de casas brancas. Um passeio para conhecer as personalidades, para ver as vistas: Grupo de bilhar e jazz, casa grande vazia, igreja minúscula e fiéis assustados. Jantar enorme e vinho do Porto em excesso. Depois, caminhamos com dificuldade até ao café onde a aldeia está reunida numa penumbra esfumada para tomar café e ver "Bonanza" na televisão. Depois, para a cama e, com gratidão, toda a família está presente, num quarto requintadamente simples com paredes brancas.

A Espanha precisa de uma oposição pacífica e construtiva e recebe bombistas: "Vinte e cinco anos de paz", afirma Franco. A oposição portuguesa, com sede em Praga, Argel e, ocasionalmente, no Brasil, está unida desde 1962. Em termos de organização, o Partido Comunista de Álvaro Cunhal é o mais influente. Tão dedicado à atividade pacífica nos seus trinta e oito anos de esforços aparentemente inúteis, o partido afasta cada vez mais uma juventude cada vez mais impaciente. Não são os mártires que eles querem. São os resultados. As suas esperanças começam a recair sobre os aventureiros, os "políticos", a crescente "ala chinesa". Um pequeno rabisco otimista tem vindo a aparecer nas paredes de Lisboa. Diz assim: "PROCURA-SE: UM FIDEL CASTRO".

Na manhã seguinte, regressei a Lisboa. Primeiro Fátima. A Lourdes portuguesa, a basílica e a enorme praça, várias mulheres camponesas, com rosários apertados em mãos nodosas, atravessam de joelhos o asfalto quente. Diz-se "Lost Persons" por cima de uma porta escura. Significava o que dizia, e não o que eu pensava que significava.

Poderosas colinas rochosas a caminho da Batalha, uma paisagem espanhola, não fossem as casas de campo e os jardins arrumados. Depois, havia um grande mosteiro cor-de-rosa num vale, com belos túmulos intrincados no interior, um das filhas de João de Gaunt, Dona Philipa de Lancaster, outro de Henrique, o Navegador, seu filho. Mais túmulos em Alcobaça, esculpidos para rivalizar com qualquer outro, um inferno de que Bosch se poderia orgulhar.

D. Pedro e D. Inês, Romeu e Julieta do Portugal medieval, jazem nos transeptos da abadia, golpeados com o abandono cromwelliano das tropas de Napoleão. Ao largo dos claustros, encontra-se uma vasta cozinha, com o rio a borbulhar numa ponta e imensas chaminés na outra.

As cozinhas são uma especialidade portuguesa. Em Sintra, dominam todo o Palácio Real com as chaminés gémeas da Casa da Poeira. As terras do coração de Portugal estão aqui. Afonso Henriques, o primeiro Rei, fundou a Abadia de Alcobaça em agradecimento pela sua vitória sobre os Mouros em Santarém. João de Avis, cuja infantaria derrotou o exército de Castela em Aljubarrota, construiu a Batalha.

Não muito longe fica Torres Vedras, onde Wellington travou os exércitos de Napoleão. É uma viagem sinuosa até à costa, na Nazaré. O promontório protege a baía e a cidade velha está empoleirada precariamente no topo da falésia.

Por cima da praia, há restaurantes baratos em praças brancas e luminosas. Turistas franceses e raparigas da aldeia com vários saiotes. Em Mafra, o Mosteiro do Palácio Real, construído para um rei que não conseguia decidir se queria uma imitação do Escorial ou de Versalhes, com um resultado arquitetónico previsível.

Sinta aparece na sua montanha. Uma descoberta de Byron, acidentada mas suave, chá da tarde e aventura simulada. O estuário do Tejo está à frente. A viagem para o campo está quase terminada. Um cargueiro sobe o rio sob uma nuvem de fumo negro, em breve ruas empedradas, linhas de elétrico, automobilistas impacientes.

Os historiadores espanhóis são quase unânimes em considerar a existência independente de Portugal como um "mero acidente". Os portugueses consideram-na fruto de fundamentos sócio-geográficos profundos que ligaram Portugal ao mar, trouxeram os descobrimentos, exprimiram-se no cristianismo franciscano e no universalismo. Dizem que há um espírito totalmente oposto à religião de Loyola, o imperialismo da Meseta.

Os historiadores espanhóis consideram que se trata de um "nacionalismo anti-científico", o que, vindo de historiadores espanhóis, é de facto uma queixa estranha. A língua, a história e a cultura parecem impulsionar instintivamente os portugueses para fora e os espanhóis para dentro.

Enquanto os espanhóis conseguem sobreviver ao isolamento, é duvidoso que os portugueses consigam ou queiram fazê-lo. A razão pela qual Espanha é Espanha e Portugal é Portugal tem deixado toda a gente perplexa. Todos, exceto os espanhóis e os portugueses.

Comboio elétrico rápido a partir do Cais do Sodré, à beira-mar, e toda a Costa do Sol em poucos minutos. As carruagens estão cheias de gente. Grandes senhoras com leques sentam-se de cada lado. "Lisboetas a caminho da sua praia preferida. Paramos em pequenas estações arrumadas entre cactos e flores, uma série de cidades desertas ao meio-dia sob uma névoa de calor, ruas iluminadas, janelas fechadas, parques e coretos.

O Estoril é um lugar de estrangeiros e exilados variados. Há corpos rosados e prósperos em espreguiçadeiras, um casino, um posto de turismo luxuoso cheio de ingleses antigos que lêem o *The Times*. As outras praias são menos prósperas, cheias aos fins-de-semana, com corpos portugueses castanhos na areia escaldante. Há uma viagem sinuosa de elétrico desde o Cais do Sodré, passando por pequenas lojas, bares à beira-mar e armazéns até Belém.

A nova ponte sobre o Tejo está a caminho, os pilares da estrada de acesso atravessam os subúrbios com pernas atarracadas e braços truncados. Os escritórios da United States Steel e os homens de capacete amarelo estão à beira do rio. Belém fica na periferia de Lisboa, junto aos estreitos. O Presidente vive atrás do Museu dos Coches, num palácio cor-de-rosa. Mais à frente, o Mosteiro dos Jerónimos, local de repouso de Vasco da Gama, com um intrincado claustro manuelino no interior, peculiarmente português. uma arquitetura decorativa idiossincrática de símbolos marítimos, uma resposta aos descobrimentos. Junto ao Tejo, a

Torre de Belém e o grande momento branco do Infante D. Henrique, um porto elegante e iates de luxo.

Como é que Portugal se "Portugalizou"?

Qual é o segredo da longevidade de um regime sem paralelo na Europa contemporânea?

Um professor do norte tinha uma resposta simples: "O futebol. Fado e Fátima. Os três F's, chamamos-lhe nós. O futebol para absorver os jovens, a música do fado e o sentimentalismo para os de meia-idade. Fátima e o obscurantismo religioso para os mais velhos".

Quanto tempo mais sobreviverá o regime?

Perante as tropas reunidas no Dia de Portugal, o almirante Roboredo e Silva, chefe do Estado-Maior, disse: "Quero afirmar publicamente, com a certeza com que interpreto o pensamento dos chefes militares dos três ramos das Forças Armadas, que eles se identificam perfeitamente com a política de defesa intransigente das províncias ultramarinas como parte inegável do património nacional, política que o Presidente do Conselho [Salazar] definiu rigorosamente com a clareza meridiana a que nos habituou."

O Chefe do Estado-Maior provocou um grande abanão de cabeças nessa noite. O problema é que, quando o Governo nega expressamente uma coisa em Portugal, a maioria das pessoas pensa que a realidade é o contrário.

Saio de Lisboa num aborrecido dia inglês, com algumas gotas de chuva a desculparem-se. Viajo no Royal Mail Liner em terceira classe, uma cabine para quatro pessoas, um australiano de olhos escamosos e rum branco, um inglês elegante, um espanhol silencioso. Jantamos um jantar de loucos, mastros com bandeiras a passar pelas vigias com uma rapidez absurda, vinho banido em vez de pequeno-almoço inglês, o empregado encolhe os ombros, indiferente à mudança de clientela. É uma sala de jantar dos antigos e dos muito jovens. Um casal de ingleses de uma qualquer selva sul-americana senta-se na mesa ao lado. A mulher é pequena, com os olhos esbugalhados do Exército de Salvação, óculos grandes e redondos de saúde nacional, um colarinho vitoriano alto até ao pescoço e preso com um broche oval. O marido é incomensuravelmente comprido, incomensuravelmente tímido.

Em Vigo, numa manhã galega chuvosa, laranjeiras nas ruas, almoço espanhol e "claret", ilusões desfeitas. O australiano é um artista cockney, o seu sotaque é o de Sidney. O inglês tem um passaporte americano. A dupla da selva é composta por austríacos uruguaios. O espanhol foi-se embora. A chuva pára mais tarde.

O barco começa a rolar onde a calma da baía dá lugar ao oceano. As nuvens de tempestade voltaram para o interior, o sol do fim da tarde rompeu por um momento para iluminar a cidade que recuava. A cidade fez uma saída dramática e proibitiva, ondas brancas num recife, um banco de nuvens negras sobre o interior, uma valsa incongruente no altifalante do navio.

Era a Galiza em poucas palavras, com exceção da valsa. Um português vira-se para mim: "Podemos falar sem medo", diz: "Ele pode falar. Eu posso falar. Podemos falar sem medo".

Introduction

SERENDIPITOUS SCHOLARSHIP

This book of lectures is the result of a personal odyssey that took me into some serendipitous byways, though the end point remained Portugal, Brazil, and the Portuguese-speaking world.

A la Ronde is a 16-side house, its interior walls decorated with hundreds of sea shells and feathers, with diamond-shaped windows. At its center is an octagon shaped room. It was the home of two fiercely independent cousins, Mary and Jane Parminter. They built A la Ronde in the late-18th century near the fashionable seaside resort of Exmouth in Devon. Jane Parminter, her sister Elizabeth, and an orphaned cousin, Mary, in 1784, had set out over several years on a grand tour of Europe, visiting France, Italy, Germany, Switzerland, and possibly Spain and Portugal, before returning to England.

La Ronde overlooks the estuary of the River Exe and is set on a hill in an utterly delightful location.

A la Ronde, Near Exmouth, Devon

I went there one afternoon on a beautiful summer afternoon as a guest of the Tiverton History Group of which my sister has been a long term member. Mary Parminter's will and testament stipulated that only unmarried kins women could inherit the estate: They did until the mid-20th Century. But that is another story. My visit to La Ronde was a wonderful happenstance for me.[1]

I noticed that the wealthy father of the two women was John Parminter, said to be a Lisbon wine merchant. My sister has become a family historian and has recently published two books on our ancestors, the Chappell family, who provided three mayors of Exeter during the reign of Queen Elizabeth the First. Henry Bagwell, the son of one of the daughters of a Chappell mayor, was shipwrecked on Bermuda on the way to Virginia, and then arrived at the Chesapeake Bay just as Jamestown was about to be abandoned. I accompanied my sister on one of her research trips to the Devon Archives in Exeter and asked for the file on A la Ronde.[2]

John Parminter (1712-178) it turned out was not only a wine merchant (there was a record in the file of all the Portuguese wine sold by Parminter in England and Ireland and the names of his agents.) He was, however, also an active collaborator of the Marquês de Pombal in the process of reconstructing Lisbon after the Great Earthquake and Tsunami of 1755. John Parminter provided glass and quick drying cement for the new Earthquake-proof buildings in the new Pombaline Lisbon. This was the source of his wealth.

Lisbon's reconstruction is the source of the fortune of another Devon man, William Stephens (1731-1893), who imported culm from Britain to produce a key ingredient for the production of the quick drying cement and plaster. Like John Parminter he also manufactured glass for the windows of the new Lisbon buildings. William Stephens, like Parminter, became a very wealthy man.

The great Lisbon Earthquake of 1755 and the reconstruction of Lisbon by the Marquês de Pombal, the Great Fire of London and the failure of Christopher Wren's plan for a new planned city, and the destruction of the old Paris and the reconstruction of Paris by the Baron Haussmann under Napoleon III, form the central lecture here. The inclusion of Paris was the result of conversations with Robbin Laird who lives now in one of the arrondissements annexed into the newly enlarged Paris by Napoleon III and Haussmann. All three reconstructions were framed by catastrophic natural or political and social disasters.

My first lengthy sojourn in Lisbon was in 1964. This was also something of a stroke of unexpected good fortune and it fixed my engagement with the Luso-Brazilian world. I had arrived in Lisbon very early in the morning from Madrid at the Santa Apolónia railway station on the overnight Iberian express. I walked along the river-front to the Praça do Comércio, which was then vacant, though during the day it became a gigantic parking lot. I asked the guard standing in his guard box at the foot of the equestrian statue at the center of the center of the square where I could find accommodation. He pointed north. I walked north past the Rossio and Resauradores and up the Avenida da Liberdade and eventually arrived at Rua Rodrigo da Fonseca where I found the pensão Atlântida.

My only income at the time was from articles I wrote for *The Western Morning News*, a regional paper in the South-West of England. I was paid five Guineas (five pounds and five shilling) for each article. Portugal at the time was under the heavy boot of the dictator, António de Oliveira Salazar. I found that no-one would speak to a foreign student.

This was very different from Spain where I had been fully accepted into a group of students staying in the pension Riesco on the Calle del Correo just off the Puerto do Sol.

In Lisbon the cafes at the time all had informers who would secretly denounce any "subversive" conversations to the secret police (PIDE). But I wanted to learn the language. I needed to speak to someone. I did manage to research at the National Library, but in the end in frustration I put an announcement in the "Diário de Notícias" saying an English student wanted to exchange language lessons. I was getting desperately low on funds.

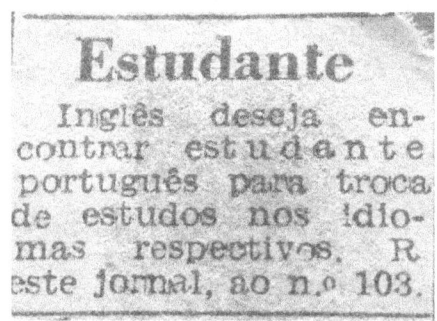

My announcement in the Diário de Notícias seeking to exchange language lessons with a Portuguese student (1964).

One day I received an unexpected letter at the pensão from the Gulbenkian Foundation inviting me to call on Dr. Ayala Monteiro, the director of international programs. I am not sure how he had heard about me. I suspect my tutor at St. John's College, Cambridge University, Harry Hinsley, had mentioned me to the Foundation. Harry Hinsley had told me in one of our last "supervisions" (the weekly one on one tutorial) to "look south" by which he had meant Iberia and Latin America which were very little studied in Britain at the time. We had remained in touch over that year I was in Spain and Portugal as I was applying to various graduate programs to study Latin America in the USA.[3]

We did not know at the time that Harry Hinsley during WW2 had been a key figure at Bletchley Park, the British Intelligence Center, where he had worked on German code-breaking and the Enigma machine (as well as meeting Hilary his wife). Neutral Lisbon had been during WW2 a notorious hotbed of spies. Dr. Ayala Monteiro said that Gulbenkian was prepared to support me if I wanted to stay on in Portugal and learn the language. He asked me to prepare a budget. I did so outlining my current expenditures. He laughed when he received it. No one could live on that he said, "Let me write your budget." For the next five months I received a very welcome check from Gulbenkian each month and I opened an account at the Bank of London and South America. I owe a great debt to the Gulbenkian Foundation for hooking me to the Luso-Brazilian world.

I recently discovered my account that I had written about my experience in Lisbon in 1964. It comprises the first part of this book. I wrote it soon after my arrival at Princeton University in 1964. Earlier that year on the way back to England from Lisbon by sea on the *Royal Mail Liner* I met a Portuguese student, Fernando Fernandes, from Matosinhos, who was on his way to an exchange program in London. I was suspicious of the documentation he showed me and when we arrived at Tilbury I accompanied him to the supposed location which did not exist. So I invited Fernando to join me at my home at Combe Water in Somerset. I needed to earn money to pay for my passage to the USA so we did piecework at a fruit picking farm. Fernando also needed the money.

After Fernando returned to Portugal I did various jobs that summer from building a water tower on a nearby farm to driving a grocery delivery van for Marks and Spencers in Bridgewater. I later visited Fernando at his home in Matosinhos when I returned to Portugal for research after my two years of research in Brazil in 1967, and I was in Portugal again in the early 1970s. The North of Portugal is a different world from Lisbon and I made many friends there, on camping trips in Vila Real, at the pool-table in Matosinhos cafes, and attending car racing events. Fernando's father was the skipper of a fishing boat and we visited the sardine factories along the coast.

With Fernando's father on his fishing boat in the early morning at Matosinhos Harbour in 1967 (I do not seem to be too happy with the fish!

In 1974 Fernando was a miliciano officer (university students who were drafted into the officer corps) and he was based in Lisbon and we met before and after the coup. He took me into the old PIDE HQ building where members of the MFA (The Armed Forces Movement) were examining the voluminous secret police files. Some of the PIDE records were related to links to the foreign intelligence organisations which I was able to examine.

In 1974 I was the Herodotus Fellow at the Institute for Advanced Study at Princeton when General Spínola's book *Portugal and the Future* was published in February. This indicated to me that something very serious was afoot in Portugal. So I contacted Bob Silvers of *The New York Review of Books* and he agreed to send me to Portugal with press credentials. This I described in the final lecture, *The Pivot* published here.

After the Institute for Advanced Study, where I spent four years, I got a job at Columbia University in the History Department. My office, however, was in the School of international Affairs. Zbig Brezinski had invited me in 1975 to the Institute on International Change (RIIC), which he had founded and directed, to discuss my articles on Portugal. But by the time I was appointed an associate professor of History at Columbia, Brzezinski had left for the White House where he was the national security adviser of President Jimmy Carter. Professor Seweryn Bialer, was now the director of RIIC, and he invited me to join RIIC as a senior fellow. I chaired the Thursday lunchtime seminars where we had a very distinguished series of international speakers.

It was a RIIC that I met Robbin Laird. We co-organized a major international conference with the support of the German Marshall Fund of the United States, on the Press and the Rebirth of Iberian Democracy.[4] Robbin Laird also invited me to collaborate with him in a series of conferences in Spain and Portugal in the mid-1980s, and I have contributed to his websites since I returned to the UK.

The seminar on the Press and the Rebirth of Iberian Democracy. Maxwell is addressing the seminar and Laird is to his left.

José Blanco of the Gulbenkian recommended Jose Freire Antunes to me. He was a young Portuguese journalist without a University degree. José Blanco thought he was an exceptionally talented individual with great potential and was prepared to support him, so I arranged an affiliation for him at RIIC. While in New York, José Freire Antunes went on to write several major works on U.S.-Portuguese relations under the Kennedy and the Nixon administrations. I also founded the Camões Center, hosted at RIIC. We subsequently organized several international conferences on Portugal and the wider Portuguese-speaking world.[5]

The final lecture was given in Lisbon. But in March 2024 I had been invited by Professor Vera Ferlini to give the key-note address at a major conference on the 25 April in Brazil. Professor Vera Ferlini holds the Jaime Cortesão chair at the. University of São Paulo (USP). She had previously invited me to give the key-note at a conference at USP on the anniversary of Brazilian independence.

On the evening before the conference in March I had dinner with my old friend Elio Gaspari. He asked me what I was going to talk about. He then the next morning sent me a series of documents from the Brazilian secret service (SNI) on General Spínola's attempts to seek support from Brazil for his armed intervention in Portugal. These documents I was able to talk about in my lecture, and they are included in my Lisbon lecture, which is the final chapter in this collection.

Lunch with Elio Gaspari in São Paulo on the way back from Sergipe in June 2024.

I had first met Elio at a cocktail party in the Flamengo apartment of a young British diplomat and recent Oxford graduate, Christian Adams. Elio was then a stringer for Ibrahim Sued, Rio de Janeiro's leading society columnist. Elio asked me what I was doing in Rio. I said I was researching the independence of Brazil. He then asked me what I thought of the interrogation of Tomás António Gonzaga in the *Autos da Devassa*. I had not read the *Autos da Devassa*, nor had I taken the plot for an uprising against Portuguese rule in Minas Gerais in 1789 seriously. But Elio's question sent me off to Minas, to Belo Horizonte on a "comet" bus, and to Ouro Preto.[6]

Elio visited my small top floor apartment at the corner of the Rua Figueiredo de Magalhães and N.S de Copacabana: The "noisiest corner in Rio de Janeiro" it was said to be. Elio took me to meet Nelson Werneck Sodré (1911-1999), a prolific Marxist historian and author, who had a stellar military career before losing his political rights. Elio was later imprisoned on the Isla da Cobras (Snake Island). It was here that Joaquim José da Silva Xavier (Tiradentes) and Tomás António

Gonzaga were imprisoned in 1789, when the plot in Minas Gerais failed, and the Rio de Janeiro *devassa* (judicial interrogation) took place. Ibrahim Sued was able to arrange his release.[7]

Elio Gaspari is today the leading Brazilian columnist writing in both the São Paulo based *Folha de São Paulo* and the Rio de Janeiro based *O Globo*. He is the author of five brilliant volumes on the Brazilian military dictatorship. I recommended Elio to be a Tinker visiting professor when I was teaching at Columbia. A leading political scientist objected. He does not have a university degree, he said. I explained why he did not complete his degree. He had been expelled from the faculty at the instigation of the fascist director. But Elio was always an historian manque. I am ever grateful for these serendipitous encounters[8]

Uma bolsa de estudo por acaso

Este livro de conferências é o resultado de uma odisseia pessoal que me levou por alguns caminhos inesperados, embora o ponto de chegada tenha sido Portugal, o Brasil e o mundo lusófono.

A la Ronde é uma casa de 16 lados, com as paredes interiores decoradas com centenas de conchas e penas, com janelas em forma de diamante. No centro, há uma sala em forma de octógono. Era a casa de duas primas ferozmente independentes, Mary e Jane Parminter. Elas construíram A la Ronde no final do século XVIII, perto da elegante estância balnear de Exmouth, em Devon. Jane Parminter, a sua irmã Elizabeth e uma prima órfã, Mary, partiram em 1784, durante vários anos, numa grande viagem pela Europa, visitando França, Itália, Alemanha, Suíça e, possivelmente, Espanha e Portugal, antes de regressarem a Inglaterra.

La Ronde tem vista para o estuário do rio Exe e está situada numa colina, num local absolutamente encantador.

La Ronde, perto de Exmouth, Devon

Fui lá uma tarde, numa bela tarde de verão, como convidada do Grupo de História de Tiverton, do qual a minha irmã é membro há muito tempo. O testamento de Mary Parminter estipulava que só as mulheres solteiras da família podiam herdar a propriedade: Foi o que aconteceu até meados do século XX. Mas isso é outra história. A minha visita a La Ronde foi um maravilhoso acaso para mim.[1]

Reparei que o pai rico das duas mulheres era John Parminter, que se dizia ser um comerciante de vinhos de Lisboa. A minha irmã tornou-se uma historiadora da família e publicou recentemente dois livros sobre os nossos antepassados, a família Chappell, que forneceu três presidentes da Câmara de Exeter durante o reinado da Rainha Isabel I. Henry Bagwell, filho de uma das filhas de um presidente da Câmara Chappell, naufragou nas Bermudas a caminho da Virgínia e chegou à Baía de Chesapeake na altura em que Jamestown estava prestes a ser abandonada. Acompanhei a minha irmã numa das suas viagens de investigação aos Arquivos de Devon, em Exeter, e pedi o ficheiro sobre A la Ronde.[2]

John Parminter (1712-178) não era apenas um comerciante de vinho (havia um registo no arquivo de todo o vinho português vendido pela Parminter na Inglaterra e na Irlanda e os nomes dos seus agentes). No entanto, foi também um colaborador ativo do Marquês de Pombal no processo de reconstrução de Lisboa após o Grande Terramoto e Tsunami de 1755. John Parminter forneceu vidro e cimento de secagem rápida para os novos edifícios à prova de terremotos na nova Lisboa Pombalina. Esta foi a fonte da sua riqueza.

A reconstrução de Lisboa é a fonte da fortuna de um outro homem de Devon, William Stephens (1731-1893), que importou colmo da Grã-Bretanha para produzir um ingrediente-chave para a produção de cimento e gesso de secagem rápida. Tal como John Parminter, também fabricava vidro para as janelas dos novos edifícios de Lisboa. William Stephens, tal como Parminter, tornou-se um homem muito rico.

O grande Terramoto de Lisboa de 1755 e a reconstrução de Lisboa pelo Marquês de Pombal, o Grande Incêndio de Londres e o fracasso do plano de Christopher Wren para uma nova cidade planeada, e a destruição da velha Paris e a reconstrução de Paris pelo Barão Haussmann sob Napoleão III, formam a palestra central aqui. A inclusão de Paris foi o resultado de conversas com Robbin Laird, que vive atualmente num dos arrondissements anexados à nova Paris alargada por Napoleão III e Haussmann. As três reconstruções foram enquadradas por catástrofes naturais ou políticas e sociais.

A minha primeira estada prolongada em Lisboa foi em 1964. Foi também uma espécie de golpe de sorte inesperado e fixou o meu envolvimento com o mundo luso-brasileiro. Cheguei a Lisboa de manhã muito cedo, vindo de Madrid, na estação ferroviária de Santa Apolónia, no expresso ibérico da noite. Caminhei ao longo da frente ribeirinha até à Praça do Comércio, que estava então desocupada, mas que durante o dia se transformava num gigantesco parque de estacionamento. Perguntei ao guarda que estava na sua guarita, aos pés da estátua equestre no centro da praça, onde poderia encontrar alojamento. Ele apontou-me para norte. Passei pelo Rossio e pelos Restauradores, subi a Avenida da Liberdade e acabei por chegar à Rua Rodrigo da Fonseca, onde encontrei a pensão Atlântida.

Na altura, o meu único rendimento provém dos artigos que escrevia para o *The Western Morning News*, um jornal regional do sudoeste de Inglaterra. Pagavam-me cinco guinéus (cinco libras e cinco xelins) por cada artigo. Na altura, Portugal estava sob o jugo do ditador António de Oliveira Salazar. Ninguém falava com um estudante estrangeiro.

Era muito diferente do que acontecia em Espanha, onde eu tinha sido plenamente aceito num grupo de estudantes alojados na pensão Riesco, na Calle del Correo, junto as Puerto do Sol.

Em Lisboa, os cafés da altura tinham todos informadores que denunciavam secretamente qualquer conversa "subversiva" à polícia secreta (PIDE). Mas eu queria aprender a língua. Precisava de falar com alguém. Consegui pesquisar na Biblioteca Nacional, mas acabei por, frustrado, colocar um anúncio no "Diário de Notícias" a dizer que um estudante inglês queria trocar aulas de língua. Estava a ficar desesperadamente sem dinheiro.

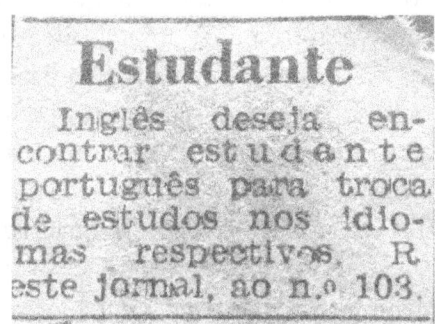

O meu anúncio no Diário de Notícias para troca de aulas de línguas com um estudante português (1964).

Um dia, recebi na pensão uma carta inesperada da Fundação Gulbenkian, convidando-me a visitar o Dr. Ayala Monteiro, diretor dos programas internacionais. Não sei bem como é que ele soube de mim. Suspeito que o meu tutor no St. John's College, na Universidade de Cambridge, Harry Hinsley, me tenha mencionado à Fundação. Harry Hinsley tinha-me dito, numa das nossas últimas "supervisões" (a tutoria semanal individual), para "olhar para sul", referindo-se à Península Ibérica e à América Latina, que eram muito pouco estudadas na Grã-Bretanha na altura. Mantivemo-nos em contacto durante o ano em que estive em Espanha e em Portugal, enquanto me candidatava a vários programas de pós-graduação para estudar a América Latina nos EUA[3]

Na altura, não sabíamos que Harry Hinsley, durante a Segunda Guerra Mundial, tinha sido uma figura-chave em Bletchley Park, o Centro de Informações Britânico, onde tinha trabalhado na decifração de códigos alemães e na máquina Enigma (bem como conhecido Hillary, a sua mulher). A Lisboa neutra tinha sido, durante a Segunda Guerra Mundial, um notório viveiro de espiões. O Dr. Ayala Monteiro disse-me que a Gulbenkian estava disposta a apoiar-me se eu quisesse ficar em Portugal e aprender a língua. Pediu-me que preparasse um orçamento. Eu faço-o, indicando as minhas despesas atuais. Ele riu-se quando o recebeu. Ninguém conseguiria viver com isso, disse ele, "deixa-me escrever o teu orçamento". Durante os cinco meses seguintes, recebi todos os meses um cheque muito bem-vindo da Gulbenkian e abri uma conta no Banco de Londres e da América do Sul. Tenho uma grande dívida para com a Fundação Gulbenkian por me ter ligado ao mundo luso-brasileiro.

Descobri recentemente o relato que tinha escrito sobre a minha experiência em Lisboa em 1964. É a primeira parte deste livro. Escrevi-o pouco depois da minha chegada à Universidade de Princeton, em 1964. No início deste ano, quando regressava de Lisboa a Inglaterra, no *Royal Mail Line,* encontrei um estudante português, Fernando Fernandes, de Matosinhos, que estava a caminho de um programa de intercâmbio em Londres. Desconfiei da documentação que me mostrou e quando chegámos a Tilbury acompanhei-o ao suposto local que não existia. Convidei então Fernando para ir ter comigo a minha casa em Coombe Water, em Somerset. Eu precisava de ganhar dinheiro para pagar a minha passagem para os EUA e, por isso, trabalhámos numa quinta de colheita de fruta. O Fernando também precisava de dinheiro.

Depois de o Fernando ter regressado a Portugal, fiz vários trabalhos nesse verão, desde construir uma torre de água numa quinta próxima a conduzir uma carrinha de entregas de mercadorias para a Marks and Spencers em Bridgewater. Mais tarde, visitei Fernando na sua casa em Matosinhos quando regressei a Portugal para fazer investigação depois dos meus dois anos de investigação no Brasil em 1967, e estive novamente em Portugal no início da década de 1970. O Norte de Portugal é um mundo diferente de Lisboa e fiz muitos amigos lá, em acampamentos em Vila Real, à mesa de bilhar nos cafés de Matosinhos e em eventos de corridas de automóveis. O pai do Fernando era capitão de um barco de pesca e visitava as fábricas de sardinhas ao longo da costa.

Com o pai do Fernando no seu barco de pesca ao início da manhã no Porto de Matosinhos em 1967 (não pareço estar muito contente com o peixe!

Em 1974, Fernando era um oficial miliciano (estudantes universitários que eram recrutados para o corpo de oficiais) e estava baseado em Lisboa e encontramo-nos antes e depois do golpe. Levou-me ao antigo edifício sede da PIDE, onde membros do MFA (Movimento das Forças Armadas) estavam a examinar os volumosos ficheiros da polícia secreta. Alguns dos registos da PIDE estavam relacionados com ligações a organizações de informação estrangeiras, que eu pude examinar.

Em 1974, eu era Herodotus Fellow no Institute for Advanced Study de Princeton quando, em fevereiro, foi publicado o livro do General Spínola " *Portugal e o Futuro*" . Isto indicava-me que algo muito sério estava a acontecer em Portugal. Por isso, contactei Bob Silvers da *The New York Review of Books* e ele concordou em enviar-me a Portugal com credenciais de imprensa. Descrevi este facto na palestra final, *The Pivot* , publicada aqui.

Depois do Instituto de Estudos Avançados, onde estive quatro anos, arranjei emprego na Universidade de Columbia, no Departamento de História. O meu gabinete, porém, ficava na Escola de Assuntos Internacionais. Zbig Brzezinski tinha-me convidado em 1975 para o Institute on International Change (RIIC), que ele tinha fundado e dirigido, para discutir os meus artigos sobre Portugal. Mas na altura em que foi nomeado professor associado de História em Columbia, Brzezinski tinha partido para a Casa Branca, onde era conselheiro de segurança nacional do Presidente Jimmy Carter. O professor Seweryn Bialer era agora o diretor da RIIC e convidou-me a integrar a RIIC como senior fellow. Presidia aos seminários das quintas-feiras ao almoço, onde tínhamos uma série muito distinta de oradores internacionais.

Foi na RIIC que conheci Robbin Laird. co-organizamos uma grande conferência internacional, com o apoio do German Marshall Fund dos Estados Unidos, sobre a imprensa e o renascimento da democracia ibérica.[4] Robbin Laird também me convidou a colaborar com ele numa série de conferências em Espanha e Portugal em meados da década de 1980, e tenho contribuído para os seus sítios Web desde que regressei ao Reino Unido.

O seminário sobre a imprensa e o renascimento da democracia ibérica. Maxwell dirige-se ao seminário e Laird está à sua esquerda.

José Blanco, da Gulbenkian, recomendou-me José Freire Antunes. Era um jovem jornalista português sem diploma universitário. José Blanco considerou-o um indivíduo excecionalmente talentoso e com grande potencial e estava preparado para o apoiar, pelo que lhe arranjei uma afiliação na RIIC. Enquanto esteve em Nova Iorque, José Freire Antunes escreveu várias obras importantes sobre as relações luso-americanas durante as administrações Kennedy e Nixon. Fundei também o Centro Camões, sediado na RIIC. Posteriormente, organizamos várias conferências internacionais sobre Portugal e o mundo lusófono em geral.[5]

A última conferência foi proferida em Lisboa. Mas, em março de

2024, fui convidado pela Professora Vera Ferlini para proferir o discurso principal numa importante conferência no dia 25 de abril, no Brasil. A Professora Vera Ferlini é titular da cátedra Jaime Cortesão na. Universidade de São Paulo (USP). A professora Vera Ferlini já me tinha convidado para proferir a comunicação principal numa conferência na USP sobre o aniversário da independência do Brasil.

Na noite anterior à conferência, em março, jantei com o meu velho amigo Elio Gaspari. Ele me perguntou sobre o que eu ia falar. Na manhã seguinte, enviou-me uma série de documentos dos serviços secretos brasileiros (SNI) sobre as tentativas do general Spínola de obter o apoio do Brasil para a sua intervenção armada em Portugal. Estes documentos foram abordados na minha conferência e estão incluídos na minha conferência de Lisboa, que é o último capítulo desta coleção.

Almoço com Elio Gaspari em São Paulo, no regresso de Sergipe, em junho de 2024.

Conheci Elio num cocktail no apartamento do Flamengo de um jovem diplomata britânico, recém-formado em Oxford, Christian Adams. Elio era então um colaborador de Ibrahim Sued, o principal colunista de sociedade do Rio de Janeiro. Elio perguntou-me o que estava a fazer no Rio. Respondi que estava a investigar a independência do Brasil. Ele então me perguntou o que eu achava do interrogatório de Tomás Antônio Gonzaga nos Autos da Devassa. Eu não tinha lido os Autos da Devassa, nem tinha levado a sério a trama de uma revolta contra o domínio português em Minas Gerais em 1789. Mas a pergunta de Elio levou-me a Minas, a Belo Horizonte num autocarro "cometa", e a Ouro Preto.*

Elio visitou meu pequeno apartamento no último andar, na esquina da Rua Figueiredo de Magalhães com a N.S. de Copacabana: Dizia-se que era a "esquina mais barulhenta do Rio de Janeiro". Elio levou-me a conhecer Nelson Werneck Sodré (1911-1999), um prolífico historiador e autor marxista, que teve uma carreira militar brilhante antes de perder os seus direitos políticos. Elio foi posteriormente preso na Ilha das Cobras. Foi lá que Joaquim José da Silva Xavier (Tiradentes) e Tomás Antônio Gonzaga foram presos em 1789, quando a conspiração em Minas Gerais fracassou e ocorreu a devassa do Rio de Janeiro. Ibrahim Sued conseguiu a sua libertação[6]

Elio Gaspari é hoje o principal colunista brasileiro, escrevendo tanto na *Folha de São Paulo* quanto no *O Globo*, do Rio de Janeiro. É autor de cinco brilhantes volumes sobre a ditadura militar brasileira. Recomendei Elio para ser professor visitante Tinker quando estava a lecionar em Columbia. Um cientista político de renome opôs-se. Ele não tem um diploma universitário, disse ele. Expliquei-lhe porque é que não tinha concluído o curso. Tinha sido expulso da faculdade por instigação do diretor fascista. Mas Elio foi sempre um historiador manque. Estou sempre grato por estes encontros fortuitos[7]

Looking Back at the Portuguese Revolution: The 25 April 2024 São Paulo Lecture

Maxwell was invited by Professor Vera Lucia Amaral Ferlini, who holds the Jaime Cortesão Chair at the University of São Paulo (USP), to speak at the Congress on the 50th Anniversary of Revolution of Carnations in Portugal in early April. She had previously invited him to give the opening address at her conference at USP to mark the 200th anniversary of Brazilian Independence.

This time he was invited to give an overview of the international consequences of the coup d'etat in Lisbon on 25 April 1974 which ended Europe's oldest dictatorship and brought about the independence of the Portuguese colonies in Africa where Portugal had been fighting for decades a seemingly endless colonial war on three fronts in Portuguese Guinea, Mozambique, and in Angola.

The 25 April 2024 São Paulo Lecture

This afternoon, I'm going to talk about some aspects of the international impact and reaction to the revolution in Lisbon on April 25, 1974.

It's sometimes hard to remember how important Portuguese affairs were on the world stage in the mid-1970s.

But this oscillation between long periods of inattention followed by brief waves of international panic is not an unprecedented phenomenon in Portugal.

In 1640 and 1820, as in 1970, Portuguese revolutions upset the international status quo.

The terrified reactions they provoked in Count Duke Olivares, Prince Metternich and Henry Kissinger, respectively, were strikingly similar.

In many ways, the Portuguese uprisings, which for a time so worried these statesmen, ended up being eclipsed by their international consequences: the collapse of the attempt to regenerate Spanish power in the 1640s, Brazilian independence in the 1820s, and the beginning of the end of white rule in southern Africa in the 1970s. Perhaps because of this unique trajectory, historians have paid more attention to the results than to the beginnings of events.

At the beginning of April 2024, Kenneth Maxwell took part in a conference on the 50th anniversary of April 25 at the University of São Paulo (Brazil). Credit Photo: Luís Otávio Pagano Tasso/Cátedra Jaime Cortesão (Camões, I.P. / USP)]

The Portuguese revolution of 1974 is already dismissed by many as the sweet illusion of hopeful leftists, even if some participants have good reason to forget that period. Henry Kissinger's actions in the mid-1970s do not reflect the best qualities of this statesman, nor his discernment. As might be expected, they are nowhere to be found in his voluminous book *Diplomacy*.

The contrast between short-term projection and long-term consequences was also driven by the rhythm of Portuguese history, that is, by a certain alternation between brief waves of early experimentation followed by prolonged lulls. Each of these phases seems to temporarily exclude the possibility of the other.

I remember being in a Lisbon café at the beginning of 1964, reading a description of Professor Edgar Prestage (1869-1951) from fifty years earlier. Professor Prestage, a fierce monarchist and Catholic convert, was the first holder of the Camões Chair at King's College, London, between 1923 and 1936. Professor Prestage spoke of demonstrations taking to the streets and of political and military turmoil. Such a Lisbon seemed inconceivable at the time, and I dismissed Prestage's account as the exaggerations of an old man's memory.

Just a decade later, in 1974. however, most of the old cafés had been replaced by banks, whose employees were vociferous "anti-fascists," led by a communist cabinet minister, making Salazar's meticulous order of 1964 unimaginable, just as the revolutionary uprising of 1974-75 must seem to some Portuguese and foreigners today.

This obviously doesn't mean that the events themselves were insignificant or that our perception of them at the time was either.

The Portuguese experience was qualitatively different from many other regime changes precisely because it acquired several characteristics of a revolution. In some respects, what followed was not just a process of establishing democracy, but a process of a revolution tamed.

The Portuguese uprising of 1974-75 didn't "turn the world upside down" as the Levelers, the most radical insurgents during the English Civil War in the 17th century, wanted, although for several months Portugal recalled much of the euphoria, although not the violence, of past revolutions.

Perhaps thanks to this carnage-free trajectory, the Portuguese revolution is not punctuated by indelible images such as the execution of Charles the First in England, the fall of the Bastille in France, or the seizure of the Winter Palace by the Bolsheviks in Russia, which in other historical contexts dramatically marked the break with the past.

It's true that in all these cases the past in one way or another came back to haunt the new regime, and those old social inequalities resurfaced in new political structures, but the symbolic event remains forever in the popular imagination and in historiography, proclaiming the intention and radical change, even if not its consummation.

The Portuguese Revolution certainly had its moments:

The confrontation in Praça do Comércio between the young Captain Salgueiro Maia (1944-1992) and regime forces and the popular reaction with thousands of the residents of Lisbon in the streets.

Salgueiro Maia said to the commander of the loyalist tanks: "If they fire, there will be a civil war. Will the army shoot the army?"

Salgueiro Maia and the Armed Forces Movement (MFA)'s ultimatum to Marcello Caetano (1906-1980) at the Carmo Barracks

Caetano's surrender to General Spínola and Caetano's transfer to Brazil, escorted by Captain Salgueiro Maia to the plane that transported him into exile in Brazil – a country, we should remember, at the time ruled by a military dictatorship.

The return to Portugal of the communist and socialist leaders, Álvaro Cunhal (1913-2005) and Mário Soares (1924-2017)

The PREC period (The Ongoing Revolutionary Process between 11 March and 25 November 1975): Spínola's flight to Spain

The clandestine interventions in Portugal by the Soviet Union, the United States, West Germany, and by the Cuban and South African military in Angola.

The dynamics of failure and success, which flowed from the convalescence and disintegration of alliances during the tumultuous period between the collapse of the old order and the crystallization of the new, cannot be disregarded.

The brief period of euphoria, characteristic of all revolutionary moments when everything seems possible, is harder to capture, respectively.

Wordsworth summed up this moment in his famous phrase about the French revolution: "It was glorious to be alive at that dawn" and Marx, writing about the 1848 revolution in France, called it a moment of "brilliant splendor".

There are many advantages to retrospective analysis, but one disadvantage is that it strips history of all sensitivity to the choices men and women make in moments of commotion. This is probably the reason why, despite all the theories of revolution and the academic and ideological debates about its causes, every revolution is a shock, and a singular surprise.

The Portuguese revolution was no exception. Cord Meyer, director of the CIA office in London in April 1974 said: "When the Revolution happened in Portugal, the United States had gone out to lunch. It was a total surprise." The U.S. Ambassador in Lisbon was Stuart Nash Scott, a political appointee, and a member of the American elite, with no diplomatic experience, as was common with U.S. ambassadors sent to Lisbon.

Ambassador Scott was in the Azores on a visit to the U.S. base when the coup took place. As Lisbon airport was closed, he decided to go to Boston for his class reunion at Harvard Law School.

It was a huge blunder for an ambassador in a country in the throes of an armed insurrection, and one of several factors that destroyed Scott's credibility in the eyes of Henry Kissinger (1923-2023) then President Gerald Ford's powerful Secretary of State and national security adviser.

The story of Mr. Richard F. Post, the acting head of diplomatic representation at the embassy, is even sadder. Mr. Post said "It was still dark when the phone rang in my room. It was the guard at our house in Restelo, a former member of the DGS (the Portuguese secret police) calling from the garage; he said 'danger, danger', but I didn't understand. My wife, almost asleep, said: 'Well, that's the guard's name.' I hung up and we went back to sleep. At around six in the morning, one of the military allies reported by phone that there were tanks in the streets and military music on the radio."

In Washington, however, the overthrow of Caetano caused great concern. Just six months before the coup, the American base in Lajes, in the Azores, which some said had lost its importance in that era of intercontinental ballistic missiles, would suddenly prove vital, not so much for NATO's own purposes, but for what in the NATO jargon of the time was called "out of area contingencies" – the Middle East, for example.

During the war between Israel and the Arab countries, following the Egyptian attack on Yom Kippur in 1973, Portugal had been the only one of the U.S.'s European allies to allow the use of the base's facilities for American resupply missions to Israel, and even that had practically required an ultimatum from Nixon to Caetano. It was for lack of an alternative that Caetano, in his isolation, had given in to the American request.

It was because of this that Kissinger secretly tried to facilitate "red eye" missiles for Portuguese use in Portuguese Guinea on the eve of the coup in Lisbon. Another source of Kissinger's embarrassment if this secret information became public.

Sources of information on Portugal were scarce.

On March 15, 1974, at a congressional hearing of the Subcommittee on Africa, the publication of General Spínola's book "Portugal e o Futuro" (Portugal and the Future) came up for discussion.

The State Department's director for Iberian affairs, Ellwood M. Rabenhold Jr., declared: "I would like to make the following observation: change in Portugal occurs very slowly, and in my opinion, we cannot assume that anything, even this book, can abruptly bring about a drastic change." Just 42 days later, tanks from the Cavalry School in Santarém entered the quiet center of Lisbon. Within 24 months, the Portuguese presence in Africa, which had begun half a millennium earlier, would come to an end.

Portuguese civil society was also taken by surprise by the sudden and rapid success of the young officers. In the weeks before the coup, the MFA had deliberately avoided civilian opposition for security reasons. The secret police were known to have infiltrated the underground political parties. And they had no problem assassinating them: as with General Delgado in Spain, Amilcar Cabral and Eduardo Mondlane in Africa.

Even so, opposition to the dictatorship had always existed and in the political vacuum that emerged in April 1974 there was a group of civilian opposition collaborators with the military.

The old Republicans, for example, had never accepted the corporatist state and its fascist allies, even though their countless programs of dissent had never come close to shaking the formidable apparatus of censorship, repression and cultural uniformity imposed by Salazar.

The Communist Party was the most troublesome thorn in the side and suffered the most intense repression as a result.

The Portuguese Communist Party (PCP) was founded in 1921. From 1943, under the leadership of Alvaro Cunhal (1913-2005), the party began to develop a political base. Forced underground from the first days of the Salazar dictatorship, the long years spent underground profoundly affected the psychology and behavior of the Portuguese communists. Cunhal himself spent thirteen years in prison in Portugal and fourteen years in exile in Eastern Europe and Moscow. He joined the party in 1931. He became a member of the party's Central Committee in 1936.

In Portugal, the PCP had a solid base in the Alentejo, a region with a long history of communist militancy and Cunhal knew it well. He was the author of one of the few detailed analyses of the social and economic structures of the Portuguese countryside. "The Agrarian Question in Portugal", published in Brazil in 1968. The PCP was also strong in the trade union movement. And before the coup, the communists were strongly entrenched in the metalworkers' unions and had been gaining influence among lower middle-class white-collar workers, especially in the bank workers' unions in Lisbon and Porto.

Coexisting uneasily with the communists, there was a tradition of opposition from which the Socialist Association (ASP) originated in the 1960s, and the Portuguese Socialist Party (PS) in 1973. This current of opinion was inspired by the regime's main intellectual opponents, such as the Lisbon evening newspaper, *República*, the magazine *Seara Nova*, and its eminent contributors, and the philosopher, António Sérgio (1883-1969), and the historian Jaime Cortesão (1884-1960), the brave man celebrated by USP's Jaime Cortesão Chair, whose holder is our dear Professor Vera Lúcia Amaral Ferlini.

In the 1960s, a younger generation took over the reins: the Lisbon lawyers Mário Soares and Francisco Zenha, and the editor of *República*, Raul Rego (1913-2023). They founded the Portuguese Socialist Action in Geneva in 1964, and the organization was renamed the Portuguese Socialist Party at a congress in Bad Munstereifel, West Germany, in April 1973. Portuguese socialists joined the Socialist International, especially Willy Brandt (1913-1992) and the West German Social Democratic

Party. Soares and his colleagues also maintained contact with Swedish and British socialists.

The Socialists had rarely suffered trials like those imposed on much of the Communist Party leadership. Nevertheless, men like Raul Rego, Mário Soares and Salgado Zenha had taken considerable risks and had been imprisoned several times for their convictions. The strength of their dedication was a factor that the communists tended to underestimate.

But for the young military, the opposition's ideas were well known, particularly by Major Melo Antunes (1933-1999), who had been responsible for much of the drafting of the MFA's program. Even General Spínola knew about it and had sent a copy of "Portugal e o Futuro" to Mário Soares in Paris.

After April 1974, however, a large section of the population, very traditionalist and conservative, was left without a spokesperson. Temporarily muted by the speed with which state power evaporated, the conservative rural peasantry and the Catholic community made up a considerable slice of the political electorate. Consequently, two parties emerged to represent the centrist and conservative forces: the Popular Democratic Party (PPD) and the Democratic and Social Center (CDS).

General Spínola, the provisional president, wanted to consolidate a centrist and reformist civil coalition that would strengthen his authority vis-à-vis the MFA. The PPD was founded in May 1974 by the main reformists of the early Caetano period, such as Francisco Pinto Balsemão (1937-), editor of the new journal *O Expresso*, and the Christian Democrats, led by a young law professor, Diogo Freitas do Amaral (1941-2019).

But General Spínola, in a move that surprised even the MFA, invited the PCP to join the provisional government, putting a communist, Avelino Gonçalves, in the Ministry of Labor, and bringing Álvaro Cunhal into the government as a minister without portfolio. The horrified reaction of Portugal's NATO allies to the presence of the first communists in a Western government since the start of the Cold War, especially the presence of a party leader who made no secret of his devotion to the Soviet Union, meant that Spínola's attempt to buy peace in the country only succeeded in buying him the hostility of friends abroad whose support he would need if he was to survive.

Kissinger reacted to the events in Lisbon in the same way he had reacted to the election of Salvador Allende in Chile. When it became known that the communists would take part in the government in Lisbon, Kissinger's actions were reflective and automatic. Almost immediately, NATO's "secrets" stopped being passed on to the Portuguese, as did various stories about a "theory of Mediterranean dominoes." Kissinger considered the potential threat of communist participation in the governments of Spain, Italy, France, and Greece.

When the coup took place, the bulk of the Portuguese armed forces were in Africa. The Portuguese colonial soldiers were exhausted, and the middle-ranking officers felt under a lot of pressure. It wasn't long before the ceasefires were agreed at the local level and spread throughout the Portuguese overseas possessions.

General Spínola wanted to create a federation of Portuguese-speaking countries, but the MFA prevailed, and decolonization began.

The first major crisis occurred in June 1974, when Spínola and the prime minister tried to reduce the influence of the MFA (The Armed Forces Movement) and their plan was thwarted.

To exclude the possibility of a challenge from Spínola in the armed forces, the MFA established a command structure, COPCON (Operational Command of the Continent) on July 8, under the effective command of Otelo Saraiva de Carvalho (1936-2004), who became commander of the Lisbon military garrison.

Spínola tried to circumvent the MFA's influence by asking for a show of support for the "silent majority". Concerned, members of the old financial and business oligarchy helped finance the propaganda for Spínola's appeal. But the bankers' unions were keeping a close eye on the extraordinary cash transfers.

The MFA, the communists (under the guise of their umbrella organization, the Portuguese Democratic Movement) and the socialists, mobilized against those who had come to show support for Spínola. As a result, General Spínola resigned from the presidency on September 30. He was replaced by General Costa Gomes (1914-2001), who had been the original choice of the MFA, and whose political flexibility was reflected in his nickname. "The Cork".

But the crises that pushed Portugal decisively to the left also gave an inexorable impetus to the independence of Portuguese Africa.

In Portuguese Guinea, peace came long before it was recognized in a formal agreement. In May 1974, Colonel Almeida Bruno (1935-2022), a friend of General Spínola, and Foreign Minister Mário Soares, went to London to negotiate with the PAIGC, but in Algiers Major Melo Antunes of the MFA signed an agreement recognizing the right to self-determination.

In Lisbon, the pro-communist Colonel Vasco Gonçalves was sworn in as prime minister. This was a crucial blow to Spínola's power. The MFA and its allies on the left managed to sign an agreement in Africa that Spínola had been unable to obtain.

Similar crises in August and September 1974, and in Angola in January and March 1975, were both complex. But the consequences inside Portugal were to increase the power of the MFA and speed up the decolonization process in Africa.

On October 18, 1974, over lunch at the State Department in Washington, Henry Kissinger made his fears about the course of events in Portugal very clear to his visitors, President Costa Gomes and Foreign Minister Mário Soares.

For the first time since 1949, communists were participating in the government of a NATO country, he lamented, and communist penetration of institutions, the media and trade unions was so great that Portugal was probably lost to the West. When Soares objected, Kissinger claimed that he would be the Portuguese Kerensky. Soares replied. "But I don't want to be Kerensky". And Kissinger retorted. "Kerensky did not want to be Kerensky either."

To assuage his fears, Kissinger sacked Ambassador Nash Scott and dispatched a dynamic new diplomatic team to Lisbon, recommended by General Vernon Walters (1917-2002), the head of the CIA. Walters spoke Portuguese and was well known to the Brazilian military during the Second World War in Italy and the coup of '64 in Brazil. The key group was composed of Frank Carlucci (1930-2018), Herbert Okun (1930-2011), and Colonel Robert Schuler from defense. All three spoke fluent Portuguese and had worked with then Colonel Vernon Walters in Brazil in the 1960s at the time of the American-backed coup of '64 against President João Goulart. They had a clear mission in Lisbon, as Washington saw it: To get the communists out of government and keep them out.[1]

In the first months after the April 25 coup, the young officers of the Armed Forces Movement tried to remain behind the scenes, preferring to remain as anonymous as possible. That didn't mean they wanted to lose the fruit of their victory to others. Major Vitor Alves (1935-2011) clearly stated that the problem in the 1926 coup was that "although the soldiers knew what they didn't want, they didn't know what they did want. They didn't have a program."

In 1974, Major Alves's MFA coordinating committee had already rectified the mistake of its predecessors. The MFA program promised the abolition of censorship, freedom of expression, a constituent assembly with free elections, one year after the April 25 coup, and the participation of all political parties.

But to foreigners it was difficult to distinguish between concrete fact and wishful thinking. The Portuguese are masters at telling enthusiastic foreigners what they want to hear. There is a time-worn phrase used by Brazilians in the 19th century: "For the English to see." Those who arrived seeking the "truth" were sure to return with it.[2]

A remark by a leading political commentator in Lisbon is as good a description as I know of the problems that are confronted by those involved in the process. He described two French communist intellectuals sent to write about the situation in Portugal for *Le Nouvelle Critique* as "two characters out of Beckett, looking for Godot in the mists of Portuguese disinformation." Few illustrious figures, including Jean-Paul Sartre, were able to resist the opportunity to see for themselves. João Abel Manta, who had become a sort of official artist for the MFA, summed up the situation well when he designed a poster for the Quinta Divisão's "cultural dynamization" campaign showing a crowd of avid observers of the past, including Karl Marx, Bertrand Russell, pencils in hand, staring at a map of Portugal traced on a blackboard.

But the West was beginning to find its way into the Portuguese thicket. Under Ambassador Carlucci, the U.S. would quickly acquire the formidable capacity to transmit and gather intelligence data.[3]

Carlucci used the issue of NATO membership as a test to help identify communists in the armed forces. Carlucci soon came to doubt Kissinger's dire predictions. "The pressures and forces that have been unleashed must be tempered, they cannot be stuffed back into the tube," he told Washington.

Herbert Okun set up an efficient polling operation for the Constitutional Assembly elections, predicting the results with certainty. And Colonel Schuler as defense attaché cultivated the younger members of the officer corps with a view to incorporating selected Portuguese officers into NATO training programs; among them was a little-known colonel named António Ramalho Eanes. "A boy scout for democracy" is how Okun described Eanas.

But for Carlucci the task of fighting the communists proved less difficult than comforting Henry Kissinger's assumptions. When Carlucci said that Mário Soares was "the least bad choice", Kissinger shouted at his advisers: "Who convinced me that Carlucci was a tough guy?"

The communist leader, Álvaro Cunhal, speaking to Italian newspaper *L'Europeo* on June 15, 1975, said: "If you think the socialist party with 40 percent and the Popular Democrats with 27 percent constitutes a majority you are the victim of a misunderstanding .. I'm telling you that the elections have nothing to do with the dynamics of a revolution. I promise you there will be no parliament in Portugal." He was wrong.

As Carlucci said later: "It was the election that reversed the situation." Kissinger was less impressed: He said to President Ford on the first of May 1975: "Algeria is their model. The Europeans are ecstatic. But we could face in ten years a socialist Europe united by anti-Americanism."

But Herbert Okun's opinion polls confirmed the Constituent Assembly on April 25, 1975. In the first free election in Portugal since 1925, and with a turnout of 91.66%, Mário Soares' Socialists won 38% of the vote, Francisco Sá Carneiro's PPD 26%, and Álvaro Cunhal's PCP only 12%. But, above all, Álvaro Cunhal had overestimated the tenacity of his friends and underestimated that of his enemies.

Mário Soares proved much tougher than even his closest friends expected. Cunhal also underestimated the impact of the collapse of the authority of all institutions immediately after the coup. The communists were preoccupied with the spontaneous action of the workers, which was a critical error for a people emerging from fifty years of dictatorship.

In the Alentejo, around 1.2 million hectares had been expropriated, often through initiatives by the workers themselves. The nationalization of industries was not always the initiative of the PCP. And in Portugal, the initiative was taken by the radical left. A complex and often divided collection of small groups that included various Marxist-Leninist, Maoist and revolutionary parties that defended popular power.

But it came as a big surprise to most observers in Lisbon when most of the small landowners in the north and center of Portugal, fervent Catholics and intensely traditionalist, rebelled and expelled the communists from much of the rural areas and small towns of the north, eventually creating a situation that forced the radical military back into the barracks.

The most significant, if unexpected, element was the fact that the United States and the Western powers did not support the extreme right, now organized in clandestine groups ostensibly led by General Spínola. The MDLP (Democratic Movement for the Liberation of Portugal) or the more radical ELP (Portuguese Liberation Army.) These movements committed several terrorist bombings in Portugal in 1975, and had organized cells in Salamanca, Madrid, and Brazil. As well as in communities of Portuguese immigrants in the United States and Venezuela. The MDLP certainly maintained close relations with the CIA and Brazil, but in the end both countries repudiated them.

The role of Ambassador Carlucci and his deputy, Herbert Okun, was fundamental in warding off the extreme right and countering the threatening and predictable reaction of the powerful Secretary of State, Henry Kissinger. In a rare feat for an American ambassador, Carlucci managed to sidestep Kissinger and take his ideas directly to President Ford. Thanks to the influence of his old Princeton classmate and wrestling companion, Donald Rumsfeld, Chief of Staff at the White House.

Ambassador Carlucci urged Washington to support the middle way and argued that the elections to the Constituent Assembly had clearly demonstrated that the Portuguese people welcomed this position. The alternative that the communists and Moscow may well have foreseen was that the United States and its allies would support violent armed action against them. But they were denied this. The United States stayed away from Spínola in exile, and the Brazilian government did the same.

Carlucci's action is one of those contingencies of history. And possibly saved Portugal from being the scene of a bloody new Chile with a new Pinochet, both of which we should remember was thanks in part to the actions of Henry Kissinger.

Speaking to Mário Soares in January 1976, Kissinger said: "In view of your democratic evolution, and your institutions, my perspective as a historian is that the large participation of communists in Western governments cannot end well. I can't comment on the tactical adjustments you have to make. But I must tell you that you surprised me. I must admit to you I don't often make wrong decisions."

We are now 50 years on from the coup against Europe's longest-lasting dictatorship by young military officers fed up with the endless war in Africa on three fronts: Guinea, Mozambique and Angola.

Subsequently Portugal joined Europe as a member of the European community. Portugal has provided a President of the European Community, José Manuel Durão Barroso, and a Secretary General of the United Nations. Antonio Guterres, one a social democratic prime minister, and the other a socialist prime minister.

But there is disillusionment in Portugal with the political elites and a decline in confidence in political institutions and participation in elections. It's a challenging political moment with the rise of populist forces on the extreme right. And there are also challenges to Portugal's Europeanization process: 500,000 settlers returned from Africa, 5% of the total population of 10 million. Portugal has also become a destination for mass tourism in the 21st century. The foreign population grew from 0.5% in 1980 to 6.4% in 2020. They came from other European countries, Brazil, and former Portuguese colonies in Africa. They bring diverse cultures in the arts, literature, and music, but have provoked xenophobia and discrimination against women, immigrants, and racial antipathies. And a questioning of the colonial past. And accusations of corruption have brought down two governments.[4]

All these events in Portugal suggest that we are once again facing a watershed. The political compromises of the 1970s and the political parties that emerged in the 1970s are now being challenged. As is the international order, with war once again in the Middle East, with Russia's war in Ukraine, and with populism on the rise in the United States, in Europe, not to mention in Bolsonaro's Brazil. This 50th anniversary of the Carnation Revolution is not a time for complacency.

Olhando para trás na Revolução Portuguesa: Palestra São Paulo 25 de abril de 2024

Maxwell foi convidado pela professora Vera Lucia Amaral Ferlini, titular da Cátedra Jaime Cortesão da Universidade de São Paulo (USP), para falar no Congresso sobre os 50 anos da Revolução dos Cravos em Portugal, no início de abril. Já anteriormente o tinha convidado para proferir o discurso de abertura da sua conferência na USP, por ocasião dos 200 anos da Independência do Brasil.

Desta vez, foi convidado para dar uma visão geral das consequências internacionais do golpe de Estado em Lisboa, em 25 de abril de 1974, que pôs fim à mais antiga ditadura da Europa e trouxe a independência das colónias portuguesas em África, onde Portugal tinha travado durante décadas uma guerra colonial aparentemente interminável em três frentes, na Guiné Portuguesa, em Moçambique e em Angola.

A CONFERÊNCIA DE SÃO PAULO

Esta tarde, vou falar sobre alguns aspectos do impacto internacional e da reação à revolução de 25 de abril de 1974 em Lisboa.

Por vezes é difícil recordar a importância dos assuntos portugueses na cena mundial em meados da década de 1970.

Mas esta oscilação entre longos períodos de desatenção seguidos de breves ondas de pânico internacional não é um fenómeno inédito em Portugal.

Em 1640 e 1820, tal como em 1970, as revoluções portuguesas perturbaram o status quo internacional.

As reacções de pavor que provocaram no Conde Duque Olivares, no Príncipe Metternich e em Henry Kissinger, respetivamente, foram muito semelhantes.

Em muitos aspectos, as revoltas portuguesas, que durante algum tempo tanto preocuparam estes estadistas, acabaram por ser eclipsadas pelas suas consequências internacionais: o colapso da tentativa de regeneração do poder espanhol na década de 1640, a independência brasileira na década de 1820 e o início do fim do domínio branco na África Austral na década de 1970. Talvez devido a esta trajetória única, os historiadores têm prestado mais atenção aos resultados do que ao início dos acontecimentos.

No início de abril de 2024, Kenneth Maxwell participou numa conferência sobre o 50º aniversário do 25 de abril na Universidade de São Paulo (Brasil). Crédito Foto: Luís Otávio Pagano Tasso/Cátedra Jaime Cortesão (Camões, I.P. / USP)]

A revolução portuguesa de 1974 já é descartada por muitos como a doce ilusão de esquerdistas esperançosos, mesmo que alguns participantes tenham boas razões para esquecer esse período. As acções de Henry Kissinger em meados da década de 1970 não reflectem as melhores qualidades deste estadista, nem o seu discernimento. Como seria de esperar, não se encontram em lado nenhum do seu volumoso livro "Diplomacia".

O contraste entre a projeção a curto prazo e as consequências a longo prazo foi também determinado pelo ritmo da história portuguesa, ou seja, por uma certa alternância entre breves ondas de experimentação precoce seguidas de prolongadas calmarias. Cada uma destas fases parece excluir temporariamente a possibilidade da outra.

Lembro-me de estar num café lisboeta, no início de 1964, e de ler uma descrição do Professor Edgar Prestage feita cinquenta anos antes. O Professor Prestage, monárquico feroz e católico convertido, foi o primeiro titular da Cátedra Camões no King's College, em Londres, entre 1923 e 1936. O Professor Prestage fala de manifestações que saem à rua e de tumultos políticos e militares. Na altura, uma Lisboa assim parecia inconcebível, e eu rejeitei o relato de Prestage como sendo os exageros da memória de um velho.

Mas, uma década depois, em 1974, a maior parte dos velhos cafés tinham sido substituídos por bancos, cujos empregados eram vociferantes "anti-fascistas", liderados por um ministro comunista, tornando inimaginável a meticulosa ordem de Salazar de 1964, tal como o levantamento revolucionário de 1974-75 deve parecer hoje a alguns portugueses e estrangeiros.

Isto não significa, obviamente, que os acontecimentos em si tenham sido insignificantes, nem que a nossa perceção dos mesmos na altura o tenha sido.

A experiência portuguesa foi qualitativamente diferente de muitas outras mudanças de regime precisamente porque adquiriu várias caraterísticas de uma revolução. Em alguns aspectos, o que se seguiu não foi apenas um processo de estabelecimento da democracia, mas um processo de uma revolução domesticada.

A revolta portuguesa de 1974-75 não "virou o mundo de pernas para o ar", como queriam os Levelers, os insurrectos mais radicais durante a Guerra Civil Inglesa do século XVII, embora durante vários meses Portugal tenha recordado muita da euforia, embora não a violência, de revoluções passadas.

Talvez graças a este percurso sem carnificina, a revolução portuguesa não é pontuada por imagens indeléveis como a execução de Carlos I em Inglaterra, a queda da Bastilha em França ou a tomada do Palácio de inverno pelos bolcheviques na Rússia, que noutros contextos históricos marcaram dramaticamente a rutura com o passado.

É certo que em todos estes casos o passado, de uma forma ou de outra, voltou a assombrar o novo regime, e as velhas desigualdades sociais ressurgiram em novas estruturas políticas, mas o acontecimento simbólico ficou para sempre no imaginário popular e na historiografia, proclamando a intenção e a mudança radical, ainda que não a sua consumação.

A Revolução Portuguesa teve certamente os seus momentos:

O confronto na Praça do Comércio entre o jovem capitão Salgueiro Maia e as forças do regime e a reação popular com milhares de lisboetas nas ruas.

Salgueiro Maia disse ao comandante dos tanques lealistas: "Se eles disparam, vai haver uma guerra civil. O exército vai disparar contra o exército?

O ultimato de Salgueiro Maia e do Movimento das Forças Armadas (MFA) a Marcello Caetano no Quartel do Carmo

A rendição de Caetano ao General Spínola e a transferência de Caetano para o Brasil, escoltado pelo Capitão Salgueiro Maia até ao avião que o transportou para o exílio no Brasil - um país, recorde-se, na altura governado por uma ditadura militar.

O regresso a Portugal dos dirigentes comunistas e socialistas, Álvaro Cunhal e Mário Soares

O período do PREC (Processo Revolucionário em Curso, entre 11 de março e 25 de novembro de 1975): A fuga de Spínola para Espanha

As intervenções clandestinas em Portugal da União Soviética, dos Estados Unidos, da Alemanha Ocidental e dos militares cubanos e sul-africanos em Angola.

A dinâmica de insucesso e sucesso, que decorreu da convalescença e desintegração de alianças durante o período tumultuoso entre o colapso da velha ordem e a cristalização da nova, não pode ser ignorada.

O breve período de euforia, caraterístico de todos os momentos revolucionários, quando tudo parece possível, é mais difícil de captar, respetivamente.

Wordsworth resumiu este momento na sua famosa frase sobre a revolução francesa: "It was glorious to be alive at that dawn" e Marx, escrevendo sobre a revolução de 1848 em França, chamou-lhe um momento de 'esplendor brilhante'.

A análise retrospetiva tem muitas vantagens, mas uma desvantagem é que retira à história toda a sensibilidade para as escolhas que os homens e as mulheres fazem em momentos de comoção. É provavelmente por isso que, apesar de todas as teorias da revolução e dos debates académicos e ideológicos sobre as suas causas, todas as revoluções são um choque e uma surpresa singular.

A revolução portuguesa não foi exceção. Cord Meyer, diretor do escritório da CIA em Londres, em abril de 1974, afirmou "Quando a revolução aconteceu em Portugal, os Estados Unidos tinham ido almoçar fora. Foi uma surpresa total". O embaixador dos EUA em Lisboa era Stuart Nash Scott, um advogado idoso e bem-humorado, nomeado político e membro da elite americana, sem experiência diplomática, como era comum aos embaixadores americanos enviados para Lisboa.

O embaixador Scott encontrava-se nos Açores, em visita à base americana, quando se deu o golpe. Como o aeroporto de Lisboa estava fechado, decidiu ir a Boston para a reunião da sua turma na Faculdade de Direito de Harvard.

Foi um erro crasso para um embaixador num país em plena insurreição armada, e um dos vários factores que destruíram a credibilidade de Scott aos olhos de Henry Kissinger, o poderoso Secretário de Estado e conselheiro de segurança nacional do então Presidente Gerald Ford.

A história do Sr. Post, chefe interino da representação diplomática na embaixada, é ainda mais triste. O Sr. Post disse: "Ainda estava escuro quando o telefone tocou no meu quarto. Era o guarda da nossa casa no Restelo, um antigo membro da DGS (a polícia secreta portuguesa) a ligar da garagem; disse 'perigo, perigo', mas eu não percebi. A minha mulher, quase a dormir, disse: 'Bem, é esse o nome do guarda'. Desliguei e voltámos a dormir. Por volta das seis da manhã, um dos aliados militares informou por telefone que havia tanques nas ruas e música militar na rádio".

Em Washington, porém, o derrube de Caetano causou grande

preocupação. Apenas seis meses antes do golpe, a base americana das Lajes, nos Açores, que alguns diziam ter perdido a sua importância na era dos mísseis balísticos intercontinentais, viria de repente a revelar-se vital, não tanto para os propósitos da NATO, mas para aquilo a que na gíria da NATO da época se chamava "contingências fora de área" - o Médio Oriente, por exemplo.

Durante a guerra entre Israel e os países árabes, na sequência do ataque egípcio no Yom Kippur de 1973, Portugal tinha sido o único dos aliados europeus dos EUA a permitir a utilização das instalações da base para missões de reabastecimento americanas a Israel, e mesmo isso tinha praticamente exigido um ultimato de Nixon a Caetano. Foi por falta de alternativa que Caetano, no seu isolamento, cedeu ao pedido americano.

Foi por isso que Kissinger tentou secretamente facilitar mísseis "olho vermelho" para uso português na Guiné Portuguesa, na véspera do golpe de Lisboa. Outra fonte de embaraço para Kissinger se esta informação secreta se tornasse pública.

As fontes de informação sobre Portugal eram escassas.

Em 15 de março de 1974, numa audiência no Congresso da Subcomissão para África, foi discutida a publicação do livro do general Spínola "Portugal e o Futuro".

O diretor do Departamento de Estado para os assuntos ibéricos, Ellwood M. Rabenhold Jr., declarou: "Gostaria de fazer a seguinte observação: as mudanças em Portugal ocorrem muito lentamente e, na minha opinião, não podemos presumir que alguma coisa, mesmo este livro, possa provocar abruptamente uma mudança drástica." Apenas 42 dias depois, os tanques da Escola de Cavalaria de Santarém entraram no pacato centro de Lisboa. Em 24 meses, a presença portuguesa em África, iniciada meio milénio antes, chegaria ao fim.

A sociedade civil portuguesa também foi apanhada de surpresa pelo súbito e rápido sucesso dos jovens oficiais. Nas semanas que antecederam o golpe, o MFA tinha evitado deliberadamente a oposição civil por razões de segurança. Sabia-se que a polícia secreta se tinha infiltrado nos partidos políticos clandestinos. E não tinha problemas em assassiná-los: como aconteceu com o General Delgado em Espanha, Amílcar Cabral e Eduardo Mondlane em África.

Mesmo assim, a oposição à ditadura sempre existiu e no vazio político que surgiu em abril de 1974 havia um grupo de opositores civis colaboradores dos militares.

Os velhos republicanos, por exemplo, nunca tinham aceitado o Estado corporativo e os seus aliados fascistas, embora os seus inúmeros programas de contestação nunca tivessem conseguido abalar o formidável aparelho de censura, repressão e uniformização cultural imposto por Salazar.

O Partido Comunista foi o mais incómodo e o que sofreu a repressão mais intensa.

O Partido Comunista Português (PCP) foi fundado em 1921. A partir de 1943, sob a direção de Álvaro Cunhal, o partido começa a desenvolver uma base política. Obrigados a passar à clandestinidade desde os primeiros dias da ditadura salazarista, os longos anos de clandestinidade afectaram profundamente a psicologia e o comportamento dos comunistas portugueses. O próprio Cunhal passou treze anos na prisão em Portugal e catorze anos no exílio na Europa de Leste e em Moscovo. Aderiu ao partido em 1931. Tornou-se membro do Comité Central do partido em 1936.

Em Portugal, o PCP tinha uma base sólida no Alentejo, uma região com uma longa história de militância comunista e que Cunhal conhecia bem. Foi autor de uma das poucas análises detalhadas das estruturas sociais e económicas do mundo rural português. "A Questão Agrária em Portugal", publicado no Brasil em 1968. O PCP era também forte no movimento sindical. E, antes do golpe, os comunistas estavam fortemente enraizados nos sindicatos dos metalúrgicos e vinham ganhando influência entre os trabalhadores brancos de classe média baixa, especialmente nos sindicatos dos bancários em Lisboa e no Porto.

A coexistência com os comunistas era difícil, mas havia uma tradição de oposição que deu origem à Associação Socialista (ASP), nos anos 60, e ao Partido Socialista Português (PS), em 1973. Essa corrente de opinião foi inspirada pelos principais opositores intelectuais do regime, como o vespertino lisboeta República, a revista Seara Nova e seus eminentes colaboradores, o filósofo Antonio Sergio e o historiador Jaime Cortesão, o bravo homem celebrado pela Cátedra Jaime Cortesão da USP, cuja titular é a nossa querida professora Vera Lúcia Amaral Ferlini.

Na década de 1960, uma geração mais jovem assumiu as rédeas: os advogados lisboetas Mário Soares e Francisco Zenha, e o editor da República, Raul Rego. Fundaram a Ação Socialista Portuguesa em Genebra, em 1964, e a organização passou a chamar-se Partido Socialista Português num congresso em Bad Munstereifel, na Alemanha Ocidental, em abril de 1973. Os socialistas portugueses aderiram à Internacional Socialista, especialmente Willy Brandt e o Partido Social Democrata da Alemanha Ocidental. Soares e os seus colegas mantêm também contactos com os socialistas suecos e britânicos.

Os socialistas raramente tinham sofrido processos como os que foram impostos a grande parte da direção do Partido Comunista. No entanto, homens como Raul Rego, Mário Soares e Salgado Zenha correram riscos consideráveis e foram presos várias vezes pelas suas convicções. A força da sua dedicação era um fator que os comunistas tendiam a subestimar.

Mas para os jovens militares, as ideias da oposição eram bem conhecidas, nomeadamente pelo major Melo Antunes, responsável por grande parte da elaboração do programa do MFA. Até o general Spínola tinha conhecimento delas e enviara um exemplar de "Portugal e o Futuro" a Mário Soares, em Paris.

Depois de abril de 1974, porém, uma grande parte da população, muito tradicionalista e conservadora, ficou sem porta-voz. Temporariamente silenciados pela rapidez com que o poder do Estado se evaporou, o campesinato rural conservador e a comunidade católica constituem uma fatia considerável do eleitorado político. Consequentemente, surgiram dois partidos para representar as forças centristas e conservadoras: o Partido Popular Democrático (PPD) e o Centro Democrático e Social (CDS).

O general Spínola, presidente provisório, pretendia consolidar uma coligação civil centrista e reformista que reforçasse a sua autoridade face ao MFA. O PPD foi fundado em maio de 1974 pelos principais reformistas do início do período de Caetano, como Francisco Pinto Balsemão, editor do novo jornal *O Expresso*, e os democratas-cristãos, liderados por um jovem professor de Direito, Diogo Freitas do Amaral.

Mas o general Spínola, numa atitude que surpreendeu até o MFA, convidou o PCP a integrar o governo provisório, colocando um comunista, Avelino Gonçalves, no Ministério do Trabalho, e fazendo entrar Álvaro Cunhal no governo como ministro sem pasta. A reação horrorizada dos aliados portugueses da NATO à presença dos primeiros comunistas num governo ocidental desde o início da Guerra Fria, especialmente a presença de um líder partidário que não escondia a sua devoção à União Soviética, significou que a tentativa de Spínola de comprar a paz no país apenas conseguiu comprar a hostilidade dos amigos no estrangeiro, de cujo apoio necessitaria para sobreviver.

Kissinger reagiu aos acontecimentos de Lisboa da mesma forma que tinha reagido à eleição de Salvador Allende no Chile. Quando se soube que os comunistas iriam fazer parte do governo de Lisboa, as acções de Kissinger foram reflexivas e automáticas. Quase imediatamente, os "segredos" da NATO deixaram de ser transmitidos aos portugueses, assim como as histórias sobre uma "teoria do dominó mediterrânico". Kissinger considerou a ameaça potencial da participação comunista nos governos de Espanha, Itália, França e Grécia.

Quando o golpe teve lugar, a maior parte das forças armadas portuguesas estava em África. Os soldados coloniais portugueses estavam exaustos e os oficiais de patente intermédia sentiam-se sob grande pressão. Não tardou muito para que os cessar-fogos fossem acordados a nível local e se estendessem a todas as possessões ultramarinas portuguesas.

O general Spínola queria criar uma federação de países lusófonos, mas o MFA prevaleceu e a descolonização começou.

A primeira grande crise ocorreu em junho de 1974, quando Spínola e o primeiro-ministro tentaram reduzir a influência do MFA (Movimento das Forças Armadas) e o seu plano foi frustrado.

Para excluir a possibilidade de uma contestação de Spínola nas Forças Armadas, o MFA cria uma estrutura de comando, o COPCON (Comando Operacional do Continente), a 8 de julho, sob o comando efetivo de Otelo Saraiva de Carvalho, que passa a ser o comandante da guarnição militar de Lisboa.

Spínola tenta contornar a influência do MFA, pedindo uma manifestação de apoio à "maioria silenciosa". Preocupados, os membros da velha oligarquia financeira e empresarial ajudam a financiar a propaganda do apelo de Spínola. Mas os sindicatos dos banqueiros vigiam de perto as transferências extraordinárias de dinheiro.

O MFA, os comunistas (sob o disfarce da sua organização de cúpula, o Movimento Democrático Português) e os socialistas mobilizam-se contra os que vêm apoiar Spínola. Em consequência, o general Spínola demitiu-se da presidência a 30 de setembro. Foi substituído pelo general Costa Gomes, que tinha sido a escolha inicial do MFA e cuja flexibilidade política se reflectia na sua alcunha. "O Cortiça".

Mas as crises que empurraram Portugal decisivamente para a esquerda deram também um impulso inexorável à independência da África portuguesa.

Na Guiné Portuguesa, a paz chegou muito antes de ser reconhecida num acordo formal. Em maio de 1974, o coronel Almeida Bruno, amigo do general Spínola, e o ministro dos Negócios Estrangeiros, Mário Soares, deslocaram-se a Londres para negociar com o PAIGC, mas em Argel o major Melo Antunes, do MNE, assinou um acordo que reconhecia o direito à autodeterminação.

Em Lisboa, o coronel pró-comunista Vasco Gonçalves tomou posse como primeiro-ministro. Este foi um golpe crucial para o poder de Spínola. O MFA e os seus aliados de esquerda conseguem assinar em África um acordo que Spínola não tinha conseguido obter.

Crises semelhantes em agosto e setembro de 1974, e em Angola em janeiro e março de 1975, foram ambas complexas. Mas as consequências dentro de Portugal foram o aumento do poder do MFA e a aceleração do processo de descolonização em África.

Em 18 de outubro de 1974, durante um almoço no Departamento de Estado em Washington, Henry Kissinger deixou bem claro aos seus visitantes, o Presidente Costa Gomes e o Ministro dos Negócios Estrangeiros Mário Soares, os seus receios quanto ao rumo dos acontecimentos em Portugal.

Pela primeira vez desde 1949, os comunistas estavam a participar no governo de um país da NATO, lamentou, e a penetração comunista nas instituições, nos meios de comunicação social e nos sindicatos era tão grande que Portugal estava provavelmente perdido para o Ocidente. Quando Soares se opôs, Kissinger afirmou que ele seria o Kerensky português. Soares respondeu. "Mas eu não quero ser o Kerensky". E Kissinger retorquiu. "Kerensky também não queria ser Kerensky".

Para acalmar os seus receios, Kissinger demitiu o embaixador Nash Scott e enviou para Lisboa uma nova e dinâmica equipa diplomática, recomendada pelo general Vernon Walters, o chefe da CIA. Walters falava português e era bem conhecido dos militares brasileiros durante a Segunda Guerra Mundial em Itália e o golpe de 64 no Brasil. Composta por Frank Carlucci, Herbert Okun e o Coronel Robert Schuler, da defesa. Os três falavam português fluentemente e tinham trabalhado com o então Coronel Vernon Walters no Brasil nos anos 60, aquando do golpe de 64 apoiado pelos americanos contra o Presidente João Goulart. Tinham uma missão clara em Lisboa, na perspetiva de Washington: Tirar os comunistas do governo e mantê-los fora.[1]

Nos primeiros meses após o golpe de 25 de abril, os jovens oficiais do Movimento das Forças Armadas tentaram manter-se nos bastidores, preferindo permanecer o mais anónimos possível. Isso não significava que quisessem perder o fruto da sua vitória para outros. O Major Vítor Alves afirmou claramente que o problema do golpe de 1926 foi que "os militares sabiam o que não queriam, mas não sabiam o que queriam. Não tinham um programa".

Em 1974, a comissão coordenadora do MFA do Major Alves já tinha rectificado o erro dos seus antecessores. O programa do MFA prometia a abolição da censura, a liberdade de expressão, uma assembleia constituinte com eleições livres, um ano após o golpe do 25 de abril, e a participação de todos os partidos políticos.

Mas para os estrangeiros era difícil distinguir entre factos concretos e desejos. Os portugueses são mestres em dizer aos estrangeiros entusiastas o que eles querem ouvir. Há uma frase muito usada pelos brasileiros no século XIX: "Para inglês ver". Os que chegavam à procura da "verdade" regressavam de certeza com ela.[2]

Uma observação de um importante comentador político de Lisboa é a melhor descrição que conheço dos problemas com que se confrontam os intervenientes no processo. Descreveu dois intelectuais comunistas franceses enviados para escrever sobre a situação em Portugal para "Le Nouvelle Critique", como "duas personagens de Beckett, à procura de Godot nas brumas da desinformação portuguesa". Poucas figuras ilustres, incluindo Jean-Paul Sartre, resistiram à oportunidade de ver com os seus próprios olhos. João Abel Manta, que se tornara uma espécie de artista oficial do MNE, resumiu bem a situação quando desenhou um cartaz para a campanha de "dinamização cultural" da Quinta Divisão, mostrando uma multidão de ávidos observadores do passado, incluindo Karl Marx, Bertrand Russell, de lápis na mão, a olhar para um mapa de Portugal traçado num quadro negro.

Mas o Ocidente estava a começar a entrar no mato português. Sob a direção do embaixador Carlucci, os Estados Unidos adquiririam rapidamente a formidável capacidade de transmitir e recolher informações.[3]

Carlucci utilizou a questão da adesão à NATO como um teste para ajudar a identificar comunistas nas forças armadas. Carlucci depressa começou a duvidar das terríveis previsões de Kissinger. "As pressões e as forças que foram desencadeadas têm de ser moderadas, não podem ser enfiadas de novo no tubo", disse ele a Washington.

Herbert Okun montou uma eficiente operação de sondagem para as eleições da Assembleia Constituinte, prevendo os resultados com certeza. E o Coronel Schuler, na qualidade de adido de defesa, cultivou os membros mais jovens do corpo de oficiais com vista a incorporar oficiais portugueses selecionados nos programas de treino da OTAN; entre eles estava um coronel pouco conhecido chamado António Ramalho Eanes. "Um escuteiro da democracia" foi como Okun descreveu Eanes.

Mas para Carlucci a tarefa de combater os comunistas revelou-se menos difícil do que confortar as suposições de Henry Kissinger. Quando Carlucci disse que Mário Soares era "a escolha menos má", Kissinger gritou com os seus conselheiros: "Quem é que me convenceu que Carlucci era um tipo duro?"

O líder comunista Álvaro Cunhal, em declarações ao jornal italiano L'Europeo, a 15 de junho de 1975, afirmou: "... se pensam que o Partido Socialista com 40% e os Democratas Populares com 27% constituem uma maioria, são vítimas de um mal-entendido... Estou a dizer-vos que as eleições não têm nada a ver com a dinâmica de uma revolução. Garanto-vos que não haverá parlamento em Portugal. Estava enganado.

Como Carlucci disse mais tarde: "Foram as eleições que inverteram a situação". Kissinger ficou menos impressionado: No dia 1 de maio de

1975, disse ao Presidente Ford: "A Argélia é o modelo deles. Os europeus estão em êxtase. Mas podemos enfrentar dentro de dez anos uma Europa socialista unida pelo antiamericanismo.

Mas as sondagens de Herbert Okun confirmam a Assembleia Constituinte de 25 de abril de 1975. Nas primeiras eleições livres em Portugal desde 1925, e com uma taxa de participação de 91,66%, os socialistas de Mário Soares obtiveram 38% dos votos, o PPD de Francisco Sá Carneiro 26% e o PCP de Álvaro Cunhal apenas 12%. Mas, acima de tudo, Álvaro Cunhal tinha sobrestimado a tenacidade dos seus amigos e subestimado a dos seus inimigos.

Mário Soares revelou-se muito mais duro do que até os seus amigos mais próximos esperavam. Cunhal também subestimou o impacto do colapso da autoridade de todas as instituições imediatamente após o golpe. Os comunistas estavam preocupados com a ação espontânea dos trabalhadores, o que era um erro crítico para um povo que saía de cinquenta anos de ditadura.

No Alentejo, cerca de 1,2 milhões de hectares tinham sido expropriados, muitas vezes por iniciativa dos próprios trabalhadores. A nacionalização das indústrias nem sempre foi da iniciativa do PCP. E em Portugal, a iniciativa foi da esquerda radical. Um conjunto complexo e muitas vezes dividido de pequenos grupos que incluía vários partidos marxistas-leninistas, maoístas e revolucionários que defendiam o poder popular.

Mas foi uma grande surpresa para a maioria dos observadores em Lisboa o facto de a maioria dos pequenos proprietários rurais do norte e do centro de Portugal, católicos fervorosos e intensamente tradicionalistas, se terem revoltado e expulsado os comunistas de grande parte das zonas rurais e das pequenas cidades do norte, acabando por criar uma situação que obrigou os militares radicais a voltarem para os quartéis.

O elemento mais significativo, se bem que inesperado, foi o facto de os Estados Unidos e as potências ocidentais não terem apoiado a extrema-direita, agora organizada em grupos clandestinos ostensivamente liderados pelo General Spínola. O MDLP (Movimento Democrático de Libertação de Portugal) ou o mais radical ELP (Exército Português de Libertação). Estes movimentos cometeram vários atentados terroristas em Portugal em 1975 e tinham células organizadas em

Salamanca, Madrid e no Brasil. E também em comunidades de emigrantes portugueses nos Estados Unidos e na Venezuela. É certo que o MDLP manteve relações estreitas com a CIA e com o Brasil, mas ambos os países acabaram por repudiá-las.

O papel do embaixador Carlucci e do seu adjunto, Herbert Okun, foi fundamental para afastar a extrema-direita e contrariar a reação ameaçadora e previsível do poderoso secretário de Estado, Henry Kissinger. Numa proeza rara para um embaixador americano, Carlucci conseguiu contornar Kissinger e levar as suas ideias diretamente ao Presidente Ford. Graças à influência do seu antigo colega de Princeton e companheiro de luta, Donald Rumsfeld, Chefe de Gabinete da Casa Branca.

O embaixador Carlucci exortou Washington a apoiar a via intermédia e argumentou que as eleições para a Assembleia Constituinte tinham demonstrado claramente que o povo português acolhia esta posição. A alternativa que os comunistas e Moscovo podem muito bem ter previsto era que os Estados Unidos e os seus aliados apoiariam uma ação armada violenta contra eles. Mas isso foi-lhes negado. Os Estados Unidos mantiveram-se afastados de Spínola no exílio, e o governo brasileiro fez o mesmo.

A ação de Carlucci é uma dessas contingências da História. E, possivelmente, salvou Portugal de ser palco de um novo e sangrento Chile com um novo Pinochet, ambos graças, em parte, à ação de Henry Kissinger.

Falando a Mário Soares em janeiro de 1976, Kissinger disse: "Tendo em conta a vossa evolução democrática e as vossas instituições, a minha perspetiva como historiador é que a grande participação de comunistas nos governos ocidentais não pode acabar bem. Não posso comentar os ajustamentos tácticos que têm de fazer. Mas devo dizer-vos que me surpreenderam. Tenho de admitir que não costumo tomar decisões erradas".

Passaram 50 anos desde o golpe de Estado contra a ditadura mais duradoura da Europa, perpetrado por jovens militares fartos da guerra sem fim em África, em três frentes: Guiné, Moçambique e Angola.

Posteriormente, Portugal aderiu à Europa como membro da Comunidade Europeia. Portugal deu um Presidente da Comunidade

Europeia, Durão Barroso, e um Secretário-Geral das Nações Unidas. António Guterres, um primeiro-ministro social-democrata e o outro um primeiro-ministro socialista.

Mas existe em Portugal uma desilusão com as elites políticas e um declínio da confiança nas instituições políticas e da participação nas eleições. É um momento político difícil, com a ascensão de forças populistas de extrema-direita. O processo de europeização de Portugal também enfrenta desafios: 500.000 colonos regressaram de África, 5% da população total de 10 milhões. Portugal tornou-se também um destino de turismo de massas no século XXI. A população estrangeira passou de 0,5% em 1980 para 6,4% em 2020. Vieram de outros países europeus, do Brasil e de antigas colónias portuguesas em África. Trouxeram culturas diversas nas artes, na literatura e na música, mas provocaram xenofobia e discriminação contra mulheres, imigrantes e antipatias raciais. E um questionamento do passado colonial. E acusações de corrupção derrubaram dois governos.

Todos estes acontecimentos em Portugal sugerem que estamos de novo perante um ponto de viragem. Os compromissos políticos dos anos 70 e os partidos políticos que surgiram nos anos 70 estão agora a ser postos em causa. Tal como a ordem internacional, com a guerra de novo no Médio Oriente, com a guerra da Rússia na Ucrânia, com o populismo em ascensão nos Estados Unidos, na Europa, para não falar no Brasil de Bolsonaro. Este 50º aniversário da Revolução dos Cravos não é um momento para complacência.

International Conference of the Pombal Paradox: June 2024

In June 2024, Maxwell returned to Brazil to attend the international symposium on the paradox of Pombal which was held in his honour and at the conclusion of which he was awarded a doctor honoris causa by the Brazilian Federal University of Sergipe.

The Federal University of Sergipe (UFS) was founded in 1968. It was the first public university in Sergipe, Brazil's smallest state.

The Federal University of Sergipe is categorised into six academic faculties which are further divided into multidisciplinary departments. It offers bachelor's, master's and doctoral degree programs. Students can also apply for research studies, language programs, student exchange program and virtual learning.

It is the home to some of the notable faculties and highly trained professors and assistant professors. Other courses offered include extension course, primary and secondary education, distance education and pedagogical and teaching programs. Each of its campus is specialised and known for a particular course.

Federal University of Sergipe Campuses

Federal University of Sergipe is spread across six campuses in the state along with its main campus. Each of its campus has urban infrastructure with energy efficient and modern facilities. Campus services include cafete-

ria, recreational area, student support centre, university hospitals, healthcare centre, sports courts and complex, fitness centre, theatre, auditorium and academic units. University media includes TV channel, radio station, journals, publications and magazines.

University libraries are multimedia facility equipped with books, theses, dissertations, periodicals, exam guides, research papers, documents and catalogues. Databases, virtual library, tutorials, computer systems, study rooms, training and research centres, sitting area and renewal services are accessible.[1]

FEDERAL UNIVERSITY OF SERGIPE TO AWARD AN HONORARY DOCTORATE TO HISTORIAN KENNETH MAXWELL

The English professor has been recognized for his contributions to the field of Iberian history and relations between Brazil and Portugal

On June 5, at 5pm, the Rectory Auditorium will host the ceremony to award the title of Doctor Honoris Causa to English writer, historian and professor Kenneth Robert Maxwell.

At 83, Maxwell has been recognized as an important Brazilianist and a specialist in Iberian history, having published, among a dozen works, "A devassa da devassa – A Inconfidência Mineira: Brasil e Portugal 1750-1808" and the biography "Marquês de Pombal: paradoxo do iluminismo".

The highest honor granted by the UFS, the title of Doctor Honoria Causa will be conferred on Professor Maxwell for "his contributions to the advancement of knowledge in History and in relations between Brazil and Portugal, distinguishing his remarkable academic career".

III INTERNATIONAL SYMPOSIUM

The ceremony to award the title will be part of the closing ceremony of the III International Pombaline Symposium, whose theme is: "Paradoxes of the Enlightenment: a tribute to Kenneth Maxwell".

The symposium begins on June 3 and is organized by the Marquês de Pombal Chair (Camões, I.P. / UFS), of which the English historian is an honorary member.

The Title

The award of Doctor Honoris Causa to Professor Maxwell was proposed by the Postgraduate Program in Education (PPGED) and approved by the University Council, through Resolution No. 55/2023/Consu.

According to the UFS Statute, the title is awarded to personalities who have distinguished themselves in terms of their knowledge, whether through their work on behalf of Philosophy, Science, Technology, Arts and Letters, or for better understanding between peoples or in defense of human rights.

ROBBIN LAIRD, EDITOR

SALUTE TO PROFESSOR KENNETH R. MAXWELL AT THE SOLEMNITY OF THE TITLE OF DOCTOR HONORIS CAUSA BY THE FEDERAL UNIVERSITY OF SERGIPE

By Dilton Cândido Santos Maynard
    Professor in the History Department
    Dean of Undergraduate Studies
    Member of the Higher Council for Teaching, Research and Extension (CONEPE/UFS)

Ladies and gentlemen, good afternoon!

First of all, I would like to say a very special thank you to Professor Luiz Eduardo Oliveira, from the Department of Foreign Languages, for nominating me to formally introduce Professor Kenneth Maxwell. In fact, I think Luiz would have been the best person for the job. If it hadn't been for his efforts to sensitize the magnificent rector Valter Joviniano de Santana Filho, the Marquês de Pombal Chair, today a source of pride for our institution, might still be dragging its feet in the bureaucracy.

Well. Although I considered the mission to be practically unnecessary, since he is an intellectual of wide renown and recognized academic competence, I embraced the task with pride and gratitude. I apologize to Professor Maxwell for any misunderstandings made by a historian who is more focused on the contemporary world, but who is no less honored by the task he has been given.

Kenneth Maxwell was born in 1941. Our honoree received his bachelor's and master's degrees from St. John's College, Cambridge University, in the United Kingdom. His doctorate was awarded at another excellent institution, Princeton University in New Jersey, USA. He has taught at Yale, Princeton, Columbia and the University of Kansas.

In 1995, Professor Maxwell became the first holder of the *Nelson and David Rockefeller* Chair *in Inter-American Studies*. He was the director and founder of the Brazilian Studies Program at the *David Rockefeller Center for Latin American Studies* (DRCLAS) at Harvard University (2006-2008), and was also a professor in the History Department there (2004-2008).

Our honoree founded and was director of the *Camões Center for the*

Portuguese-Speaking World at Columbia. He was also a *Herodotus fellow* at the Institute for Advanced Study at Princeton, *a Guggenheim fellow* and a member of the Board of Directors of *The Tinker Foundation, Inc.*, of which he was one of the founders, and of the Advisory Board of the *Luso-American Foundation*.

Kenneth Maxwell is also a member of the Advisory Boards of the *Brazil Foundation* and *Human Rights Watch/Americas*. His bibliographical output is vast and absolutely relevant. Just to illustrate, we can point to works such as *Pombal, Paradox of the Enlightenment* (1995), published in Portugal as *Marquês de Pombal - Paradoxo do Iluminismo* (1996) and which, years later, in Brazil was given the peculiar translated title *Marquês de Pombal: ascensão e queda* (2015). His book A*devassa da devassa* (1977) renewed studies on the inconfidência mineira. Two other works deserve to be highlighted for the contribution they made and for their publishing success: *Chocolate, pirates and other scoundrels* (Editora Paz e Terra, 1999) and *More scoundrels and others - tropical essays* (Editora Paz e Terra, 2005).

His contact with Brazil began in the 1960s. He first came to the country in 1965. A year, therefore, after the civil-military coup that established a dictatorship and a time of shadows, two nefarious decades, in our nation. Since then, he has had the opportunity to follow important moments in national life, such as the process of re-democratization, the election of Lula da Silva (2002) and the impeachment of President Dilma Rousseff in 2016.

Professor Maxwell is known for his innovative analyses of Brazil and Portugal. His works soon became references in studies involving the trajectories of the Iberian World. The formation and transformation of states, the dynamics of politics, education, the economy and culture have come to have a fundamental interpreter in Professor Maxwell's studies.

It is possible to say that the work of our honoree, which began more than five decades ago, has been decisive in driving forward new studies on the Pombaline period. Currently, the Herculean work carried out in Portugal by Professor José Eduardo Franco has Kenneth Maxwell's work as an unavoidable reference. In turn, the young Marquês de Pombal Chair at UFS also finds its basic inspiration in Maxwell.

It is no coincidence that Professor Maxwell is considered one of the greatest Brazilianists of our time. After all, he has not only provided an analysis of 18th century Brazil, but has also made important observations about our country in the present day. His frequent work as a contributor to newspapers such as "O Globo" and "Folha de São Paulo" shows a historian who puts himself up for public debate, a researcher who combines rigorous research with objective, accessible and thought-provoking writing.

In fact, it should be noted that Professor Maxwell was one of the first intellectuals who, back in 2002, in the North American academic environment, diverged from the idea that the then newly-elected president Luís Inácio Lula da Silva represented a "danger". In the early days of Lula's first administration, Maxwell pointed out that the former trade union leader was not a twin of Hugo Chávez (1954-2013) or Fidel Castro (1926-2016) and that Brazil was not Peronist Argentina. Time has shown the accuracy of his diagnosis. Lula led Brazil through a process of economic transformation that elevated the country to the position of 6th largest world economy, emerged as a regional and weighted leader, became a personality admired worldwide and with the prestige to discuss social problems with the most diverse sectors, earning the respect of the leaders of the main powers.

There is no doubt that by conferring the title of *Doctor Honoris causa on* Kenneth Maxwell, the Federal University of Sergipe is adding to its ranks a researcher who, in addition to academic excellence, has built a career marked by a collaborative spirit, generosity and serenity.

A historian is not someone tied to the past, as common sense would have it. On the contrary, it is from the present that he asks the questions that guide his research. So it is with Professor Maxwell. His careful gaze encompasses the Iberian World of the 18th century, covers the days of Pombal, but also looks closely at the present time. It was this careful examination of the continuous dialogues between the present and the past that apparently infuriated Henry Kissinger (1923-2023), former US Secretary of State (1969-1977).

In 2004, when reviewing the book *The Pinochet Files* by Peter Kornbluh for the renowned *Foreign Affairs* magazine, Professor Maxwell highlighted a less than flattering side of the man who won the Nobel

Peace Prize in 1973. But in saying this, Maxwell, with his customary mastery, presented documents, analyzed and exposed the contradictory conduct of Kissinger, who once justified himself to the dictator Augusto Pinochet (1915-2006), explaining his defense of human rights "for internal consumption".

In this way, the Enlightenment scholar offers important reflections on the limits of our own time, on the contradictions of modernizing processes, on the continuities and shortcomings that affect nations in modernity.

By helping us to understand the difficulties we have in overcoming authoritarianism, the bureaucratic culture that seems to solve everything, often without solving anything, the difficulty in a society still marked by racism, Kenneth Maxwell inspires us to look at the lives of our people with the same affection that he, today less British than Brazilian - and, we can say, now a little bit Sergipean - has for us.

Professor Kenneth Robert Maxwell, it is an honor to have you as an *Honorary Doctor of* the Federal University of Sergipe.

Thank you very much.

São Cristóvão, Sergipe, June 5, 2024.

ACCEPTANCE SPEECH BY PROFESSOR KENNETH MAXWELL

Aracaju, June 7, 2024

Dear colleagues,

I would first like to thank the Rector of the Federal University of Sergipe, Prof. Dr. Valter Joviniano de Santana Filho, as well as Professor Dr. Luiz Eduardo Oliveira of the Marquês de Pombal Chair, and the Camões Institute.

I am immensely honored by the honor bestowed upon me today, as well as by the invitation to participate in the 3rd International Pombaline Symposium on the Paradoxes of the Enlightenment, held over the last three days.

It was an immense pleasure to interact with so many scholars and learn so many new things.

It is especially gratifying to remember the inauguration of the Marquis of Pombal Chair here at the Federal University of Sergipe.

Pombal remains a controversial historical figure in Portugal. For this reason, I believe it is of the utmost importance for the Chair to resume analysis, research and publications on his political and legislative actions, as well as an appreciation of Pombal's remarkable role in the formation of Brazil.

And it is particularly good that this resumption comes from a Portuguese-Brazilian initiative, and an admirable collaboration between Brazilians and Portuguese.

However, I must recall a warning from Sebastião José de Carvalho e Melo, Count of Oeiras and Marquis of Pombal, in a letter written to his nephew, Joaquim de Melo e Póvoas, on his appointment to govern Maranhão in 1761.

Joaquim de Melo e Póvoas (1722-1787) was the first governor of São José do Rio Negro, in the Amazon, between 1758 and 1760. He was governor of the captaincy of Maranhão between 1761 and 1775 and, after the separation of Maranhão and Pará, governor of Maranhão and Piauí until 1779, until the end of the Pombaline period when he moved to Portugal and was not appointed by Queen Maria I to occupy new positions.

His government in São Luís was marked by the demolition of the old Government Palace and the construction of a new one, as well as an urban reform, with the assignment of new uses to the buildings of the Jesuits expelled in 1759.

The Jesuit College became the residence of the bishops and the Company's church became the cathedral of the city of São Luís. Governor Joaquim de Melo e Póvoas also promoted the introduction of carolino rice, inaugurated an indigo and rice soaking factory and defended farmers against the exorbitant freight rates charged by the Companhia de Grão Pará e Maranhão, which was also a Pombaline creation.

In his letter to his nephew, Pombal said the following:

"It seemed fair to me, after Your Excellency has been instructed in your generalship, knowing the climate, the fruits, the livings, the journey and the precise convenience of it for your transportation, that you should also be instructed in the genius of the people and in a brief method of governing, and directing their actions with less embarrassment. The people you are going to govern are obedient, faithful to the King, his generals and ministers: it is certain that they will love a prudent, affable, modest and civil general. The Justice and Peace that you will govern him with will make him equally well-liked and respected because, with both causes, public health is sustained. Anyone who believes that the fear with which one is made to obey is more convenient than the kindness with which one is made to love is mistaken, because natural reason teaches that forced obedience is violent, and voluntary obedience is safe."

Maxwell giving his acceptance speech on the conferral of the doctor honoris causa by the Federal University of Sergipe at the end of the international symposium on the Paradox of Pombal

But this was Pombal's warning to all his governors in Brazil. Not just his relatives.

Pombal also "employed" in Brazil the first graduates from his college of nobles. Luís Pinto de Sousa Coutinho, who graduated in 1767, was appointed governor and captain general of Mato Grosso. About to embark for the Brazilian hinterland, the young aristocrat received instructions from Pombal:

"Do not change anything with force or violence, because it is not necessary to change inveterate customs, even if they are scandalous. However, when reason allows, it is necessary to banish abuses and destroy pernicious customs for the benefit of the King, and of Justice, and of the common good, be it with great prudence and moderation, so that fear wins out over power."

And Pombal repeated to D. Luis Pinto the warning he had given to Governor Joaquim de Melo e Póvoas:

"In any resolution that you intend, observe these three things - prudence to deliberate, skill to dispose, and perseverance to finish."

This pattern was repeated in his relations with the Brazilians, a recommendation and a warning for any Portuguese governor in Brazil. An obvious aspect of Pombal's character in his Brazilian actions: a mixture of paradoxically enlightened exercise of power.

And finally, thank you all once again for the honor.

QUESTIONS AND ANSWERS

The questions were posed by Professor Luiz Eduardo Oliveira of the Cátedra Marquês de Pombal at the Federal University of Sergipe (UFS), Brazil during Maxwell's visit in June 2024 as preparation for the ceremony to award him the doctor honoris causa by the Brazilian Federal University of Sergipe.

1. Professor Luiz Eduardo Oliveira: How was your childhood? The young Maxwell was a good student?

Answer by Maxwell: I was born in Wellington, Somerset, where my father had a grocery store and my mother was a teacher. It was in 1941 during the Second World War. My mother was the head teacher of a small village school at Huish Champflower in the Brendon Hills.

We spent much of the time during the war between the school house at Huish Champflower and 2 North Street in Wellington where my father's grocer store was located. We had four rooms above my father's shop. Two bedrooms, kitchen, and a dining room. There was a bath tub in the kitchen and a separate toilet. We had no central heating of course and one telephone for the shop.

I went to the local state primary school in Wellington and then at the age of ten to a private boarding Methodist "public school" in Taunton, Queen's College which was a free paying private school for boys, though the school is now coeducational.

I had a very good education there and some really excellent teachers.

Many of the older teachers were veterans of WW2. I was inspired at the age of ten and eleven by a marvelous older semi-retired teacher, "Dapper" Channon, who also wrote a weekly column for the local weekly newspaper. He read his column to us each week

But I was held back a year in my first class at Queen's College as I had greater difficulty at the time because I was slightly dyslexic, though no one knew this at the time. I only discovered this when I used my first work processing computer in the mid-1980's and I was always corrected!

But "Dapper" Channon's example inspired me to write for newspapers. Which I did for the first time at the age of 15 criticizing the British military intervention in Egypt during the Suez crisis.

2. Professor Luiz Eduardo Oliveira: When did you decide to become a historian?

Answer by Maxwell: Curiously, I had always wanted to be a historian. My mother was a teacher and we had wonderful two week summer holidays as a child all over the Britain. I loved to visit castles and historical battle sites. While I was at School I had been very interested in archaeology and had gone on several "digs" while a schoolboy with a school friend. One year we worked on a "dig" at Glastonbury Abbey (Glastonbury is better known these days for its famous summer musics festival).

So my interest in historical questions began very early. I also worked in the local Somerset archives at the age of 15 as a research assistant for an eminent Devon historian looking at household inventories from the 16th century. I also did a special project while at school also using the local archives when was 17.

3. Professor Luiz Eduardo Oliveira: How did your interest in the history of Portugal and Brazil originate?

Answer by Maxwell: I saw the film Black Orpheus (orfeu do carnaval) when I was an undergraduate at Cambridge University. I really wanted to see Rio de Janeiro as a result. My tutor at St. John's College, Cambridge, Professor Sir Harry Hinsley (who was a British intelligence officer during WW2 at Bletchley Park, and a historian) had told me to "look south."

By which he meant Latin America which was very little studied in England at the time. So after graduating I spent a year in Spain and in

Portugal learning the languages. I attended courses at the University of Madrid in 1963 and then arrived in Lisbon in 1964. I received a very welcome monthly stipend from the Gulbenkian Foundation which allowed me to take lessons in Portuguese and research in the biblioteca nacional and to attend the São Carlos opera house in the cheapest seats!

4. Professor Luiz Eduardo Oliveira: How did you learn Portuguese?

Answer by Maxwell: I first learnt Portuguese in Lisbon mainly by speaking with friends as well as taking private lessons. Very few Portuguese spoke English at the time so it was important to learn to be able to communicate.

Then I went to Brazil for the first time in 1975. I arrived in Belém then on to Salvador da Bahia, and then to Rio de Janeiro where I stayed for three months. Thereafter I spent 2 years in Rio de Janeiro in 1966 and 1967 also visiting Minas Gerias (Ouro Preto and Belo Horizonte) and again back to Portugal in the course of my research. I did not return to Brazil until 1977 when I was invited to Minas Gerais. I missed the most repressive years of the military dictatorship in Brazil, but was very engaged in this period in interpreting the Portuguese Revolution of Carnations of 1974.

5. Professor Luiz Eduardo Oliveira: How did you become interested in the 18th. Century?

Answer by Maxwell: Professor Stanley J. Stein, my graduate adviser at Princeton University, encouraged me to write a paper on Pombal. He was a well know Brazilian history expert, which is why I had wanted to work under his supervision, but he was then beginning in the mid-1960s to work on Mexico in the 18th century.

So we worked on parallel projects. The paper for his seminar turned into my first published article in 1968 in the *Hispanic American Historical Review* on "Pombal and the nationalisation of Luso-Brazilian Economy."

I had intended to write my doctoral thesis on the independence of Brazil but in the course of my preliminary research in Rio in 1965 I realized I needed to understand the 18th century first. Although, I have yet to emerge from the 18th century fifty year later!

I also had a year as a research fellow at the Newberry Library in

Chicago from 1968-1969 which has a marvelous collection of books and manuscripts on colonial Brazil where I was able to work on my dissension in ideal conditions.

6. Professor Luiz Eduardo Oliveira: What motivated you to write on Pombal? What is the importance of studying Pombal today?

Answer by Maxwell: I had lived in Lisbon in 1964, in a pensão which was located on a street very close to the statue of the Marquês de Pombal. I knew about his role in the reconstruction of Lisbon after the great. Earthquake of 1755. In my book *Conflicts and Conspiracies: Brazil and Portugal 1750-1808*, I had developed a comprehensive interpretation of the development of social, political and economic relations between Portugal and Brazil over the course of the late 18th century.

But my focus had been on pre-independence movements in Brazil, especially the Minas conspiracy (the conjurações mineira). Prof Raghild Hatton, of the LSE (London School of Economics), asked me to write a biography of Pombal for a series she was planning on leading 18th century figures.

So I began the book then. But later the series did not progress. Cambridge University Press which had published my first book took up the idea and produced a finely illustrated edition of *Pombal: Paradox of the Enlightenment*. Cambridge University Press also published my book on the *Portuguese Revolution of 1974*, which this year, 2024, Portugal is commemorating its 50th anniversary. Both these books were published in Brazil by Paz e Terra and in Portugal by Editorial Presença.

7. Professor Luiz Eduardo Oliveira: How to you evaluate studies of Pombal in Portugal and in Brazil?

Answer by Maxwell: I am very impressed by the development of serious archival historical research and publication in Portugal and in Brazil on the 18th century, and on Pombal in particular. He remains a controversial figure, of course, especially in Portugal.

But the beginning of the publication of Pombal's complete works, by the university of Coimbra, is a very encouraging endeavour, and the first volume on his writings from the time he was the Portuguese ambassador in London is very impressive indeed.

I was also very impressed at the colloquium on the enlightenment paradox of Pombal at the Federal University of Sergipe in June at the new work on the educational innovations of Pombal in Brazil, which I knew about, but not in the detail provided by the research papers presented and discussed.

In Portugal there is also very interesting new work on the botanical work Pombal's reform of the university of Coimbra promoted, especially in Brazil, and its international reach. I think the most impressive thing is the new archival research. This is very encouraging for the future.

8. Professor Luiz Eduardo Oliveira: What does the title of Doutor Honoris Causa conferred on you by the UFS (Universidade Federal de Sergipe) mean for you?

Answer by Maxwell: It was an enormous honor for me and I am very grateful for the recognition. And it was also in particular very good to participate in the colloquium on Pombal at UFS and to have the opportunity to meet and to converse with so many younger scholars as well as to see the Cátedra Marquês de Pombal in action. It is a great Luso-Brazilian initiative and I wish it every success in the future.

9. Professor Luiz Eduardo Oliveira: How did you find Sergipe?

Answer by Maxwell: I thoroughly enjoyed my visit to Sergipe, to the Universidad Federal de Sergipe, and to the city of Aracaju, and to the historical city of São Cristóvão. The highlights were the ceremony at UFS of course, the wonderful reception, and meeting so many new friends and colleagues, not to mention the delicious food, the visit to the spectacular museu da gente sergipana, and the continuous background music of the festas de São João. It was for me a very memorable visit to Sergipe.

BIBLIOGRAPHICAL REFERENCES

GASPARI, Elio. Kissinger reencontrou um passado duro de roer. **Folha de São Paulo,** 07 de dez. de 2003. Disponível via https://www1.folha.uol.com.br/fsp/brasil/fc0712200331.htm acesso em 01/06/2024.

MAXWELL, Kenneth. **A devassa da devassa**: a Inconfidência Mineira, Brasil e Portugal (1750-1808). São Paulo: Paz e Terra, 1977.

MAXWELL, Kenneth. **Chocolate, piratas e outros malandro**s. São Paulo: Paz e Terra, 1999.

MAXWELL, Kenneth. **Mais malandros e outros – ensaios tropicais**. São Paulo: Paz e Terra, 2005.

MAXWELL, Kenneth. **Marquês de Pombal – Paradoxo do Iluminismo**.2ed. Trad. Antônio de Pádua Danesi. São Paulo: Paz e Terra, 1997.

MAXWELL, Kenneth. **Marquês de Pombal. Marquês de Pombal**: ascensão e queda. trad. Saul Barata. - Barcarena: Manuscrito, 2015.

MAXWELL, Kenneth. The Other 9/11: The United States and Chile, 1973. *Foreign Affairs*, v.82, n.6, nov-dec.2003,p.147-151

SHERMAN, Scott "Kissinger's Shadow Over the Council on Foreign Relations". **The Nation** [on-line], 2004. [acesso em de Junho de 2024]. Disponível em: https://www.thenation.com/article/archive/kissingers-shadow-over-council-foreign-relations.

SHERMAN, Scott, "The Maxwell's Affair". **The Nation** [on-line], 2004. [acesso em 2 de Junho de 2024]. Disponível em: https://www.thenation.com/article/archive/maxwell-affair.

VIOLA, Afonso da Cunha. Kenneth Maxwell. In: MATOS, Sérgio Campos de (Coord). **Dicionário dos Historiadores Portugueses** – Da Academia Real das Ciências até ao final do Estado Novo. Lisboa: Universidade de Lisboa, 2015 [on-line). Acesso em 01 de junho de 2024. Disponível em https://dichp.bnportugal.gov.pt/historiadores/historiadores_maxwell.htm.

Conferência Internacional sobre o Paradoxo de Pombal: junho de 2024

Em junho de 2024, Maxwell regressou ao Brasil para participar no simpósio internacional sobre o paradoxo de Pombal que se realizou em sua honra e no final do qual lhe foi atribuído o grau de doutor honoris causa pela Universidade Federal de Sergipe.

De acordo com uma fonte:

A Universidade Federal de Sergipe está dividida em seis faculdades académicas que, por sua vez, estão divididas em departamentos multidisciplinares. Oferece cursos de licenciatura, mestrado e doutoramento. Os estudantes podem também candidatar-se a estudos de investigação, programas de línguas, programas de intercâmbio de estudantes e aprendizagem virtual.

É o lar de algumas das faculdades mais notáveis e de professores e professores assistentes altamente qualificados.Outros cursos oferecidos incluem cursos de extensão, ensino primário e secundário, ensino à distância e programas pedagógicos e de ensino. Cada um dos seus campi é especializado e conhecido por um determinado curso.

Campus da Universidade Federal de Sergipe

A Universidade Federal de Sergipe está distribuída em seis campi no estado, além do campus principal. Cada um dos seus campus tem infraestruturas urbanas com instalações modernas e eficientes em termos energéticos. *Os serviços do campus incluem refeitório, área de lazer, centro de apoio ao estudante, hospitais universitários, centro de saúde, quadras e complexo desportivo, academia de ginástica, teatro, auditório e unidades académicas. Os meios de comunicação da universidade incluem um canal de televisão, uma estação de rádio, jornais, publicações e revistas.*

As bibliotecas universitárias são instalações multimédia equipadas com livros, teses, dissertações, periódicos, guias de exame, trabalhos de investigação, documentos e catálogos. As bases de dados, a biblioteca virtual, os tutoriais, os sistemas informáticos, as salas de estudo, os centros de formação e de investigação, a zona de estar e os serviços de renovação estão acessíveis.[1]

UNIVERSIDADE FEDERAL DE SERGIPE CONCEDERÁ O TÍTULO DE DOUTOR HONORIS CAUSA AO HISTORIADOR KENNETH MAXWELL

O professor inglês foi reconhecido por suas contribuições no campo da história ibérica e das relações entre Brasil e Portugal

No dia 5 de junho, às 17h, o Auditório da Reitoria será palco da solenidade de entrega do título de Doutor Honoris Causa ao escritor, historiador e professor inglês Kenneth Robert Maxwell.

Aos 83 anos, Maxwell é reconhecido como um importante brasilianista e especialista em história ibérica, tendo publicado, entre uma dezena de obras, "A devassa da devassa - A Inconfidência Mineira: Brasil e Portugal 1750-1808" e a biografia "Marquês de Pombal: paradoxo do iluminismo".

A mais alta honraria concedida pela UFS, o título de Doutor Honoris Causa, será conferido ao Professor Maxwell por "suas contribuições para o avanço do conhecimento em História e nas relações entre Brasil e Portugal, distinguindo sua notável carreira acadêmica".

III Simpósio Internacional

A cerimónia de entrega do título fará parte da cerimónia de encerramento do III Simpósio Internacional Pombalino, cujo tema é: "Paradoxos do Iluminismo: uma homenagem a Kenneth Maxwell".

O simpósio tem início a 3 de junho e é organizado pela Cátedra

Marquês de Pombal (Camões, I.P. / UFS), da qual o historiador inglês é membro honorário.

O título

A concessão do título de Doutor Honoris Causa ao professor Maxwell foi proposta pelo Programa de Pós-Graduação em Educação (PPGED) e aprovada pelo Conselho Universitário, por meio da Resolução nº 55/2023/Consu.

De acordo com o Estatuto da UFS, o título é concedido a personalidades que tenham se distinguido pelo saber, seja por sua atuação em prol da Filosofia, da Ciência, da Tecnologia, das Artes e das Letras, seja pelo melhor entendimento entre os povos ou em defesa dos direitos humanos.

SAUDAÇÃO AO PROFESSOR KENNETH R. MAXWELL NA SOLENIDADE DE OUTORGA DO TÍTULO DE DOUTOR HONORIS CAUSA PELA UNIVERSIDADE FEDERAL DE SERGIPE

Por Dilton Cândido Santos Maynard
Professor do Departamento de História
Pró-Reitor de Graduação
Membro do Conselho Superior de Ensino, Pesquisa e Extensão (CONEPE/UFS)

Senhoras e senhores, boa tarde!

Inicialmente gostaria de agradecer, de modo muito especial, ao professor Luiz Eduardo Oliveira, do Departamento de Letras Estrangeiras, pela indicação do meu nome para apresentar formalmente o professor Kenneth Maxwell. Na verdade, penso que Luiz seria o mais indicado para a tarefa. Não fosse o seu empenho para sensibilizar o magnífico reitor Valter Joviniano de Santana Filho, a Cátedra Marquês de Pombal, hoje motivo de orgulho para a nossa instituição, talvez ainda estivesse se arrastando pela burocracia.

Pois bem. Embora considere a missão praticamente desnecessária, já que se trata de um intelectual de ampla notoriedade e reconhecida competência acadêmica, abracei a tarefa com orgulho e gratidão. Ao professor Maxwell, peço desculpas por eventuais equívocos, cometidos por um historiador mais voltado às coisas do mundo contemporâneo, mas que, nem por isso, está menos honrado com a tarefa que lhe foi atribuída.

Kenneth Maxwell nasceu em 1941. Nosso homenageado obteve bacharelado e mestrado no St. John's College, da Cambridge University, no Reino Unido. O doutorado foi realizado em outra instituição de excelência, a Princeton University, em Nova Jersey, Estados Unidos. Lecionou nas universidades de Yale, Princeton, Columbia e na University of Kansas.

Em 1995, o professor Maxwell tornou-se o primeiro titular da Cátedra *Nelson e David Rockefeller em Estudos Interamericanos*. Foi diretor e fundador do Programa de Estudos Brasileiros do *Centro David Rockefeller de Estudos Latino-Americanos* (DRCLAS), da Universidade de Harvard (2006-2008), e lá também foi professor do Departamento de História (2004-2008).

Nosso homenageado fundou e foi diretor do *Centro Camões para o Mundo de Língua Portuguesa* em Columbia. Foi ainda *Herodotus Fellow* no Instituto de Estudos Avançados de Princeton, *Guggenheim Fellow* e membro do Conselho de Administração da *The Tinker Foundation, Inc.*, da qual foi um dos fundadores, e do Conselho Consultivo da *Fundação Luso-Americana*.

Kenneth Maxwell também é membro dos Conselhos Consultivos da *Brazil Foundation* e da *Human Rights Watch/Americas*. Sua produção bibliográfica é vasta e absolutamente relevante. Apenas para exemplificar, apontamos obras como *Pombal, Paradox of the Enlightenment* (1995), publicado em Brasil como *Marquês de Pombal – Paradoxo do Iluminismo* (1996) e que, anos depois, no Portugal, recebeu o peculiar título traduzido de *Marquês de Pombal: ascensão e queda* (2015). Seu livro *A devassa da devassa* (1977) renovou os estudos sobre a inconfidência mineira. Duas outras obras merecem destaque pela contribuição que trouxeram e pelo sucesso editorial obtido: *Chocolate, piratas e outros malandros* (Editora Paz e Terra, 1999) e *Mais malandros e outros – ensaios tropicais* (Editora Paz e Terra, 2005).

O seu contato com o Brasil começou a ocorrer nos anos 1960. A primeira vinda ao país se deu em 1965. Um ano, portanto, após o golpe civil-militar que implantou uma ditadura e um tempo de sombras, duas décadas nefastas, em nossa nação. Desde então, tem tido a oportunidade de acompanhar momentos importantes da vida nacional, a exemplo do processo de redemocratização, da eleição de Lula da Silva (2002) e do impeachment da presidenta Dilma Rousseff, em 2016.

O professor Maxwell se notabilizou pelo trabalho inovador nas análises que abrangem o Brasil e Portugal. As suas obras logo se tornaram referências nos estudos envolvendo as trajetórias do Mundo Ibérico. A formação e a transformação de Estados, as dinâmicas da política, da educação, da economia e da cultura passaram a ter, nos estudos do professor Maxwell, um intérprete fundamental.

É possível afirmar que a obra do nosso homenageado, iniciada há mais de 5 décadas, foi decisiva para impulsionar novos estudos sobre o período pombalino. Atualmente o trabalho hercúleo realizado em

Portugal pelo Professor José Eduardo Franco, tem na obra de Kenneth Maxwell referência incontornável. Por sua vez, a jovem Cátedra Marquês de Pombal da UFS também encontra em Maxwell inspiração basilar.

Não por acaso, o professor Maxwell é considerado um dos maiores brasilianistas da atualidade. Afinal de contas, ele fornece não somente uma análise do Brasil do século 18, mas também tem realizado observações importantes sobre nosso país no tempo presente. A sua atuação frequente enquanto colaborador de jornais como "O Globo" e "Folha de São Paulo" evidencia um historiador que se coloca para debates públicos, revela um pesquisador que une o rigor da investigação à escrita objetiva, acessível e instigante.

Aliás, há que se destacar que o professor Maxwell foi um dos primeiros intelectuais que, ainda em 2002, no ambiente acadêmico norte-americano, divergiu da ideia de que o então recém-eleito presidente Luís Inácio Lula da Silva representava um "perigo". Nos momentos iniciais do primeiro governo Lula, Maxwell lembrou que o ex-líder sindical não era um êmulo de Hugo Chávez (1954-2013), tampouco de Fidel Castro (1926-2016) e que o Brasil não era a Argentina peronista. O tempo mostrou a precisão do seu diagnóstico. Lula conduziu o Brasil num processo de transformação econômica que elevou o país ao posto de 6ª maior economia mundial, despontou como liderança regional e ponderada, tornou-se uma personalidade admirada mundialmente e com prestígio para discutir problemas sociais com os mais diversos setores, ganhando o respeito dos líderes das principais potências.

É indubitável que, ao conferir o título de *Doutor Honoris Causa* a Kenneth Maxwell, a Universidade Federal de Sergipe agrega a ela um pesquisador que, além da excelência acadêmica, construiu uma trajetória marcada pelo espírito colaborativo, generosidade e serenidade.

Um historiador não é alguém amarrado ao passado como o senso comum faz parecer. Ao contrário, é do presente que ele faz as perguntas que guiam a sua pesquisa. É assim com o professor Maxwell. Seu olhar cuidadoso abarca o Mundo Ibérico do século 18, abrange os dias de Pombal, mas também examina atentamente o tempo presente. Foi esse exame cuidadoso dos contínuos diálogos entre o presente e o passado que, ao que tudo indica, enfureceu Henry

Kissinger (1923-2023), ex-secretário de Estado dos Estados Unidos (1969-1977).

Em 2004, ao resenhar o livro *The Pinochet Files* (Os arquivos Pinochet), de Peter Kornbluh, para a conceituada revista *Foreign Affairs*, o professor Maxwell colocou em evidência um lado nada elogiável do homem ganhador do Prêmio Nobel da Paz em 1973. Mas ao afirmar isso, Maxwell, com a costumeira maestria, apresentou documentos, analisou e expôs a conduta contraditória de Kissinger que, certa vez, teria se justificado ao ditador Augusto Pinochet (1915-2006), explicando a sua defesa dos direitos humanos "para consumo interno".

Assim, o estudioso do iluminismo oferece reflexões importantes sobre os limites do nosso próprio tempo, sobre as contradições de processos modernizadores, sobre as permanências e carências que atingem as nações na modernidade.

Ao nos ajudar a entender as dificuldades que temos para superar os autoritarismos, a cultura burocrática que parece tudo resolver, muitas vezes sem nada solucionar, a dificuldade em uma sociedade ainda marcada pelo racismo, Kenneth Maxwell nos inspira a olhar a vida do nosso povo com o mesmo carinho que ele, hoje menos britânico que brasileiro – e, podemos dizer, agora um pouquinho sergipano – faz conosco.

Professor Kenneth Robert Maxwell, é uma honra tê-lo como *Doutor Honoris Causa* da Universidade Federal de Sergipe.

Muito obrigado.

São Cristóvão, Sergipe, 05 de junho de 2024.

DISCURSO DE ACEITAÇÃO DO PROFESSOR KENNETH MAXWELL

Aracaju, 7 de junho de 2024

Prezados colegas,

Gostaria, primeiramente, de agradecer ao magnífico Reitor da Universidade Federal de Sergipe, o Prof. Doutor Valter Joviniano de Santana Filho, e também ao Professor Doutor Luiz Eduardo Oliveira da Cátedra Marquês de Pombal, e ao Instituto Camões.

Estou imensamente honrado pela honraria que me foi concedida hoje, assim como pelo convite para participar do 3º Simpósio Pombalino Internacional sobre os Paradoxos do Iluminismo, realizado nos últimos três dias.

Foi um imenso prazer interagir com tantos estudiosos e aprender tantas coisas novas.

É especialmente gratificante recordar a inauguração da Cátedra Marquês de Pombal aqui na Universidade Federal de Sergipe.

Pombal continua a ser uma figura histórica controversa em Portugal. Por isso, acredito ser da maior importância a retomada, pela Cátedra, da análise, pesquisa e das publicações sobre as suas ações políticas, legislativas, além da apreciação do papel notável de Pombal na formação do Brasil.

E é particularmente bom que essa retomada advenha de uma iniciativa luso-brasileira, e uma colaboração admirável entre Brasileiros e Portugueses.

Contudo, devo recordar um aviso do Sebastião José de Carvalho e Melo, Conde de Oeiras e Marquês de Pombal, em carta escrita ao seu sobrinho, Joaquim de Melo e Póvoas, em sua nomeação para governar o Maranhão em 1761.

Joaquim de Melo e Póvoas (1722-1787) foi o primeiro governador de São José do Rio Negro, na Amazônia, entre 1758 e 1760. Foi governador da capitania de Maranhão entre 1761 a 1775 e, depois da separação de Maranhão e Pará, o governador de Maranhão e Piauí até 1779, até o fim da período pombalino — quando mudou-se para Portugal, e não foi nomeado pela Rainha Dona Maria I para ocupar novos cargos.

O governo dele em São Luís foi marcado pela demolição do velho Palácio do Governo, e a construção de um novo, além de uma reforma urbanística, com a atribuição de novos usos às edificações dos jesuítas expulsos em 1759.

O Colégio Jesuíta tornou-se residência dos bispos, e a igreja da Companhia passou a ser a catedral da Cidade de São Luís. O Governador Joaquim de Melo e Póvoas também promoveu a introdução de arroz carolino, inaugurou uma fábrica de anil, de soque de arroz, e defendeu os lavradores contra a exorbitância dos fretes cobrados pela Companhia de Grão Pará e Maranhão, que era também uma criação pombalina.

Na carta a seu sobrinho, Pombal disse o seguinte:

"Justo me pareceu, depois de Vossa Excelência estar instruído no seu generalato, sabendo do clima, dos frutos, viveres, da jornada e do preciso cômodo dela para seu transporte, que também se instruísse no gênio do povo e em um breve método de governar, e dirigir suas ações com menos embaraço. O povo que V. Exa. vai governar é obediente, fiel a El-Rei, aos seus generais e ministros: é certo que há de amar um general prudente, afável, modesto e civil. A Justiça e a Paz que V. Exa. o governar o fará igualmente benquisto e respeitado porque, com uma e outra causa, se sustenta a saúde pública. Engana-se quem entende que o temor com que se faz obedecer é mais conveniente à benignidade com que faz amar, pois a razão natural ensina que a obediência forçada é violenta, e a obediência voluntária é segura".

Maxwell no seu discurso de aceitação da atribuição do título de doutor honoris causa pela Universidade Federal de Sergipe no final do simpósio internacional sobre o Paradoxo de Pombal.

Pombal também "empregou" no Brasil os primeiros graduados saídos do seu colégio dos nobres. D. Luís Pinto de Sousa Coutinho, graduado em 1767, foi nomeado governador e capitão-general de Mato Grosso. Prestes a embarcar para o sertão brasileiro, o jovem aristocrata recebeu instruções de Pombal:

"Não alterar coisa alguma com força, nem violência, porque não é preciso mudar costumes inveterados, ainda que sejam escandalosos. Contudo, quando a razão o permite é preciso desterrar abusos e destruir costumes perniciosos a benefício do Rei, e da Justiça, e do bem comum, seja com muita prudência e moderação, que o medo vença mais que o poder."

E Pombal repetiu a D. Luis Pinto o aviso que fez ao Governador Joaquim de Melo e Póvoas:

"Em qualquer resolução que V. Exa. tentar, observe estas três coisas — prudência para deliberar, destreza para dispor, e perseverança para acabar."

Esse padrão repetia-se nas suas relações com os brasileiros, uma recomendação e um aviso para qualquer governador Português no Brasil. Um aspecto evidente do caráter de Pombal nas suas ações brasileiras: uma mescla de exercício do poder paradoxalmente iluminista.

E, finalmente, obrigado a todos e todas mais uma vez pela honraria concedida.

PERGUNTAS E RESPOSTAS

As perguntas foram colocadas pelo Professor Luiz Eduardo Oliveira da Cátedra Marquês de Pombal da Universidade Federal de Sergipe (UFS), Brasil, durante a visita de Maxwell em junho de 2024, como preparação para a cerimónia de atribuição do título de doutor honoris causa pela Universidade Federal de Sergipe.

1. Professor Luiz Eduardo Oliveira: Como foi a sua infância? O jovem Maxwell era um bom aluno?

Resposta de Maxwell: Nasci em Wellington, Somerset, onde o meu pai tinha uma mercearia e a minha mãe era professora. Foi em 1941, durante a Segunda Guerra Mundial. A minha mãe era a diretora de uma pequena escola de aldeia em Huish Champflower, nas Brendon Hills.

Durante a guerra, passamos a maior parte do tempo entre a casa da escola em Huish Champflower e o número 2 da North Street, em Wellington, onde se situava a mercearia do meu pai. Tínhamos quatro divisões por cima da loja do meu pai. Dois quartos, cozinha e uma sala de jantar. Havia uma banheira na cozinha e uma casa de banho separada. Não tínhamos aquecimento central e tínhamos um telefone para a loja.

Frequentei a escola primária pública local em Wellington e depois, aos dez anos de idade, fui para uma "escola pública" metodista em

Taunton, o Queen's College, que era uma escola privada para rapazes, embora atualmente a escola seja mista.

Tive uma educação muito boa e alguns professores realmente excelentes. Muitos dos professores mais velhos eram veteranos da 2ª Guerra Mundial. Aos dez e onze anos, fui inspirado por um maravilhoso professor mais velho e semi-reformado, "Dapper" Channon, que também escrevia uma coluna semanal para o semanário local. Ele lia-nos a sua coluna todas as semanas

Mas fiquei retido um ano na minha primeira turma no Queen's College, porque na altura tinha mais dificuldades por ser ligeiramente disléxico, embora ninguém o soubesse na altura. Só descobri isso quando usei o meu primeiro computador de processamento de trabalho, em meados dos anos 80, e fui sempre corrigido!

Mas o exemplo de "Dapper" Channon inspirou-me a escrever para jornais. O que fiz pela primeira vez aos 15 anos de idade, criticando a intervenção militar britânica no Egito durante a crise do Suez.

2. Professor Luiz Eduardo Oliveira: Quando é que decidiu tornar-se historiador?

Resposta de Maxwell: Curiosamente, eu sempre quis ser historiador. A minha mãe era professora e, quando era criança, tínhamos férias de verão de duas semanas maravilhosas por toda a Grã-Bretanha. Adorava visitar castelos e locais de batalhas históricas. Quando andava na escola, interessava-me muito por arqueologia e tinha ido a várias "escavações" com um colega de escola. Um ano trabalhámos numa "escavação" na Abadia de Glastonbury (Glastonbury é mais conhecida hoje em dia pelo seu famoso festival de música de verão).

Por isso, o meu interesse pelas questões históricas começou muito cedo. Aos 15 anos, trabalhei também nos arquivos locais de Somerset como assistente de investigação de um eminente historiador de Devon, analisando inventários de casas do século XVI. Fiz também um projeto especial durante a escola, utilizando igualmente os arquivos locais, quando tinha 17 anos.

3. Professor Luiz Eduardo Oliveira: Como surgiu o seu interesse pela história de Portugal e do Brasil?

Resposta de Maxwell: Vi o filme Orfeu do Carnaval quando estava a estudar na Universidade de Cambridge. Por isso, fiquei com muita vontade de conhecer o Rio de Janeiro. John 's College, em Cambridge, o Professor Sir Harry Hinsley (que foi um oficial da inteligência britânica durante a Segunda Guerra Mundial em Bletchley Park, e um historiador) tinha-me dito para "olhar para o sul".

Referia-se à América Latina que, na altura, era muito pouco estudada em Inglaterra. Assim, depois de me licenciar, passei um ano em Espanha e em Portugal a aprender as línguas. Frequentei cursos na Universidade de Madrid em 1963 e depois cheguei a Lisboa em 1964. Recebi uma bolsa mensal muito bem-vinda da Fundação Gulbenkian que me permitiu ter aulas de português e fazer pesquisas na Biblioteca Nacional e assistir à ópera de São Carlos nos lugares mais baratos!

4. Professor Luiz Eduardo Oliveira: Como é que aprendeu português?

Resposta de Maxwell: Aprendi português em Lisboa, principalmente falando com amigos e tendo aulas particulares. Na altura, muito poucos portugueses falavam inglês, pelo que era importante aprender para poder comunicar.

Depois fui para o Brasil pela primeira vez em 1975. Cheguei a Belém, segui para Salvador da Bahia e depois para o Rio de Janeiro, onde fiquei durante três meses. Depois disso, passei dois anos no Rio de Janeiro, em 1966 e 1967, visitando também as Minas Gerais (Ouro Preto e Belo Horizonte) e, de novo, regressei a Portugal no decurso da minha investigação. Só regressei ao Brasil em 1977, quando fui convidado para ir a Minas Gerais. Perdi os anos mais repressivos da ditadura militar no Brasil, mas estive muito empenhado nesse período na interpretação da Revolução dos Cravos portuguesa de 1974.

5. Professor Luiz Eduardo Oliveira: Como é que se interessou pelo século XVIII? Século XVIII?

Resposta de Maxwell: O professor Stanley J. Stein, meu orientador de pós-graduação na Universidade de Princeton, incentivou-me a escrever um trabalho sobre Pombal. Ele era um conhecido especialista em história do Brasil, razão pela qual eu tinha querido trabalhar sob a sua supervisão, mas ele estava a começar, em meados dos anos 60, a trabalhar no México no século XVIII.

Assim, trabalhámos em projetos paralelos. O trabalho para o seu seminário transformou-se no meu primeiro artigo publicado em 1968 na "Hispanic American Historical Review" sobre "Pombal e a nacionalização da economia luso-brasileira".

Tinha a intenção de escrever a minha tese de doutoramento sobre a independência do Brasil, mas no decurso da minha investigação preliminar no Rio, em 1965, apercebi-me de que precisava de compreender primeiro o século XVIII. No entanto, cinquenta anos depois, ainda não saí do século XVIII!

Tive também um ano como investigador na Newberry Library, em Chicago, de 1968 a 1969, que possui uma maravilhosa coleção de livros e manuscritos sobre o Brasil colonial, onde pude trabalhar na minha dissensão em condições ideais.

6. Professor Luiz Eduardo Oliveira: O que o motivou a escrever sobre Pombal? Qual a importância de estudar Pombal hoje?

Resposta de Maxwell: Eu tinha vivido em Lisboa em 1964, numa pensão que ficava numa rua muito próxima da estátua do Marquês de Pombal. Sabia do seu papel na reconstrução de Lisboa após o grande terremoto de 1755. terramoto de 1755. No meu livro *Conflitos e Conspirações: Brasil e Portugal 1750-1808*, fiz uma interpretação abrangente do desenvolvimento das relações sociais, políticas e económicas entre Portugal e o Brasil ao longo do final do século XVIII.

Mas a minha atenção centrou-se nos movimentos pré-independência no Brasil, especialmente nas conjurações mineiras. A Professora Ragnhild Hatton, da LSE (London School of Economics), pediu-me para escrever uma biografia de Pombal para uma série que estava a planear sobre figuras importantes do século XVIII.

Comecei então o livro. Mas mais tarde a série não avançou. A Cambridge University Press, que tinha publicado o meu primeiro livro, aceitou a ideia e produziu uma edição maravilhosamente ilustrada de *Pombal: Paradox of the Enlightenment*. A Cambridge University Press também publicou o meu livro sobre a *Revolução Portuguesa de 1974*, que este ano, 2024, Portugal está a comemorar o seu 50º aniversário. Estes dois livros foram publicados no Brasil pela Paz e Terra e em Portugal pela Editorial Presença.

7. Professor Luiz Eduardo Oliveira: Como avalia os estudos sobre Pombal em Portugal e no Brasil?

Resposta de Maxwell: Estou muito impressionado com o desenvolvimento da investigação e publicação histórica arquivística séria em Portugal e no Brasil sobre o século XVIII, e sobre Pombal em particular. É claro que ele continua a ser uma figura controversa, especialmente em Portugal.

Mas o início da publicação das obras completas de Pombal, pela Universidade de Coimbra, é um esforço muito encorajador, e o primeiro volume sobre os seus escritos desde o tempo em que foi embaixador de Portugal em Londres é, de facto, muito impressionante.

Fiquei também muito impressionado no colóquio sobre o paradoxo iluminista de Pombal, na Universidade Federal de Sergipe, em junho, com o novo trabalho sobre as inovações educativas de Pombal no Brasil, que eu conhecia, mas não com o pormenor proporcionado pelos trabalhos de investigação apresentados e discutidos.

Em Portugal, há também um novo trabalho muito interessante sobre a obra botânica que a reforma da Universidade de Coimbra promovida por Pombal promoveu, especialmente no Brasil, e o seu alcance internacional. Penso que o mais impressionante é a nova investigação arquivística. Isto é muito encorajador para o futuro.

8. Professor Luiz Eduardo Oliveira: O que significa para si o título de Doutor Honoris Causa concedido pela UFS (Universidade Federal de Sergipe)?

Resposta de Maxwell: Foi uma honra enorme para mim e estou muito grato pelo reconhecimento. E foi também particularmente muito bom participar no colóquio sobre Pombal na UFS e ter a oportunidade de conhecer e conversar com tantos jovens académicos, bem como ver a Cátedra Marquês de Pombal em ação. É uma grande iniciativa luso-brasileira e desejo-lhe o maior sucesso no futuro.

9. Professor Luiz Eduardo Oliveira: Como é que descobriu Sergipe?

Resposta de Maxwell: Gostei muito da minha visita a Sergipe, à Universidade Federal de Sergipe, à cidade de Aracaju e à cidade histórica de São Cristóvão. Os pontos altos foram a cerimónia na UFS, claro, a recepção maravilhosa e o encontro com tantos novos amigos e colegas, para não falar da comida deliciosa, da visita ao espetacular museu da gente sergipana e da música de fundo contínua das festas de São João. Foi uma visita memorável a Sergipe.

REFERÊNCIAS BIBLIOGRÁFICAS

GASPARI, Elio. Kissinger reencontra um passado duro de roer. **Folha de São Paulo,** 07 de dezembro de 2003. Disponível via https://www1.folha.uol.com.br/fsp/brasil/fc0712200331.htm acesso em 01/06/2024.

MAXWELL, Kenneth. **A devassa da devassa**: a Inconfidência Mineira, Brasil e Portugal (1750-1808). São Paulo: Paz e Terra, 1977.

MAXWELL, Kenneth. **Chocolate, piratas e outros malandro**s. São Paulo: Paz e Terra, 1999.

MAXWELL, Kenneth. **Mais malandros e outros – ensaios tropicais**. São Paulo: Paz e Terra, 2005.

MAXWELL, Kenneth. **Marquês de Pombal – Paradoxo do Iluminismo.2 ed**. Trad. Antônio de Pádua Danesi. São Paulo: Paz e Terra, 1997.

MAXWELL, Kenneth. **Marquês de Pombal. Marquês de Pombal**: ascensão e queda. trad. Saul Barata. - Barcarena: Manuscrito, 2015.

MAXWELL, Kenneth. The Other 9/11: The United States and Chile, 1973. *Foreign Affairs*, v.82, n.6, nov-dec.2003,p.147-151

SHERMAN, Scott "Kissinger 's Shadow Over the Council on Foreign Relations". **The Nation** [on-line], 2004. [acesso em de Junho de 2024]. Disponível em: https://www.thenation.com/article/archive/kissingers-shadow-over-council-foreign-relations.

SHERMAN, Scott, "The Maxwell Affair". **The Nation** [on-line], 2004. [acesso em 2 de Junho de 2024]. Disponível em: https://www.thenation.com/article/archive/maxwell-affair.

VIOLA, Afonso da Cunha. Kenneth Maxwell. In: MATOS, Sérgio Campos de (Coord). **Dicionário dos Historiadores Portugueses** – Da Academia Real das Ciências até ao final do Estado Novo. Lisboa: Universidade de Lisboa, 2015 [online]. Acesso em 01 de junho de 2024. Disponível em https://dichp.bnportugal.gov.pt/historiadores/historiadores_maxwell.htm.

The International Colloquium on Luso-Brazilian Art and Literature at Harvard University

The second lecture of 2024 was given in the United States and Dr. Maxwell's last post as a professor, namely at Harvard University. He participated in an international colloquium on Luso-Brazilian Art and Literature.

His lecture focused on a subject which encompassed how the rebuilding of Lisbon after the great earthquake in 1755 fit into to the rebuilding of two other greater European cities, namely London and Paris.

KENNETH MAXWELL ON THE HARVARD SYMPOSIUM

September 23, 2024

I have just spent two very intellectually stimulating days back at Harvard University attending the international colloquium on Luso-Brazilian Art and Literature

The colloquium was organized by Professor Josiah Blackmore who holds the Robert C. Smith Chair of Portuguese at Harvard and his Brazilian colleague Juliano Gomes. Robert C. Smith was a great art historian, especially of the Baroque in Portugal and in Brazil. He was a graduate of Harvard and he endowed the chair that Professor Blackmore now holds.

The colloquium gathered a galaxy of scholars from Portugal, Brazil, Germany and the United Kingdom, and I was invited back to Harvard to give the opening keynote lecture. I spent many happy years at Harvard as a professor of history where I established the Brazil Studies programs at the David Rockefeller Center for Latin American Studies, which is one of the sponsors of the colloquium.

My lecture focused on "Disaster & Reconstruction: The Challenges of Modernism" where I discussed the Great Fire of London of 1668 and the aborted plans for Christopher Wren to redesign the city, the reconstruction of Lisbon after the Great Earthquake of 1755 under the direction of the Marquês de Pombal, and the destruction of the old Paris and the reconstruction of the new Paris under Napoleon III and the Baron Haussmann.

All these reconstruction efforts were framed by disasters and had much in common.

Presentations were made by Lilia Moritz Schwarcz, of the University of São Paulo and Princeton University, who was recently elected to the prestigious Academia Brasileira das Letras, Pedro Flor for the Universidade Alberta in Lisbon, Erika Naginski of Harvard, Patrícia Merlo of the Universidade Federal de Espírito Santo in Brazil, Susana Varela Flor of the Universidade Nova in Lisbon, Paulo Knauss of the Universidade

Federal Fluminense, Alexandre Vidal Porto, and the final keynote address by Rafael Cardoso of the Freie Universitat Berlin,

The sessions were chaired and participated in by leading Harvard professors, Doris Sommer, Mariano Siskind, Sidney Chalhoub, who is now the chair of Harvard's History Department who gave a marvelous paper on Machado de Assis, Tamar Herzog who gave a paper on Tombos, Diana Davis, Bruno Carvalho, another Brazilian now a professor at Harvard and who as a graduate student at Harvard attended the very first seminar I taught at Harvard, and not least, Alejandro de la Fuente. Harvard graduate students, Adam Mahler and Joao Marcos Cupertino Pereira, commented on Ambassador Alexandro Vidal Porto's stimulating discussion of his latest novel.

One thing also to note is how far Harvard has come in the last decade. There are many Brazilian students now at the University, as well as many Brazilian professors teaching here. Long may this continue! But the key to the success of the colloquium was the opportunity it provided for all participants to meet in person, many for the first time, and to exchange views. In fact Professor Pedro Flor of the Universidade Aberta of Lisbon brought my attention to another precedent: The Great Fire of Rome and the reconstruction of the city by the Emperor Nero.

It was a wonderful few days and we must thank Professor Blackmore and Juliano Gomes for creating such a vibrant community of scholars and hope that they, and Harvard, will continue to do so in the future.

I was very delighted to have been invited to join such a galaxy. Luso-Brazilian studies need such moments which are regrettably very rare. It is also worth remembering that Professor Blackmore's predecessor, the first holder of the Smith Chair, Professor Francis Rogers, who was of New England Portuguese descent and was the former Dean of GSAS, also hosted a colloquium on Luso-Brazilian studies here at Harvard in 1966. I hope we will not have to wait almost sixty years for the next symposium.

The final session of the symposium with the consul-generals of Brazil and Portugal standing to the right...the final session with Alexandre Vidal Porto...(third from the left) and with the organiser, Professor Josiah Blackmore in the center..

The title of the lecture was:

Catastrophes, Urban Renewal, and Modernism: London after the Great Fire of 1666; Lisbon after the Great Earthquake of 1755; Paris under Napoleon III and the Baron Haussmann.

LONDON: THE GREAT FIRE AND FAILED PLANS FOR THE RECONSTRUCTION OF THE CITY

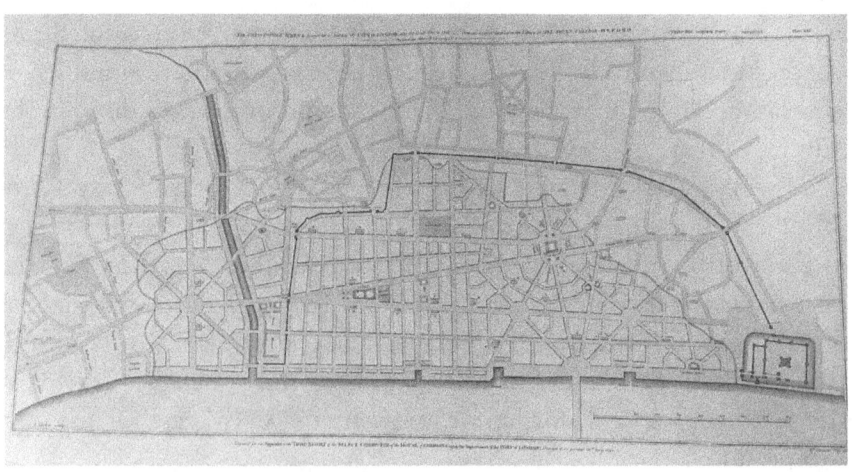

Sir Christopher Wren's Design for re-building the city of London, after the Great Fire of 1666: from an original Drawing in the Library of All-Soul's College, Oxford. This version was to be included in a Parliamentary report on plans to improve thr port of London, s/n:18476. Kenneth Maxwell collection.

Inigo Jones is buried at St. Benetton Welsh Church, West Paul's Wharf, now 93 Queen Victoria Street, in the City of London. He was born in Smithfield in the City of London in 1577, and he died at Somerset House on 23 June 1652. Inigo Jones was the son of a Welsh cloth worker. His assistant, also born in Smithfield, John Webb, also died in Somerset House in 1672.

Inigo Jones designed revolutionary buildings: The Queen's House in Greenwich in 1616. The Banqueting House at Whitehall was completed in 1622. His design and layout of the great residential piazza and church of Covent Garden. He designed a magnificent new palace which was never built for King Charles I.

Inigo Jones was the first to introduce the classical architecture of Rome and the Italian Renaissance to Britain. He had spent time in Rome and Italy and had then worked for King Christian IV of Denmark.

Queen Anne of Denmark, the consort of James I, became his patron in London. He was appointed in 1613 to be the surveyor of the King's Works. He was a skilled costume and scenery designer who together with Ben Johnson produced many court masques for Queen Anne. Rubens magnificent ceiling for the Banqueting Hall at Whitehall was painted in Antwerp and installed in 1636. It celebrated the union of the crowns of England and Scotland and the creation of Great Britain.

Inigo Jones Queen's House at Greenwich was built for Queen Anne facing the Thames. It was the first building in England to be designed in pure classical style. It followed the designs in Palladio's "Four Books of Architecture."

Inigo Jones designed the great residential square or piazza of Covent Garden following the piazza of Livorno following a commission from the Earl of Bedford. It was the first planned urban development in London.

Inigo Jones's assistant John Webb (1611-1672) worked with him from 1628. In the 1640s Jones and Webb jointly designed Wilton House near Salisbury. John Webb acted as a spy for Charles I in London during the Civil War. After Jones death in 1652 Webb inherited a substantial fortune and many of Jones designs and drawings.

The Civil War in 1642 saw the end of Inigo John's career. But the influence of his architectural plans and of his building style on future British architecture was considerable. The opportunity and the challenge to rebuild London was the result of twin catastrophes: The great plague of 1665-1666 and the great Fire of London of 1666.

The great plague of 1665-1666 was the last great flea and louse borne epidemic of bubonic plague in England. The plague killed 100,000, or one quarter of London's population, and forced King Charles II and his court to flee London, first to Salisbury, and then to Oxford.

The Great Fire of London 1666 destroyed much of the city from the Tower of London to Fleet Street.

Samuel Pepys took to safety on the south bank of the Thames and watched the flames consume the medieval city. Pepys wrote: "It made me weep to see it... the horrid noise the flames made, the cracking of houses at their ruin".

Five-sixths of the walled city was destroyed. Charles II issued a proclamation promising "a much more beautiful city than is this time consumed." He also outlined his wish to impose main thoroughfares like Cheapside and Cornhill which would be "of such breadth as may God's blessing prevent the mischief that may suffer if the other be on fire."

As the fire still smoldered, Christopher Wren, aimed to create a new city from the ashes: "rendering the whole city regular, uniform, durable and beautiful". He submitted his ambitious vision for a new London in 1666 to King Charles II personally on September 11, a little more than a week after the blaze was extinguished. Before the Great Fire, the City of London was a huddled mass of timber-framed buildings with the city stretching from the Tower of London in the east to Fleet Street and the Strand in the west.

The 1666 fire began in Thomas Farryner's bakery in Pudding Lane, a narrow street just yards from the head of London Bridge, in the early hours of Sunday 2 September. By Monday the fire had destroyed Thomas Gresham's Royal Exchange. The roads leading out of the city were clogged with carts and wagons. On Tuesday the fire had spread past the city boundaries at Ludgate and up Fleet Street.

Christopher Wren (1632-1723) by Godfrey Kneller 1711 (public domain)

The fire reached St. Paul's Cathedral where the burning timbers fell on the piles of books in the churchyard. St Paul's went up in flames with streams of molten lead running down the surrounding streets.

The fire raged for four days and destroyed most of the medieval part of the city. Rumours spread that the fire had been deliberately set by the French, the Dutch, the Papists. Mobs roamed the streets savagely beating anyone who looked or sounded like a foreigner.

When it became clear that the Lord Mayor of London Thomas Bludworth (1620-1682) was incapable of responding to the fire, King Charles placed his brother, James Stuart, the Duke of York, in charge. He organised a string of stations in a great arc round the fire each supervised by a courtier, aided by three justices, thirty soldiers, the parish constables, and a hundred civilians.

King Charles II and James, the Duke of York (1633-1701), personally oversaw the demolition of whole streets of houses and managed to create a series of firebreaks which slowed the westward spread of the fire.

By nightfall on Wednesday, the 5th of September, the worst was over. In five days over 200,000 Londoners had been made homeless. 13,000 buildings had been destroyed. An area of 436 acres was in ruins, including St Paul's Cathedral, the Exchange, the Custom House, the halls of 44 of the City Companies, and 86 parish Churches.

From Oxford, as the sky turned red, Christopher Wren saw opportunity. He went to London to inspect the smoldering ruins and then set to work on his most ambitious architectural plans: a design not only for a new cathedral but for an entire new city.

King Charles II invited architects and surveyors to present alternative reconstruction plans. The proviso he stipulated, was that: "No man whatsoever shal [sic] presume to erect any House or Building, great or small, but of Brick or Stone".

Several plans were submitted: Richard Newcourt (1610-1679) proposed a series of public squares. In the middle of each a church and churchyard. This plan could be extended over and over again: Some architectural historians believe that Newcourt's idea formed the basis of the plan for Philadelphia – which in turn became the model for the American grid system.

Army captain, Valentine Knight, proposed long east/west streets and occasional north/south cross-sections. He also proposed a new canal "for which the King could charge a toll, to raise money to help rebuild London after the fire." The canal would have met the River Fleet in the north-west, emerging into the Thames just to the west of the Tower of London. But King Charles was not keen, and he had Valentine Knight arrested for suggesting that the King might benefit financially from such a calamity.

Robert Hooke (1635-1703), the philosopher and surveyor, proposed a radical vision. A grid system made up of broadly similar-sized blocks with four large market squares with churches every few blocks.

Sir John Evelyn (1635-1703), who held prominent public positions under Charles II, had traveled widely in Italy and France, wanted London to be rebuilt according to an Italian style radial pan, with piazzas and broad avenues.

Christopher Wren (1632-1723) proposed that the narrow medieval streets be replaced by wide avenues spreading out from piazzas. The royal exchange piazza he saw as a huge round-point piazza surrounded by radial streets with the post office, the excise office to the north of the piazza, the goldsmiths on either side of the piazza, and the bank, mint, and insurance house to the south.

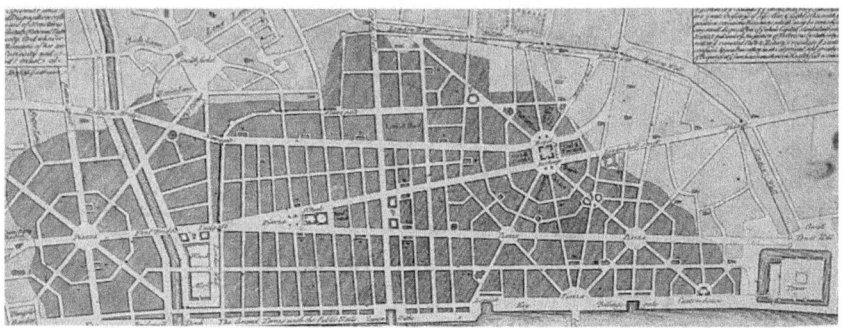

Christopher Wren (1632-1723) by Godfrey Kneller 1711 (public domain).

The whole royal exchange pizza would be bounded in the south by the wide and straight Leaden-hall Street. The new Saint Paul's cathedral would have stood at the intention of leaden hall street and Ludgate and Fleet Street facing a triangular piazza. The area along the Thames would have become a long public quay. Christopher Wren envisioned a commercial and mercantile city where trade and commerce would have pride of place.

King Charles II made Wren one of six commissioners appointed to oversee the rebuilding work, but property owners asserted their rights and began building again on plots along the lines of previous medieval streets.

King Charles II had no appetite to get involved in legal battles with Loudon's wealthy merchants and aldermen. A Fire Court in February began sorting out the remaining disputes and the Rebuilding Act of 1666 regulated the heights of the buildings (no more than four stories) and the kinds of materials used: Timber exteriors were banned. The new buildings were to be constructed of brick and stone

In February 1667 the Fire Court began sorting out the remaining disputes. The final Bill for the rebuilding of London came before parliament on February 8, 1667: The grid-patterns and grand avenues, the round-points, and terminations to vistas, the architectural reorientation of the city as a modern mercantile capital had all gone. The only element of Wrens's scheme that was implemented was the canalization of the river Fleet, which had also been part of Evelyn's proposal.

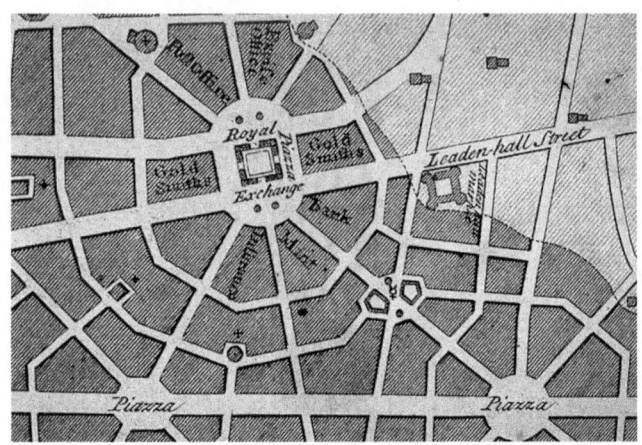

London redesigned by Christopher Wren (RIBA)

130 years later, however, Wren's ideas were given concrete expression on the banks of the Potomac, when Thomas Jefferson and Pierre L'Enfant borrowed heavily from his engraving when laying out the new Federal capital of the United States in what was to become Washington DC.

That Wren's ideas did not become reality was also due to lack of money, caused by the second and third Anglo-Dutch Wars of 1665-1667 and 1672-1674. The second Anglo-Dutch War saw the audacious surprise raid on the midway when in June 1667 the Dutch attacked the English fleet in its home harbour at Chatham: It was the "most humiliating defeat suffered by British arms" in the words of Charles Boxer. The rebellious atmosphere in London forced Charles II to sign the treaty of Breda.

The complex land ownership issues in London prevailed. London's buildings were rebuilt on their original plots but using brick and stone instead of timber. The rebuilding took over ten years with Robert Hooke, as the surveyor of works, and with Sir Christopher Wren re-conceiving and building the new St Paul's Cathedral as well as fifty new churches as well as the Royal observatory at Greenwich.

This period also witnessed the birth of the British overseas empire in the West Indies and in India. During the second Anglo-Dutch War, James Stuart, the Duke of York, had seen the Dutch settlement of New

Amsterdam in North America conquered and renamed New York in his honor. He named the borough of Queens in honor of Queen Catherine of Bragança. James Stuart also became the governor of the Royal African Company which in 1660 was granted a monopoly of English trade with the Africa coast.

The Royal Africa Company traded initially in gold from West Africa, but very soon it found trading in slaves with the new English colonies in North America and the west indies, the island of Jamaica in particular, seized from the Spanish in 1655 much more profitable. 187,697 enslaved Africans were transported to the English colony in the Americas in 653 company owned ships between 1660-1731: Many of the enslaved Africans branded with the initials DoY for the Duke of York, or RAC for the Royal Africa company. The East India company also expanded its operations in India.

This period saw the establishment of the Bank of England (1694) and emergence of state debt and finances. The emergence of the great commercial companies: The East India Company (1600-1874) and The Royal Africa Company (1660-1752).

The Royal Parks, Hyde Park and St. James Park in London were also opened to the public and became popular public spaces.

Charles II founded the Royal Society. The Royal Society began life as the Royal Society of London for improving natural knowledge and had received a royal charter from King Charles II on 28th November 1660. It was the seat of the new sciences and the society's meetings took place at Gresham College. Among its founders was Christopher Wren, Robert Boyle, and John Wilkins. During the great fire it moved to Arundel house and returned to Gresham College in 1673. Sir Isaac Newton became the President of the Royal Society in 1703 until 1727.The Royal Society moved to Crane Court of Fleet Street in 1710,

Isaac Newton (1643-1727) was the great English polymath, mathematician, physicist, astronomer, alchemist, and theologian, who was a key figure in the Scientific revolution and the Enlightenment. He is said to have observed the apple falling from a tree in the garden, which inspired his work on gravitation, while he was staying at Woolsthorpe Manor in Lincolnshire to avoid the great Plague of 1665-66. At Trinity

College, Cambridge University, where he was the Lucassan professor Mathematics, he had pioneered work on gravity and optics. His *Philosophiae Naturalis Principia Mathematica* (Mathematical Principles of Natural Philosophy) first published in 1687, contested many previous results and established classical mechanics

Newton had arrived in London in 1696 when he was appointed the Warden of the Royal Mint and three years later he was appointed Master of the Mint, a position he held for 30 years. The gold for the gold coins came from Africa and from Brazil via Portugal and was a key component of Anglo-Portuguese trade during the 18th Century. Although he lost all of his investment during the South Sea Bubble he died a rich man as he received a fee on every gold coin minted by the Royal Mint at the Tower of London.

In the 1670s the only English precedent for a classical parish church was Inigo Jones's St. Paul's Covent Garden, an uncompromising temple consecrated in 1638. Its powerful simplicity was not to Wren's taste. Under King Charles I, the 5th Earl of Bedford had converted his estate into the first ever experiment in urban planning in London. In 1630 he commissioned Inigo Jones to create the first vast Italian style piazza, a public square which became a fashionable residence for members of the London aristocracy and ambassadors.

But after the great fire of London the great piazza of Covent Garden became the location of a market for fresh fruit and vegetables. By the 18th century the area became notorious for its brothels, coffee houses, and raucous taverns. The early 18th century, however, witnessed a revival and publication of the plans and designs of Inigo Jones and a renewed interest in his buildings, the Banqueting Hall on Whitehall, the Queen's House in Greenwich, and in his designs for the Covent Garden Piazza, as well as his design for the new Royal Palace that King Charles I had planned for Whitehall.

King Charles I had met his end when he was beheaded on a platform constructed for that purpose outside Inigo Jones's Banqueting Hall in Whitehall, a fate well remembered by his son King Charles II. The Oxford anatomist, William Gould, told Hans Sloane (1660-1753), Newton's successor, and the long-term President of the Royal Society, in January 1681: It was a time of "troublesome, jealousies, fears, plot & counterplot" that left England an "unsettled and tottering nation."

Yet the period had seen major and long lasting changes: the catastrophe of Civil War and the Stuart restoration, the establishment of the royal society and the scientific revolution, the rise of empire in the West and East Indies, and the rise of the slave trade and the sugar colonies in the Caribbean, the emergence of the banking system and the policy of mercantilism, the introduction of classical architecture and town planning in England by Inigo Jones, in the Covent Garden residential piazza in particular, and the first attempt, thwarted as it was, by Sir Christopher Wren, after the catastrophic great fire, and his attempt to redesign the city of London.[1]

LISBON: THE GREAT EARTHQUAKE OF 1755 AND THE RECONSTRUCTION OF LISBON

After the great fire of 1666, London expanded with the rich moving to the west in new buildings and squares, while the poor moved to the east where the docks and warehouses of the East India Company were located and from where London conducted its burgeoning mercantile trade with its new colonies in the West Indies protected by the navigation acts as well as England's extensive overseas trade with France, the Iberian Peninsula, and the Baltic. .

Portugal had a special place in England's overseas trade since as in 1703 the Methuen Treaty was signed which gave special access of Portuguese wine to the English market and gave the English privileged access for English woolen goods to Portugal.

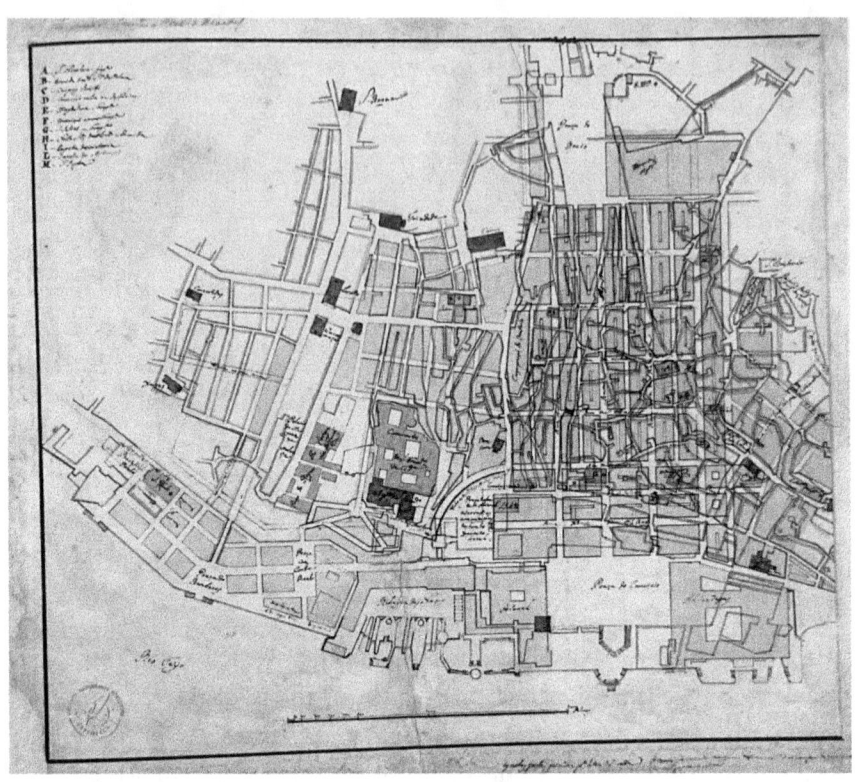

Carlos Mardel and Eugenio dos Santos, "Estudo para a Planta Final da Baixa-Chiado" (Instituto Geográfico Portugues, www.igeo.pt). Jose-Augusto Franca, "A Reconstrução de Lisboa" 1755: O Grande Terramoto de Lisboa (Lisboa, FLAD/Público, 2005) vol 1, p. 311.

In 1714 King George I, became the first Hanoverian monarch and he was succeeded by George II in 1727 who reigned until 1760.

In this period Hans Sloane (1660-1753) exemplified a new era. He was the classic outsider, an Ulster man. That is he was a Protestant who was born to a family who were "planted" in Catholic Ireland during the reign of King James I.

The 'Plantation' of Protestants in Ulster was opposed by the earls of Tyrone and the Ulster Gaelic lords who were displaced as the settlers moved into the northern part of Ireland. The settlers came mainly from the Scottish lowlands and these English speaking Protestants were called 'Planters" in the "Plantation" of Ulster.

Moving to London Hans Sloane became a shrewd resident, a gentleman, and a pillar of the establishment and the physician to an increasingly influential group of Patients. At the age of 27 in September of 1687 he had gone to Jamaica in the West Indies as physician to the Governor, the Duke of Albemarle, and he was to spend 15 months there. His sojourn on the Island provided the materials for the his lavishly illustrated *Natural History of Jamaica* which was published in two volumes between 1707-1725

After Sloane's return to London from Jamaica he became a leading natural historian, botanist, doctor, and tangentially an observer and commentator on race. But his Jamaican experience proved profitable for Sloane. He had complete medical oversight of the Duke of Albermale fleet. He was paid £600 a year with an additional £300 to be paid upfront. Sloan was well aware that planters give a great deal of money for "good servants, black or white" and he was well aware that Jamaican planters would pay well for his medical services and to keep the slaves alive and well. He stopped on the Portuguese island of Madeira on the outward voyage. Madeira wine had replaced sugar as the most lucrative commodity produced on the island and vast quantities were shipped to all the West Indies plantations.

Sebastião Jose de Carvalho e Mello, the future count of Oeiras and Marquês de Pombal, was the Portuguese ambassador in London between 1739 -1743. He lived on Golden Square. This was part of the expansion of squares (or piazzas) in West London after the great fire which included the St. James Square, south of Piccadilly, which became after Covent Garden deteriorated as the residence of the upper classes, the preferred town residence of members of the aristocracy and ambassadors, just as Golden Square was to the north of Piccadilly.

Lord Burlington's House on Piccadilly was close to Golden Square. The Portuguese Ambassador's Catholic chapel backed onto his residence on Golden Square with its entrance on Warwick Street. The two houses Pombal lived in on Golden Square survived the London Blitz during the Second World War, and the Catholic chapel, although it was attacked and burned down during the Anti-Catholic Gordon Riots in 1789, was subsequently rebuilt and is still today a Catholic chapel .

The future Marquês de Pombal while he was in London was elected to the Royal Society, the premier circle of English enlightenment thinkers who pursued policies that reflected greater rationality, practicality and utilitarianism. This also the period during which Lord Burlington was developing his urban buildings in neo-classic style. Pombal's sponsors for membership in the Royal Society were Hans Sloane, the earl of Cadogan, Wm. Stukeley, and Castro Sarmento. Castro Sarmento was a "New Christian" who had fled to London and was now a leading member of London's Jewish community of Bevis Marks, the oldest synagogue in London and he was Pombal's personal physician. The reverend Dr. William Stuckeley was a pioneer archaeologist. Lord Cadogan married the daughter of Hans Sloan and inherited the manor of Chelsea. Since this is where the rich of London now migrated to the new squares and elegant urban housing, his property there made him one of the richest landholders in the county (and his family still is).

Pombal's posting to Vienna as the Portuguese ambassador from 1745 until 1750 was also a critical influence. Here he became a close friend of the Duke Silva Tarouca, an aristocratic Portuguese emigre who had risen high within the Austrian government and was the confidant of the empress Maria Teresa. Pombal also married in Vienna Eleonora Ernestina von Daun, the daughter of General Count von Daun. His Austrian marriage put him in good stead in Lisbon. He was recalled to Lisbon on the death of King Joao V by the queen dowager, Maria Anna of Austria, where he entered the Portuguese government as the secretary of state of foreign affairs.

"Such a Spectacle of Terror and Amazement, as well as the Desolation to Beholders. As perhaps had not been equalled from the Foundation of the World." Thus, an English merchant writing from Lisbon to a friend on November 20th 1755 described the "Late dreadful Earthquake which had left the Portuguese capital in ruins.

Many were not slow to attribute blame for the catastrophe. It was retribution for past and present sins. This was the view of the Jesuit Father Gabriel Malagrida (1689-1761). Voltaire (1694-1778) did not help. There was little in Portugal that he approved of. The country formed the perfect butt for his digressions on superstition and irrationality. Voltaire often returned to Portuguese topics in his writings, and not only and most famously in *Candide* (1759).

The Marquez de Pombal (Kenneth Maxwell collection),

Lisbon is situated on the northern shore of the estuary of the Tagus River. In 1755 the ceremonial and commercial heart of the city was centered on the Royal Palace built directly on the waterfront. On the eastern side of the palace was a large open palace square (terreiro do paço). Merchant and retail houses stood along a series of jumbled alleyways and narrow streets constructed over alluvial landfill between steep hills. The other urban axis was inland to the north, a large public square called the Rossio. Lisbon was a great port into which flowed the spices of the far east, pepper from India, porcelain and silk from China, and sugar, diamonds and gold from Brazil.

The royal Palace with its four-storied tower built by Philip II when the crowns of Spain and Portugal were united under him, literally abutted the Tagus estuary and the House of India, the customs House, and the Royal Shipyard.

In the minds of eighteenth-century enlightenment thinkers in northwestern Europe, Portugal was a nation locked in obscurantism. The best-known images of Portugal were of the burnings at the stake, the so-called "Acts of Faith." Some 45,000 people were investigated by the Portuguese Inquisition between 1536 and 1767 and several thousand of them condemned and burned prior to the earthquake.

The great Earthquake occurred on All Saints Day, November I. 1755. The scale was probably the equivalent of 8.5 to 9 in magnitude in the Richter scale, or possibly 9.1 on the moment magnitude scale (Mw). Shortly thereafter a tsunami, a towering tidal wave, very rare in the Atlantic Ocean, hit Lisbon. Then an immense fire took hold and consumed much of the ruined city.

The first tremor occurred about 9:45 am. Many were attending mass as the buildings toppled on the congregations. "I could hardly take a step without treading on the dead and dying," an eyewitness recalled. The origin of the 1755 earthquake (the hypocenter or focus refers to the point where the earthquake occurs, and the epicenter refers to the point on the surface of the earth or sea directly above the hypocenter), lay several hundred miles off the southeast coast of Portugal along one of the faults that marks the boundary separating the African and Eurasian continental plates.

A 150-600-kilometer-long segment of the fault thrust upward for as much as 10 meters releasing an enormous amount of energy, at least three times more powerful than the volcanic eruption of Krakatoa. It was the most powerful earthquake to strike the continent of Europe in recorded history.

The destruction was enormous: Some fifty-five convents and monasteries were severely damaged. The riverfront quay sank and disappeared, and the Royal Palace was destroyed. Over 15,000 people were killed. The British consul wrote to London on December 13, 1755: "The part of the town towards the water where the Royal Palace, the public tribunals, the Custom house, India House, and where most of the merchants dealt for the convenience of transacting their business, are so totally destroyed by the earthquake and by the fire. that it is nothing but a heap of rubbish, in many places several stories high, incredible to those who are not eyewitnesses of it."

The earthquake caused widespread damage elsewhere in Portugal and was felt as far away as Venice and Southern France and also reached Morocco and northern Africa.

But it was Lisbon that bore the brunt of the disaster. The tidal wave and the fire had destroyed much of the central part of the city between the Rossio and the Palace square. The alluvial soil had likely liquified. The hills on either side of the Baixa, both to the East and to the West, were less affected. and the buildings along the estuary toward the Atlantic – where the royal family was in residence in their summer Palace at Belem – survived with less damage.

But the newly constructed patriarchal church was destroyed as was the new Opera House which had been inaugurated only a few months before on the 30th of March the birthday of the Queen. The first opera was "Alessadro nell'Indie" by David Perez and the magnificent sets were designed by Giovanni Carlo Sicini Bibiena. The damage suffered by the Opera House and the Patriarchal Church as well as other principal buildings in the city was documented in a series of engravings by Jacques-Phillipe Le Bas in 1757.

The scale of the earthquake shocked Europe, In Britain George II asked the house of commons to provide "speedy and effectual relief" The Commons responded allowing the treasury to appropriate £100,000 in specie, provisions and tools.

An earthquake had also occurred in Massachusetts on the 18th November 1755 east of Cape Ann. In Boston most of the damage occurred where buildings had been constructed over landfill near the wharves. John Adams, who was at Braintree, wrote in his diary that "The house seems to rock and reel and crack as if it would fall in ruins."

Professor John Winthrop in his lecture on earthquakes read in the chapel of Harvard College on November 26th, 1755, noted with approval the work of the "very ingenious Mr. Franklin of Philadelphia".

The most notorious reaction came from Voltaire. In his "Poem on the Lisbon Disaster or an Examination of the Axiom All is Well", Voltaire took a very pessimistic view of what had happened:

"*Oh, miserable mortals! Oh, wretched earth!*
Oh, dreadful assembly of all mankind
Eternal sermon of useless sufferings!
Deluded philosophers who cry, 'All is well.'"

Rousseau, shocked by what Voltaire had written, asserted the natural cause of such catastrophes and protested to him in a letter: "Would you have preferred that this earthquake had taken place in a desert rather than in Lisbon [...] does it really mean that the order of the natural world should be changed to conform to our caprices, that nature must be subject to our laws, and that in order to prevent her from causing an earthquake in any particular place all we need to do is build a city there?"

In Lisbon the reaction was more prosaic and practical. The King of Portugal, Dom José I of Bragança and his wife Maria Anna Victoria de Bourbon, a Spanish infanta, had never shown much interest in government, preferring hunting and the opera. The King was utterly and completely paralyzed and terrified by the earthquake, even though he had been at Belém, well to the west of the center of the city when the shocks and tidal wave occurred, Dom José was so frightened that for the rest of his life he refused to sleep on any building built of stone. The royal family moved into the gardens of Belem palace, and later moved into a canvas and wood barrack, a barraca real, on the of Ajuda. The first actions of Sebastião José de Carvalho e Mello, the future Marquês de Pombal, was to bury the dead and to impose order.

The scale of the destruction was such that the removal of bodies became essential to prevent the spread of disease and plague. Pombal persuaded the Patriarch of Lisbon to give permission for the bodies to be collected, put in boats, and sent out into the Atlantic, and dropped into the Ocean without funeral rites.

He brought in troops from the hinterland to contain disorder. He also gave magistrates the power to act instantly, in cases of murder and looting, and they acted expeditiously. According to one eyewitness report, there were soon about eighty gibbets set up throughout the city where those caught looting and committing other crimes were summarily hanged.

Pombal's immediate and draconian response was encapsulated in the famous phrase attributed to him: "bury the dead and feed the living."

In his singularly spidery handwriting, he gave his own account of the three immediate priorities: The first was to dispose of the dead in order to avoid disease; the second to feed the survivors, and to achieve this and to deter speculators he imposed ceilings on the price of bread; and third, to impose public order. Pombal's reaction was swift and effective. It was later summarized with the texts of decrees in a compilation. These *Providencias* include the immediate collection and disposal of corpses, the avoidance of food shortages, attention to the sick and wounded, temporary price controls of essential foods, and the planning for the reconstruction of the city.

It is sometimes claimed that Pombal was not responsible for these measures and claimed credit for them afterwards.

But in the Pahla collection in the Houghton Library at Harvard there is a handwritten draft of a decree written at Belem on November 3rd, 1755, three days after the earthquake, as well as a decree in his hand. This decree is printed in the Providencias volume also in Haughton Library. I have donated a copy of the providências to my collection of books and Portugal and Brazil at the Library of St. John's College, Cambridge University.

The fact that the destruction of Lisbon offered great opportunity to urban planners was not lost on one ambitious young Scottish architect Robert Adam (1728-1791). In Rome at the time (1754-58). Robert Adam saw the earthquake as "Heavenly judgement on my behalf." He aspired to be the royal architect of Lisbon and produced sketches of what he thought the newly constructed Lisbon should look like based on the Bernini's Piazza before Saint Peter's in Rome.

But Robert Adams theatrical Baroque extravagance was not what Pombal had in mind. He was thinking of the new Lisbon as a more modest, practical, pragmatic, healthy, neo-Palladian commercial city. Pombal did not call on Italian, Austrian or French architects as the Portuguese had done so often for their great public buildings during the first half of the eighteenth century. Much less did he set up an international competition as the ambitious young Robert Adma had hoped.

Pombal instead immediately brought in Portugal's own military engineers. Three in particular were to play key roles: Manuel da Maia (1677-1668) who in 1755 was almost 80 years old, the chief military engineer of the country and who had been the tutor in mathematics and physics to the heir apparent, Dom José, now the King; Eugenio dos Santos, (1711-1760) who was in his mid-forties, and a colonel in the engineering corps; and Carlos (Karoly) Mardel (c.1695-1763) a Hungarian emigre in his late fifties who had served in the Portuguese military engineering corps since 1733, when he came to Portugal to work on the Lisbon aqueduct, which had survived the earthquake, under Manuel da Maia's supervision

All three men were experienced professionals, accustomed to overseeing the construction of large-scale civil and military buildings and fortifications and the management of resources and manpower. Pombal gave to Manuel da Maia the job of drawing up what he called a "dissertation" detailing the fundamental issues to be addressed and how these, once defined, might be handled most efficiently.

Pombal meanwhile introduced legislation to prohibit any building, action, or sale of property before the master plan had been devised. Maia quickly turned in his observation to Pombal on December 4, 1755.

Manuel de Maia's dissertation examined a series of propositions regarding possible options for reconstruction of the city after the catastrophe. These included whether the debris should be used to build up the lowland areas, what size buildings should be in relation to the streets in front of them, and the provision that should be made to accommodate the runoff in lowland areas so as to make construction on landfill free from the risk of inundation at times of tidal flooding.

Maia recommended that any rebuilding should be prohibited until a plan was formulated and approved. He looked at the option of moving the city entirely, whether for example Lisbon should be relocated to the west toward the area of Belém where the subsoil was stronger, and buildings had resisted the earthquake. He argued that the principal streets should be on a grid pattern and designated for commercial purposes. and reflecting the importance of gold and silver in Lisbon's commerce. and that these streets be constructed without covered arches in order to improve security. He cited two models of rebuilt cities he considered important: Turin and London.

In each of these cases he looked back at the rebuilding histories. In

Turin the new city had been constructed as an extension or adjunct to the old. In London he examined Christopher Wren's plan for the rebuilding of the city after the great fire.

The key in the case of Lisbon, Maia observed, was that the King had not insisted that the royal palace be reconstructed on its previous site. This was of course because the King was terrified at the thought of spending a night at a palace in an earthquake zone. But this Royal aversion relieved the urban planners of an enormous impediment. If the King was prepared to give up prime real estate, then it would be difficult for anyone else to refuse to do so.

Maia's plan was quickly approved locating the rebuilding of the city on its previous site and avoiding what had happened in London, where despite Wren's ambitious plans, property rights and old street lines were not superseded. With the general principles elaborated six detailed projects were drawn up, some less radical than others.

In the end it was the most radical grid pattern that was approved and adopted, the fifth plan drawn up by Eugénio dos Santos and Carlos Mardel. This involved a total reinvention of the city's core with a complete overriding of the previous street patterns and property rights.

The plan substituted the old royal square with a new square of commerce. The Praça do Comércio, this waterfront square was to have identical buildings on three sides with ground floor arcades and double pilasters. The north side was broken by a triumphal arch. Two three storied pavilions of pedra loiz (a pseudo marble limestone long used in Portugal), one pavilion of which was to house the merchants exchange, and these were to be anchored on the east and west arcades on the river side. The arcaded façades also made use of the contrast between the white pedra lioz used for the standardized stone window frames and the coloured plastered walls. The art historian Robert Smith, and his chair at Harvard is our sponsor today, wrote that this use of pedra lioz gave "Lisbon a glittering appearance not unlike Venice."

Four main streets, with cross-street set at right angles, ran inland from the Praça do Comércio towards two newly reconstructed parallel squares of identical buildings: The Rossio and the Praça da Figueira. Facing the streets identical four-story blocks were to be built with shops at the ground level. Ocre-coloured walls were framed at each end by wide angled pilasters set flat. The buildings were surmounted by double hipped roofs: A unit of continuous architecture was created at the heart of the city - an area 1,800 by 1,250 feet that according to Robert Smith comprises one of the "greatest uniform architectural undertakings of the age of the enlightenment."

Legislation was passed in May 1758 to provide for the assessment and reallocation of property rights. Geometric measurements were substituted for actual locations so that property owners could be compensated for the land, houses, and old street space reallocated under the new urban plan. Loans were provided to people who needed them, and those who took on new property were given five years to complete the construction of the new buildings. All this was achieved with remarkable rapidity.

The new buildings were to follow standardized uniform dimensions. Most important, they were to be made earthquake proof by means of a pioneering anti-earthquake flexible wooden cage or *gaiola* formed of diagonal trusses reinforcing a horizontal and vertical frame. The reinforced buildings were in turn set on piles made of green pine topped by cross-hatched pine staves and mortar pads. All the buildings in the Baixa were to be constructed in this manner. Each building was provided with a cistern in the back courtyard between the buildings. From here rainwater was directed toward a central cistern under the street. Eugénio dos Santos drawing was presented to Pombal by Maia on 19th April 1756.

The planners of the new Lisbon intended to create a more sanitary and healthier urban environment. Pombal called on the assistance of a Portuguese "new Christian" then resident in Paris, António Nunes Ribeiro Sanches (1699-1783) s student of the great Dutch chemist, botanist and clinician H. Boerhaave. Ribeiro Sanches had been Pombal's personal physician while he was the ambassador in Vienna. Ribeiro Sanches was employed by Pombal as a paid consultant and Pombal published his thesis on sanitation and the need for light and air in order to make inhabitants of urban areas less vulnerable to disease and illness.

As well as secular property the question of how to treat ecclesiastical landholdings, churches and parishes also had to be settled. Whether to keep the churches in the same place or move them. it was decided that they should be rebuilt in new locations appropriate to the master plan. More decoration was permitted than for the secular buildings but none of the new Pombaline churches had towers.

The new Praça do Comércio retained a royal presence in the form of a bronze statue commissioned to stand at its center. with Dom José on horseback, the statue inaugurated in 1775 was designed by the court sculptor, Joaquim Machado de Castro (1731-1822) and was based on the monument of Louis XIV (1660) published by Jacques Francois Blondel in *Architecture Française* (1752-1756). The Royal presence was symbolic. The essence of the new square was that it was to be a place of government, of commerce, of the customs house, and of the stock exchange.

Pombal not only gave attention to the central squares and principal streets, but more modest houses were also designed and built as well, creating the first industrial development zones in a European city. Where the great aqueduct terminated Pombal placed his industrial suburb with silk manufactory, ceramic works, and cotton textile mills.

In 1756 a school of architecture and drawing (Casa do Risco das Obras Públicas Reais) was established to produce the blueprints for the new buildings that would stand on the principal squares and streets. The school functioned until 1760 under the supervision of Eugénio dos Santos when he was succeeded by Carlos Mardel. The plans drawn up under the supervision of dos Santos and Mardel – every design drawn – down to the smallest detail bore Pombal's signature. All the buildings were provided with fireproof walls subdividing the roofs. Windows and doors were standardized, and no one was permitted to build in any manner other than according to the approved plans. To prevent monotony subtle variations of door shapes and iron balconies were permitted and Maia recommended that people be allowed the freedom to paint windows and doors different colors in different areas.

This process of rebuilding led to the creation of an extensive infrastructure for the prefabrication of standardized stone facings, uniform ironwork, uniform cut timber for the *gaiolas*, as well as the production of mortar and quick drying cement, glass for the windows, and tiles. As a consequence, the reconstruction of Lisbon was directly linked to the government's aim to stimulate an industrial artisan class in Portugal and thereby aid Portugal's overall economic development.

However, a model for the new Lisbon has been overlooked. Two English merchants in Lisbon were critical collaborators with Pombal in the reconstruction. Both men came from Devon where I now live: William Stephens (1731-1803) and John Parminter (1712-1784). Stephan's who was the illegitimate son of a local vicar, Oliver Stephens (40), and a house-maid, Jane Smith (19), at the Pentillie Castle in Cornwall, where Stephens taught the children in the Churchwardens school. William was sent to Exeter where his mother later married her father, and William was well educated at Exeter grammar school. Stephens had a monopoly from Pombal to provide glass for the new widows. John Parmentier, a merchant in Lisbon, also from Devon, had been ruined by the earthquake, but he managed to market a form of quick drying cement which was used for the coating of the new earthquake proof buildings and received a monopoly from Pombal. A culm act (1758-1773) was passed by the Parliament in London to permit the export of culm to Portugal duty free. Stephens and Parmetier's kilns were located at Alcantara.

But the British influence was wider than this. The late John Harris, the long time curator of drawing at the Society for British Architects looking at the Praça do Comércio in the mid 1960s found it strikingly similar to Inigo Jones designs for Covent Garden published in Colen Campbell's *Vitruvius Britannicus* (1715-1777). In fact an examination of Eugenio dos Santos original design for the north side of the Praça do Comércio bears a striking resemblance to the northern and west sides of Covent Garden, identical apart from the two pavilions facing the river in the case of Lisbon. It is curiously historical irony that Christopher Wren's plans for a mercantile city of London and Inigo Jones plans for Covent Garden should have ended up providing a model for Pombal's commercial center for his own mercantile and practical and stripped down architectural model for the new Lisbon.

The Brazil imperial project was also highly influential in this period: Pombal reorganized the entire administrative and financial and military organization in Brazil, expanding and protecting the frontiers in the far west and in the Amazon basin, and expelling the Jesuits in the process. Meanwhile in Lisbon he continued with his utilitarian neo-Palladian reconstruction of the city with his Portuguese military engineers. The English military engineer, Colonel William Elsden, had been commissioned to seek culm deposits in Wales for Parminter. Colonel William Elsden, designed the new scientific buildings for the reformed University of Coimbra. William Stephens eventually sold his factories to the Portuguese state in the early 19th century and he retired a very wealthy man. Among his descendants was Stephens Lyne Stephens, the so-called "richest commoner in the realm." He is portrayed in 1858 clutching a wad of bank notes in his clenched fist. But he succumbed to a pretty dancer in the Paris Opera, Yolande Duvernay, who he married. She rapidly spent most of his fortune. Parminter's daughter and niece constructed a unique round house outside Exmouth in Devon which was to be inherited only by unmarried female relatives. It is now a national trust property.

It was the gruesome fate of the Jesuit Father Malagrida and the Portuguese aristocrats who had attempted to assassinate King Dom José, and Voltaire's reaction to it, rather than Ribeiro Sanches thesis on public health for the new city of Lisbon, which consolidated the image of Pombal in the minds of European enlightenment thinkers and writers. The commission of Abbé Francisco Correa da Serra, the brilliant naturalist and co-founder of the Lisbon Academy of Sciences, to write an article on the reconstruction of Lisbon, did not help. His article was written but not published in the *Encyclopedie* because it arrived too late to be included.

So the image of Pombal and Portugal remained that of Voltaire. Though it is also true that Pombaline Lisbon was also not much appreciated by many Portuguese, despite the great works of the art historians, Robert Smith and the Portuguese Art historian, José Augusto França, who interpreted the reconstructed Lisbon as the greatest expression of enlightenment town planning.

But when I was first living in Lisbon in early 1964 many Lisboetas still referred to the Praça do Comércio as the terreiro do Paço, even though the paço had been destroyed by the great earthquake of 1755. The Praça do Comércio was then used in 1964 as a gigantic parking lot. Pombal's tomb was unvisited, his Lisbon house on the Rua do Século abandoned, and the palace of his brother on the rua das Janelas Verdes had been repurposed as the Museu da Arte Antiga, and the only sign that it had ever been a Pombal residence was the Family coat of arms. located in the stonework high above the staircase leading up from the back garden.

Pombal early on in his career had complained bitterly about his lack of financial resources. He left office, however, as one of the richest men in Portugal, and much of that wealth was based on holdings of valuable real estate in Lisbon.[2]

PARIS: THE RECONSTRUCTION OF PARIS BY NAPOLEON III AND BARON HAUSSMANN.

Napoleon III was the second son of Napoleon Bonaparte's brother, Louis, the King of Holland and his wife, Hortense de Beauharnais. Their first son, Napoleon Louis, had died in 1831, which made Charles-Louis Napoleon the heir apparent. He was to marry Eugenie de Montijo, a Spanish aristocrat in 1853. They had one son, Napoleon Eugene Louis in 1856. Charles-Louis Napoleon was a romantic and at times reckless and adventurous youth, prone to plotting, fruitless coups, and long periods of exile in England, Brazil and the United States, as well as long spells in prison after two spectacularly failed invasions in France.

He was nevertheless elected president of the second French republic on December 10th, 1848. Three years later on December 2, 1851, he carried out a bloody coup d'etat which was overwhelmingly endorsed by a plebiscite organized by his half brother, the count of Morny. A year later the second empire was proclaimed and he assumed the title of Napoleon III. His reign lasted 18 years until he led France into a catastrophic war with Bismarck's Prussia, when he was captured by the

Prussians. He was deposed and his regime was replaced by the Third Republic.

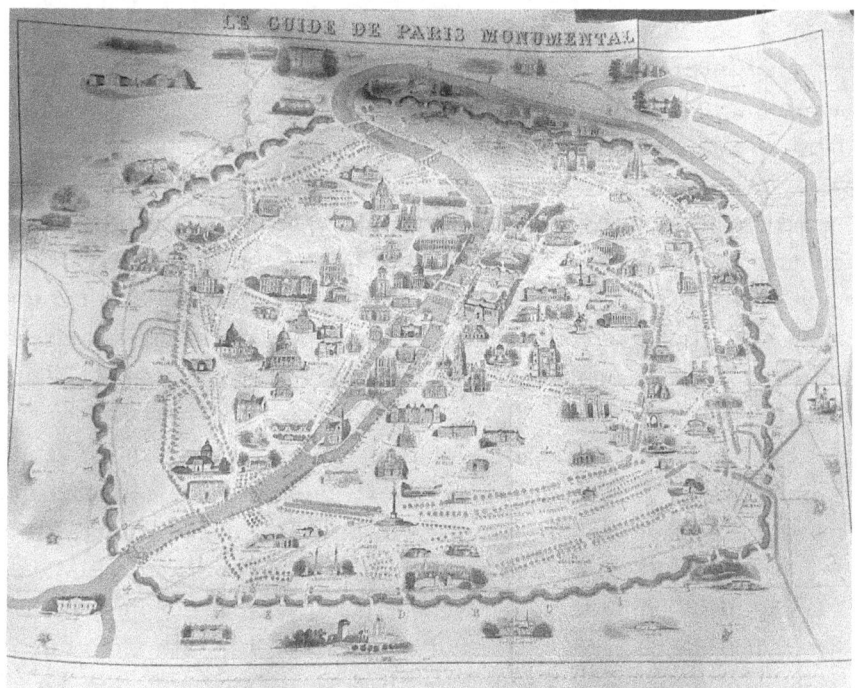

Testard (Jacques-Alphonse): Le Guide de Paris Monumental, an original map, 18 x 24in., published in Paris, 1860. Kenneth Maxwell collection.

Napoleon III was an authoritarian ruler who imposed restrictions on the freedom of the press, assembly, speech and publication. Those who benefited from his rule were the new men of commerce, banking, the builders of railroads. It was an epoch of sudden and gaudy wealth and much corruption, of the expansion of the railway system throughout France, and of overseas imperial adventures in Algeria, Indochina, in Egypt with the Suez Canal, and the imposition by French arms of the archduke Maximilian of Austria as the emperor for Mexico.

But Napoleon III had the vision of a new Paris: A city where housing and sanitation would be better. George-Eugene Haussmann (1809-1891) would be the man to carry this out. For 17 years as

Emperor Napoleon III's Prefect of the Seine, Haussmann tore up old Paris, both above and below ground, introduced modernized water and sewer systems, as well as broad and wide avenues lined with standardized uniform buildings known as "Haussmann buildings.'

Haussman completely reformulated the city's foundations according to the values of 19th century modernity. 75% of the urban fabric was involved, and the speed of the works which took less than 20 years, created a new, fully planned, and designed city, where the simultaneous creation of city infrastructures and superstructures produced a remarkably effective network. As Franck Boutte and Umberto Napoloitano observe: "This open, evolving system connects the city below and above with its primary raison for this grid system was the improvement of traffic of various different kinds: pedestrians, vehicles, .. and military troops."

But the young artists and writers such as Edouard Manet, Claude Monet, Emile Zola and Gustave Flaubert, and Claude Baudelaire, resisted the empire's restrictions. From his exile outside France, Vitor Hugo (1802-1815) labeled him "Napoleon le Petit". Karl Marx's Communist Manifesto, and his "The Eighteenth Brumaire of Louis Bonaparte" helped frame the reign of Napoleon III. The Communist Manifesto and Marx's "the eighteenth Brumaire of Louis Bonaparte" were both written in response to the revolutionary spring of 1848. Marx's Communist Manifesto rang with its rhetorical force: "A specter is haunting Europe: the specter of communism. The history of all hitherto existing society is the history of class struggle. Proletarians have nothing to lose except their chains... WORKING MEN OF ALL COUNTRIES UNITE!"

Hurriedly written by Marx based on earlier drafts by Engels in the first few weeks of 1848, the Manifesto appeared within days of a general European revolution stretching from the Baltic to the Balkans. Vitor Hugo also had little good to say about Louis Napoleon. His *The Humpback of Notre Dame* (1831) and *Les Misérables (1862)*, reveled in a Paris before the demolition of the old medieval city and its reconstruction, reorganization, and modernisation, as the "city of light" by the emperor Napoleon III and his prefect of the Seine, George Haussmann.

George-Eugene Haussmann (photo image commons).

The Haussmann's were Protestants, Lutherans, who had fled Cologne, establishing themselves outside Colmar in French Alsace in the late 18th century where they established a large cotton factory. One brother, the grandfather of the Prefect Haussmann, became a naturalized French citizen and a deputy in the National Assembly. After the Revolution in 1789 he served as a war contractor for the first republic's army in the Rhineland and he retired with a substantial fortune and acquired an estate at Chaville between St. Cloud and Versailles where his grandson, the future prefect of Paris, lived his first seven years. Twice outsiders – as Germans and Lutherans – all the Haussmann consciously spent their lives proving their loyalty to France and to the government of the day.

In 1853 Haussmann received a government courier in Bordeaux from interior minister Victor de Persigny (1808-1872), informing him that Louis Napoleon had personally nominated him to the senior prefecture of the Seine. Pesigny told Louis Napoleon that Haussmann was "..one of the most extraordinary men of our time; big, strong, vigorous, energetic and at the same time clever and devious. He told me all his accomplishments during his administrative career, leaving out nothing: he could have talked for six hours without a break, since it was his favorite subject, himself."

At the first meeting with the emperor, Haussmann was taken to

Napoleon III's office where Louis Bonaparte informed the new prefect that he would give him an entirely free hand in his work and that there would be no ministerial intermediaries. Haussmann recalled: "The Emperor was anxious to show me a map of Paris on which he had traced blue, red, yellow and green lines, each color indicating the priority of the work anticipated."

Haussmann grasped the task before him: He was expected to rebuild the entire central heart of the French capital with the demolition and clearing of hundreds of acres of medieval buildings and narrow streets. Replacing them with modern structures and wide boulevards, while introducing an entirely new sewage and fresh water system.

The relationship between the two men of trust and responsibility developed over the next sixteen and a half years. No other person in government was to hold such a position during the second empire. The final product of this collaboration was an entirely new Paris. Napoleon III had outlined his plans for completely transforming the French capital. Plans for which Haussmann would be solely responsible.

The key to the new Paris would be straight, wide, new avenues and boulevards that had to be driven through the medieval passageways and tenements. Thousands of properties would have to be condemned and razed. The process which included the seizure of private property based on the right of eminent domain, would be confirmed by a newly established legislature with its new president, Auguste de Morny. Charles Auguste Louis Joseph, Count of Morny, (1811-1865)

The Count of Morny was the openly acknowledged illegitimate son of one of Napoleon Bonaparte's favorite aides de camp, General Charles Joseph, Comte de Flahaut, Morny's mother was Hortense de Bauharnais. Hence, he was the half-brother of Napoleon III. The count of Morny's father was the illegitimate son of prince Charles-Maurice de Talleyrand (1754-1838), the great survivor of French regimes from the French Revolution, Napoleon, the Bourbon King Louis XVIII, and King Louis-Philippe, and his mother was the countess Adelaide de Flahaut. Morny, like Talleyrand, when it came to highly lucrative financial propositions, as Alan Strauss-Sconn writes: "All scruples and professional banking loyalties were abandoned with utter destain."

Máxime Du Camp observed: Auguste de Morny "traveled through life effortlessly, a spoiled child of fortune." Morny was the grand "facilitator" in return for enormous "compensation" often thanks to his half-brother's cooperation, though his double-dealing led to a break with the Pereire brothers, Emile and Isaac. But the financiers and industrialists and the Bourse had to deal with Morny while he was the president of the Corps Legislatif and controlled the imperial decrees and legislation affecting the Bourse and finance.

The Paris tenements were a source of debilitating illness. Cholera was responsible for 30,000 deaths between the 1830s and 1860s. Large portions of the old city were cleared and replaced with new structures, with access to fresh air, running water, and underground sewers. The funding for these vast schemes was provided by the parliament, the prefecture, and the municipality of Paris. Construction companies were obliged to complete their work within a specific time frame or risk forfeiting the substantial bonds (cautions) they were required to deposit with the city.

To begin the new network of avenues required modern gates to the city: The new railway stations were to link with one another and to the center of the city and to the government buildings and administrative center of the empire – the Tuileries, the Élysée Palace and the château de Saint-Cloud. Haussmann wrote: "It is the duty of the Chief of State to have the reins of the capital's administration at his fingertips." As part of this plan, the Ministry of the Interior - responsible for the counties prefectures and police - would be moved immediately to the building directly opposite the entrance to the Élysée Palace where the Emperor Louis Napoleon spent more and more time.

Perfect Haussmann's first task was to divide the city into four sectors by completing the work on the rua de rivoli from the east to the west, from the place de la Concorde to the place de la Bastille. The need to remove the hill and graduate the site for the Boulevad's extension led to the development of the technique of triangulation which was then used and became an invaluable weapon in public works to map out the whole city. On the other side of the Concorde, the Champs Élysées would continue westward towards the Round Point – the Arc de

Triomphe – a new avenue, later to be named the Boulevard de Sebastopol driving a straight line as far as the Porte de St-Denis from where it would continue as the Boulevard de Strasbourg right up to the Gare de l'Est.

The new Boulevard St-Michel would extend from the Pont de St-Michel right through the Latin quarter. Several large Junctions would be created from which major avenues and boulevards would emerge. By far the biggest and most impressive was the L'Étoile, personally designed by Haussmann with twelve thoroughfares shooting out like the spoke of a wheel. The Champs Élysées ended here. Haussmann commented that: "This beautiful ensemble I certainly consider to be one of the finest achievements of my entire administration."

Each avenue was built by a separate company. A law passed in 1852 allowed for the large-scale application of the right of eminent domain. A declaration of utilité publique. The seizure of private property of a public purpose. The expropriation of houses, shops, apartment buildings to be demolished and then cleared away. Each construction company was obliged to deposit a substantial bond or caution with the city to ensure full compliance. In 1858 prefect Haussmann created the Public Works Treasury of Paris which allowed him to speed up the process by issuing Bonds, or script, IOU's drawn on this fund.

Haussmann relied on private investment and made the investment properties the generic Parisian building. In its most common variant the Haussmann building ranges from five to seven floors, depending on the street it faces. The ground floor has a business which faces the street and a doorman's booth if it is located on a residential street. Above this is the mezzanine. The second story has the highest ceilings as well as a balcony. The third and fourth floors have an identical, slightly lower ceiling. The fifth floor has a balcony. The sixth floor, often the top floor, has the lowest ceiling height and houses the servants' quarters under the eaves.

Haussmann usually attended the sale of the lots and signed the deeds. The contracts specified "changes, clauses, and conditions...The houses within each block must have the same floor heights and the same principal facade lines, facades must be in cut stone with balconies, cornices, and moldings, the building height facing the courtyard may not exceed that of the facade facing the street." The construction system was simple and clear and the stone used was from the Paris subsoil. The building structure consisted of load bearing walls which support the floors and the core of the bracing system. The stone used was the light limestone with a blond color from the Paris region, and the roofs were clad at a 45% angle in grey zinc.

With the completion of the boulevards there was a greater need for public transportation. Haussmann licensed taxis, horse drawn fiacre, and omnibus concessions. Contracts were issued for the laying of underground gas pipelines and by 1870, 33,000 new gas outlets for street lights, public buildings and private homes. The London which Louis Napoleon had so admired and attempted to imitate was now being overshadowed by a modern, new, spacious Paris. Paris has since the 18th century been known as the city of light. This referred to its leading role in the Enlightenment. But with thousands of gas lights Paris became in fact, as well as in theory, a "City of Light."

To provide clean drinking water Haussmann undertook major engineering works to bring in water by new aqueducts and artesian wells. Extensive new underground sewage canals were constructed and on his instructions many schools were modernized or enlarged, including the Sorbonne, the faculty of Medicine. Napoleon III also appointed Prosper Mérimée as the first Inspector general of Historical monuments. Haussman had the Hôtel de Ville refurbished. Here Haussmann and his wife hosted spectacular masked balls and diplomatic receptions, including for Queen Victoria and Prince Albert during their visit to the first Exposition Universelle in 1855.

In 1861 the prefect of the Seine broke ground for Charles Garnier's new Opera House. All the grand railway stations were erected, and the first telegraph was installed throughout the country. Les Halles market designed by Victor Ballard, the city architect, was constructed in cast iron and glass produced on an industrial scale. A technical innovation also used in the construction of the church of St. Augustine, built between 1860 and 1871, also designed by Victor Baltard, and Haussman's fellow Protestant, which combined a cast iron frame with stone construction and supported the largest dome in Paris. The Saint Augustine church was intended to be the final resting place of Napoleon III and was designed to be a highly visible landmark at the meeting of two boulevards.

In the Second Empire, however, everyone had his price. But this was not new. The staggering bribes received by the foreign minister, Prince de Talleyrand, of the first Napoleon, was the talk of every European capital. The count, later duke de Morny, continued this tradition. The bankers, the banking Pereire brothers, Jews of Portuguese origin, from Bordeaux, and the Rothschilds, competed for the loan business of Napoleon III's empire. After the Congress of Paris in March 1856 which brought to a close the calamitous Crimea War, where Morny had been an outspoken opponent of the Crimean War, and Morny's latest financial shenanigans in the financial markets,

Napoleon III, needing to distance from his half-brother, sent him on a mission to Russia. Morny was surprisingly successful. In 1856 he married a beautiful 17 year old princess of the royal family, Sophie Troubetzk. Tzar Alexander attended the marriage on January 19,1857, and provided the bride with a 500,000 cash dowry. Morny's long term mistress in Paris, the fifty-three year old Countess Fanny Le Hon, was incandescent with rage. Furious, she threatened Napoleon III that she would reveal all of their shady dealings she knew about. The emperor summoned the prefect of police who sent inspector Griscelli to Fanny's mansion on the Champs Elysee to seize all the potentially incriminating papers.

Meanwhile rail construction, enormous property transactions, iron and steel manufacturers provided the rails and engines, coal and iron mining was stimulated by the new railways. Foreign English and German investors were taking advantage of the booming stock market, New financial institutions emerged. James de Rothschild surpassed the Pereires with new investment funds. The government created the first mortgage banks. The Credit Foncier de France financed real estate, and Credit Industriel et Commercial was the first Bank to accept deposits from private individuals. Napoleon III combined the ministries of agriculture, commerce and public works into a super ministry, and in the 1860's introduced new legislation to create the first societes anonymes which launched the great public banking institutions: The Banque de Paris, Crédit Agricol, Société Générale, Credit Lyonnais.

The Pereire brothers created a luxurious new quarter in Paris, the Parc Monceau, with new mansions, including one that Fanny Le Hon moved to from the Champs Elysee. The Pereire brothers also built the Grand Hotel du Louvre for the opening of the 1855 Exhibition, and their eight hundred room Grand Hotel de la Paix opposite the place de l'Opéra. They also developed Arcachon, a holiday seaside with villas, squares, and boulevards, and a casino, on the Atlantic coast in 1857 with a railway connection to Bordeaux. With sea breezes, sand dunes and pine forest it became a favorite health spa for the wealthy. Auguste de Morny also created a city of Deauville on the English Channel, complete with luxury villas, a casino, restaurants, and a racecourse named after him.

Napoleon III had been thinking of creating large parks and dozens of green "squares" and Haussmann had to deal with the complicated engineering problems of attempting to duplicate Hyde Park and its serpentine lake in Paris. Napoleon III has spent one of his early exiles living in London's Mayfair, close to Hyde Park and St James Park, and he wanted Paris to have green spaces open to the public as well. Haussmann brought in Jean Charles Alphand, a senior engineer and the former head of the department of bridges and highways in Bordeaux to oversee the project. The attempt to duplicate the serpentine in London's Hyde Park had to be abandoned and instead two lakes at different levels were constructed.

Additional roads were built, and extensive flower gardens. Tens of thousands of new trees were planted across the Bois de Boulogne's 2,090 bucolic acres created on land transferred to the city of Paris in 1852, and the parkland was completed by the acquisition of the Plaine de Longchamps. The Jockey Club leased the land on the condition it created a racecourse and sables. Longchamps became a prime racetrack much to Morny's delight. Haussmann next transferred the Bois de Vincennes the municipality. Louis Napoleon's desire for a greener Paris was realized.

But the expenses escalated. Large scale loans, in the form of bonds, were essential. Neither the Emperor or Haussmann wanted to raise taxes. The Legislature stalled on the loan in 1858 holding it up until 1860. In 1865 a new loan was reluctantly approved. The expenses involved the development of the Parc Buttes-Chaumont in northeastern Paris in an old quarry which had provided stone used in many of the new buildings, and the beginning of the forty-acre Parc Montsouris on the city's southern edge with landscaped lakes and water features.

Haussmann also demolished the Hotel-Dieu immediately south of Notre Dame on the Île de la Cité. Half of the buildings on the Île de la Cité were demolished. The two bridges connecting the island were completely rebuilt. The space in front of Notre Dame was enlarged. Haussman wanted to remove the Hotel-Dieu entirely but the emperor objected, and the hospital was moved to the other and wider side of the island. By the late 1860s the population of the Île de la Cité had fallen from 25,000 to 5.000 and it had become an administrative center with the refurbished hotel de Ville the seat off the prefecture.

Haussmann reorganized and expanded the boundaries of Paris incorporating the suburban areas and establishing the new organization of the Paris arrondissements. In 1860 the suburbs of Paris were annexed around the city. From twelve arrondissements it grew to twenty. Haussmann enlarged his plans with new boulevards that would connect all the arrondissements with the city center. City taxes were levied on the new areas beginning on January 1, 1860. In 17 years 600,000 trees were planted. Haussmann developed a city office where garden fences, newspaper kiosks, public urinals, and lampposts were designed, and the decorative bandstands for the 27 parks and squares which were installed throughout the city.

Haussmann, however, who came with little left with little. He was irritatingly honest, though he became the ideal target for Luis Napoleon's enemies. And there were many. After Morny's death in 1865 Haussmann became the target of increasing attacks on his probity. He was responsible for many hundreds of millions of francs annually and he was the man who made the ultimate decisions.

In 1867, Napoleon III weakened politically and in very poor health ordered Haussmann to resign. Haussmann resisted, but in January 1870 he was dismissed. By the time Haussmann was removed from office he had overseen the demolition of 19,722 buildings which had been replaced by some 43,777 new structures, all with running water and sanitary facilities. He designed and oversaw the construction of 95 kilometers of new gas lighted streets. He had never taken a single bribe. Nor had he speculated on or owned a single property. He had overseen the expenditure of the equivalent of more than $32 million dollars: All was properly accounted for down to the last centime. His pension was suppressed after the fall of the second empire. He did not retire as a rich man.[3]

CONCLUSION

"Hegel remarks somewhere that all great world-historical events and personages appear, so to speak, twice. He forgot to add: the first as tragedy, the second as farce." Karl Marx was speaking of Napoleon the First and Napoleon the Third. Otto von Bismarck was even more condescending about Louis Napoleon's rule. Bismarck had spent 1861 as the Prussian diplomatic envoy in Paris when he had sought to understand the city and country. He observed: "Viewed from a distance it seems very impressive. Close at hand, you realize it is nothing."

Historians have not been kind to the memory of Napoleon III. On March 1, 1871, Kaiser Wilhelm I, Bismarck, Moltke and the Prussian army concluded their victory with a grande parade of 30,000 troops down the Champs-Elysees to the Arc de Triomphe. Napoleon III had led France into the disastrous Franco-German War of 1870-71. An offensive by superior Prussian troops led by General Helmuth von Moltke had encircled the French army of the Rhine led by Achille Bazaine at Metz. Bazaine was a professional soldier who had led the French army in Mexico, having previously served in Algeria and Spain and during the Crimean War: He surrendered.

On September 1, 1870, General Patrice MacMahan's French army also capitulated to the Germans at the small northwest town of Sedan. MacMahon had also served in Algeria. On September 2, 1879, Napoleon III left the South Gate of the Sedan. He awaited the arrival of Bismarck. Bismarck told Napoleon III that only Moltke was empowered to answer any question, Louis Napoleon explained that he was there in his personal capacity and not as the ruler of France and that he could surrender himself and the army of Châlons, A few minutes later the King of Prussia arrived on horseback and the prince royal. The entire army of Chalons now surrendered, some 90,000 men, along with Marshall McMahon. Louis Napoleon was informed that he would be imprisoned at the palace of Wilhelmshöhe near Cassel.

The Empress Eugenie, regent in her husband's absence, was abandoned On the 4th of September the Tuileries Palace was surrounded by an angry mob of 200,000 men and women. Only Austria's Ambassador, Richard von Metternich, and the Italian Ambassador Constantine Nigra, stayed with her. Nigri hailed an open one-horse fiacre on the Rua de Rivoli and finally reached the mansion of Louis Napoleon's American dentist, Thomas Evans, on Haussmann's recently constructed Avenue l'Imperatrice (now the Avenue Foch). From there in Evans closed Landau they made for Deauville where the Empress Eugenie embarked on the English yacht for Rye. By the end of the month Evans had rented the small Georgian mansion of Camden Place in Chislehurst, Kent, a few miles southeast of London, where she was joined by her fourteen year old son, who had been sent previously to England by his father.

Baron Haussmann left Paris for Bordeaux as the empire collapsed. When Bordeaux appeared to be unsafe he crossed the border into Italy using an assumed name and false passport. He would remain there until it was safe to return to France. The Rothschilds also found their lives disrupted and Prussians occupied their family chateau at Ferrieres. Bismarck took special and malicious pleasure in occupying the Jewish owned chateau. Paris capitulated to the Prussians in January 1871. A preliminary peace was signed at Versailles. France lost Alsace-Lorraine, was obliged to pay a war indemnity of five million francs by September 1875, and eastern France was to be occupied until the final payment was made. On 18th of January 1871 in a lavish ceremony held in the Hall of Mirrors a unified German Kingdom was declared, not in Berlin, but in Versailles.

Victor Hugo called 1870-71 "The Terrible Year." But he left for Brussels. During the siege of Paris "It is no longer a city. It is a fortress, and its squares are nothing more than parade grounds" wrote one resident. The

Tuileries stables and gardens were now a vast military park. The unfinished Opera Garnier was a military depot. National Guard officers were billeted in the Bourse. High points, including the Arc de Triomphe, became semaphore stations. Sex workers were moved into workshops to sew uniforms. The Palais-Royal and the Grand Hotel du Louvre became hospitals. Balloon flights offered hope. Two or three balloons were launched each week. Then carrier pigeons were used. The Gare d'Orleans (now the Gare d'Austerlitz) and the Gare du Nord were commandeered by the postal service, and converted into balloon factories. On I January 1871, Moltke ordered his Prussian forces to lob 300-400 shells a day from his Krump cannon into Paris. It was the first time in modern warfare that the civilian population had been indiscriminately bombed.

Paris was to suffer two military and political disasters in one year. The Paris Commune began in reaction to the order by the French National Assembly meeting at Versailles under which Adolph Thiers had attempted and failed to seize the 200 canon of the national guard on the hill of Montmatre. The soldiers refused. Two generals were assassinated and their bodies urinated on. Thiers appointed Marshal Patrice MacMohan, who had surrendered the French army at Sedan, to lead the Assembly's troops. Bismarck allowed the French army to grow to 170.000 by releasing imprisoned French soldiers

Paris was again besieged. Executions began on both sides and barricades were erected all over the city. The Communards established strong points with cannon at Montmartre, and at the Pantheon and Trocadero. George Clemenceau, the mayor of the 18th arrondissement, said: "We are caught between two bands of madmen: those who sit in Versailles and those who are at the Hotel de Ville." The Archbishop of Paris, Monseigneur George Darboy, was seized and imprisoned. Provincial France was strongly Catholic. The communards regarded the church as corrupt and avaricious. On April 18, 1871 Karl Marx was commissioned by the General council of the International to write a pamphlet on the commune.

In May the Tuileries Palace, where Napoleon III and the Empress Eugenie had lavishly entertained their guests was occupied, Thiere's mansion was looted, and the Grand Hotel du Louvre was stripped of its food, alcohol, tobacco, tables and furnishings. Summary executions were commonplace.

130,000 Versailles troops entered the city, Jules Bergeral had stacked dozens of barrels of gunpowder under the central dome of the Salle des Marechaux of the Tuileries Palace. He ignited it. The dome was blown away and the palace was consumed by fire in a roaring inferno.

Archbishop Darboy was brought before a firing squad with six other priests. The firing squad failed three times to kill him and the coup de grace was carried out by pistol and bayonets. His body and that for his companions was dumped into an open pit in the Cimetière du Père-Lachaise. 20,000 to 30,000 Communards were killed. Karl Marx said later that: "Thiers was the real murderer of Archbishop Darboy." The last resistance took place at the Cimetière du Père-Lachaise. 147 Communards were shot there and buried in a communal grave. The body count of the Commune dwarfs that of the Reign of Terror during the French Revolution.

Napoleon III and Baron Haussmann's great enterprise in Paris had ended in catastrophe.The Chateau de Saint-Cloud was also destroyed during the Franco-Prussian War in 1870. It had been the site of Napoleon Bonaparte's coup d'etat which overthrew the French Directory in 1799: it was the location of the 18 Brumaire.

So what can we say at the end about all this? About the reconstruction of London, of Lisbon, and of Paris?

On the fifteenth of January 1873, the coffin of Louis Napoleon Bonaparte was placed on a hearse outside Camden Place in Surrey, England, where he had gone into his last exile after having been captured by the forces of Bismarck and the Prussians There must have been 20,000 persons at Chislehurst, *The London Times* reported. The early morning trains from London had brought down thousands. Louis Napoleon lay embalmed in his uniform of the lieutenant general of the Chambre Ardente with his sword by his side and at his feet a bouquet of yellow immortelles, the favorite flowers of his mother. He wore his own wedding ring and that of Napoleon I on his left hand.

The French government had refused to give any state recognition of his funeral and sent no official representatives – thereby preventing the English government or Queen Victoria and the royal family from participating. The royal standard at Windsor was lowered to half mast, however, as Queen Victoria and the royal court went into mourning for fifteen days.

Later the remains of Louis Napoleon were placed in a handsome sarcophagus donated by Queen Victoria. The royal banner from Windsor Castle was suspended over the tomb. Six years later the twenty-three-year-old Prince Louis Napoleon IV, a serving officer in the English army, was killed in a Zulu ambush in South Africa. His coffin was borne back to Chislehurst and placed next to his father.

The French government did not mourn Luis Napoleon's death. The new French Republic would remove Napoleon III and the second empire from France's history, and Marshal Patrice McMahon, in return for surrendering the whole France Army to Bismarck in 1870 would be elected president of the republic.

Prince Edward, the future King Edward VII, then the Prince of Wales, had been devoted to Luis Napoleon since 1855, and had written almost daily to Luis Napoleon on behalf of himself and the Queen. He had been devoted to Louis Napoleon from the day of their first meeting in Paris during the Universal Exhibition of 1855.

Bismarck and the Paris commune framed the reign of Napoleon III and the French Second empire, just as the uprising of 1848 marked its beginning.

The Imperial projects in Algeria, Indochina, and in Mexico also framed the reign of Napoleon III and of Haussmann's destruction and rebuilding of the new Paris. Karl Marx and Vitor Hugo and Manet and Monet, were to define the historical image of Napoleon III and for many years the reputation of Haussmann's reconstruction of Paris.

But what happened to the men who had attempted to remake London and had remade Lisbon and Paris?

It is ironic that the Prince Imperial, the son of Napoleon III, died in South Africa at the hands of the Zulus.

The Austrian archduke Maximiliano, the emperor of Mexico, was shot by a firing squad of Juaristas (not French soldiers as depicted by Edouard Manet's painting) on a desolate hill outside Oaxaca in Mexico.

Pombal died very ill and in disgrace in exile far from Lisbon in the Portuguese hinterland. After an interrogation commission had arrived to investigate his rule, only to be aborted by Maria I on account, the decree said, of his advanced age and illnesses.

His body was later transferred and buried in the little-visited Igreja da Memória in Lisbon.

The emperor Napoleon III's body lies in a small Abbey founded by his wife close to Farnborough Airport in Surrey and the site of the Farnborough Air shows at Farnborough airport. The Empress died in 1920 and now lies next to her husband and to her son. The Abbey is tended by a small handful of nuns. The Abbey is currently not open to the public.

Christopher Wren lies buried within his great cathedral of Saint Paul's in London.

Inigo Jones lies in the Welsh Church largely forgotten. Though in recent years Covent Garden has become an area of fashion again and culture with the Royal Opera House, and nearby fashionable hotels and restaurants.

The streets of London remain much as they did before the great fire of London when Christopher Wren was denied the opportunity to replan the capital city.

But Lisbon and Paris remain much as the Marquês de Pombal and Napoleon III envisioned them, both reconstructed to reflect modernity, Lisbon rebuilt after the catastrophic earthquake of 1755, and Paris rebuilt between the European wide revolutionary uprisings of 1848 and the catastrophic defeat of France by Bismarck and a resurgent Prussia, the siege of Paris, and the bloody days of the Paris commune.

George Haussmann returned to Paris and spent his final days in rented accommodation on his meager 6,000 franc pension. In his memoirs he writes: "In the eyes of Parisians, who like routine in things but are changeable when it comes to people, I committed two great wrongs. Over 17 years I disturbed their daily routines by turning Paris upside down; and they had to look at the same face of the prefect in the Hotel de Ville. These were two unforgivable complaints." To this day many Parisians still regard him as a crook.

But perhaps Georges Haussmann has the last laugh, or maybe the last grimace. He is buried in the Cimetière du Père-Lachaise in Paris: The first garden cemetery. Parisians may still regard him as corrupt, which he was not, though Napoleon III's half-brother, the count of Morny certainly was. But among his fellow corpses at the Cimetière du Père-Lachaise are Jim Morrison, Oscar Wilde, Edith Piaf, Isadora Duncan, Maria Callas, Gertrude Stein, Chopin, Colette, Richard Wright, Miguel Angel Asturias, Rossini, Bizet, Sarah Bernhardt: Few would have been there had Napoleon III and Baron Haussmann not remade Paris. Which despite political turmoil and many new regimes over the years since it remains to this day.[4]

O Colóquio Internacional de Arte e Literatura Luso-Brasileira na Universidade de Harvard

A segunda conferência de 2024 foi proferida nos Estados Unidos e o último posto do Dr. Maxwell como professor, nomeadamente na Universidade de Harvard. Participou num colóquio internacional sobre Arte e Literatura Luso-Brasileira.

A sua palestra incidiu sobre um tema que englobou a forma como a reconstrução de Lisboa após o grande terramoto de 1755 se enquadrou na reconstrução de duas outras grandes cidades europeias, nomeadamente Londres e Paris.

KENNETH MAXWELL SOBRE O SIMPÓSIO DE HARVARD

23 de setembro de 2024

23 de setembro de 2024

Acabo de passar dois dias muito estimulantes do ponto de vista intelectual na Universidade de Harvard, onde participei no colóquio internacional sobre Arte e Literatura Luso-Brasileira

O colóquio foi organizado pelo Professor Josiah Blackmore, que detém a Cátedra Robert C. Smith de Português em Harvard, e pelo seu colega brasileiro Juliano Gomes. Robert C. Smith foi um grande historiador de arte, especialmente do Barroco em Portugal e no Brasil. Era licenciado em Harvard e foi o doador da cátedra que o Professor Blackmore ocupa atualmente.

O colóquio reuniu uma galáxia de académicos de Portugal, Brasil, Alemanha e Reino Unido, e fui convidado a regressar a Harvard para fazer a conferência de abertura. Passei muitos anos felizes em Harvard como professor de História, onde criei os programas de Estudos Brasileiros no David Rockefeller Center for Latin American Studies, que é um dos patrocinadores do colóquio.

A minha palestra centrou-se no tema "Desastre e Reconstrução: Os Desafios do Modernismo", onde discute o Grande Incêndio de Londres de 1668 e os planos abortados de Christopher Wren para redesenhar a cidade, a reconstrução de Lisboa após o Grande Terramoto de 1755 sob a direção do Marquês de Pombal, e a destruição da velha Paris e a reconstrução da nova Paris sob Napoleão III e o Barão Haussmann.

Todos estes esforços de reconstrução foram enquadrados por catástrofes e tinham muito em comum.

As apresentações foram feitas por Lilia Moritz Schwarcz, da Universidade de São Paulo e da Universidade de Princeton, que foi recentemente eleita para a prestigiada Academia Brasileira das Letras, Pedro Flor da Universidade Alberta em Lisboa, Erika Naginski de Harvard, Patrícia Merlo da Universidade Federal de Espírito Santo no Brasil, Susana Varela Flor da Universidade Nova de Lisboa, Paulo Knauss da Universidade Federal Fluminense, Alexandre Vidal Porto, e a intervenção final de Rafael Cardoso da Freie Universitat Berlin,

As sessões foram presididas e contaram com a participação de importantes professores de Harvard, Doris Sommer, Mariano Siskind, Sidney Chalhoub, atual presidente do Departamento de História de Harvard, que apresentou uma maravilhosa comunicação sobre Machado de Assis, Tamar Herzog, que apresentou uma comunicação sobre Tombos, Diana Davis, Bruno Carvalho, outro brasileiro que é atualmente professor em Harvard e que, enquanto estudante de pós-graduação em Harvard, participou no primeiro seminário que lecionou em Harvard, e, não menos importante, Alejandro de la Fuente. Os estudantes de pós-graduação de Harvard, Adam Mahler e João Marcos Cupertino Pereira, comentaram a discussão estimulante do Embaixador Alexandre Vidal Porto sobre o seu último romance.

Uma coisa que também deve ser notada é o quanto Harvard avançou na última década. Atualmente, há muitos estudantes brasileiros na Universidade, bem como muitos professores brasileiros a lecionar aqui. Que isso continue! Mas a chave do sucesso do colóquio foi a oportunidade que proporcionou a todos os participantes de se encontrarem pessoalmente, muitos pela primeira vez, e de trocarem impressões. De facto, o Professor Pedro Flor, da Universidade Aberta de Lisboa, chamou-me a atenção para outro precedente: O Grande Incêndio de Roma e a reconstrução da cidade pelo Imperador Nero.

Foram uns dias maravilhosos e temos de agradecer ao Professor Blackmore e a Juliano Gomes por terem criado uma comunidade de académicos tão vibrante e esperamos que eles, e Harvard, continuem a fazê-lo no futuro.

Fiquei muito contente por ter sido convidado a juntar-me a esta galáxia. Os estudos luso-brasileiros precisam de momentos como este que, infelizmente, são muito raros. Vale a pena recordar também que o antecessor do Professor Blackmore, o primeiro titular da Cátedra Smith, o Professor Francis Rogers, que era descendente de portugueses da Nova Inglaterra e foi o antigo Diretor da GSAS, também organizou um colóquio sobre estudos luso-brasileiros aqui em Harvard em 1966. Espero que não tenhamos de esperar quase sessenta anos para o próximo simpósio.

A sessão final do simpósio com os cônsules-gerais do Brasil e de Portugal à direita... a sessão final com Alexandre Vidal Porto... (terceiro a contar da esquerda) e com o organizador, Professor Josiah Blackmore, ao centro..

O título da palestra foi:

Catástrofes, renovação urbana e modernismo: Londres após o Grande Incêndio de 1666; Lisboa após o Grande Terramoto de 1755; Paris sob Napoleão III e o Barão Haussmann.

LONDRES: O GRANDE INCÊNDIO E OS PLANOS FALHADOS PARA A RECONSTRUÇÃO DA CIDADE

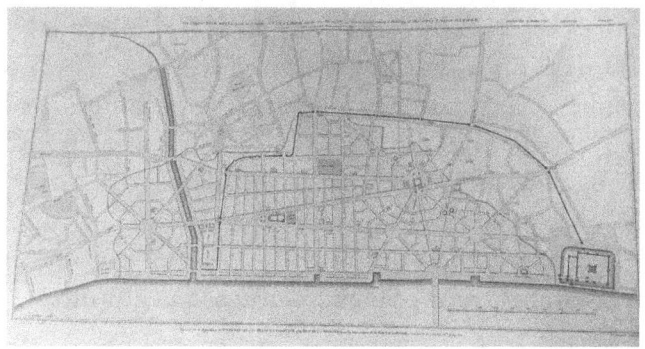

Projeto de Sir Christopher Wren para a reconstrução da cidade de Londres, após o Grande Incêndio de 1666: a partir de um desenho original existente na Biblioteca do All-Souls College, Oxford. Esta versão deveria ser incluída num relatório parlamentar sobre os planos para melhorar o porto de Londres, s/n:18476. Coleção Kenneth Maxwell.

Inigo Jones está sepultado na igreja galesa de St. Benetton, em West Paul 's Wharf, atualmente 93 Queen Victoria Street, na cidade de Londres. Nasceu em Smithfield, na cidade de Londres, em 1577, e morreu em Somerset House, em 23 de junho de 1652. Inigo Jones era filho de um trabalhador de tecidos galês. O seu assistente, também nascido em Smithfield, John Webb, também morreu na Somerset House em 1672.

Inigo Jones projetou edifícios revolucionários: A Casa da Rainha em Greenwich, em 1616. A Casa de Banquetes em Whitehall foi concluída em 1622. A sua conceção e disposição da grande praça residencial e da igreja de Covent Garden. Projectou um novo e magnífico palácio que nunca foi construído para o rei Carlos I.

Inigo Jones foi o primeiro a introduzir a arquitetura clássica de Roma e o Renascimento italiano na Grã-Bretanha. Passou algum tempo em Roma e em Itália e trabalhou depois para o rei Cristiano IV da Dinamarca.

A Rainha Ana da Dinamarca, consorte de Jaime I, tornou-se sua patrona em Londres. Em 1613, foi nomeado inspetor das Obras do Rei. Era um hábil desenhador de trajes e cenários que, juntamente com Ben Johnson, produziu muitas máscaras da corte para a Rainha Ana. O magnífico teto de Rubens para o Salão de Banquetes de Whitehall foi pintado em Antuérpia e instalado em 1636. Celebrava a união das coroas de Inglaterra e da Escócia e a criação da Grã-Bretanha.

A Casa da Rainha de Inigo Jones, em Greenwich, foi construída para a Rainha Ana, virada para o Tâmisa. Foi o primeiro edifício em Inglaterra a ser concebido em estilo clássico puro. Seguiu os desenhos dos "Quatro Livros de Arquitetura" de Palladio.

Inigo Jones projetou a grande praça residencial ou piazza de Covent Garden, seguindo a piazza de Livorno, por encomenda do Conde de Bedford. Foi o primeiro desenvolvimento urbano planeado em Londres.

O assistente de Inigo Jones, John Webb (1611-1672), trabalhou com ele a partir de 1628. Na década de 1640, Jones e Webb projectaram em conjunto a Wilton House, perto de Salisbury. John Webb atuou como espião de Carlos I em Londres durante a Guerra Civil. Após a morte de Jones em 1652, Webb herdou uma fortuna substancial e muitos dos projectos e desenhos de Jones.

A Guerra Civil de 1642 pôs fim à carreira de Inigo John. Mas a influência dos seus projectos arquitectónicos e do seu estilo de construção na futura arquitectura britânica foi considerável. A oportunidade e o desafio de reconstruir Londres foram o resultado de duas catástrofes: A grande praga de 1665-1666 e o grande incêndio de Londres de 1666.

A grande peste de 1665-1666 foi a última grande epidemia de peste bubônica transmitida por pulgas e piolhos na Inglaterra. A peste matou 100.000 pessoas, ou seja, um quarto da população de Londres, e obrigou o rei Carlos II e a sua corte a fugir de Londres, primeiro para Salisbury e depois para Oxford.

O Grande Incêndio de Londres de 1666 destruiu grande parte da cidade, desde a Torre de Londres até Fleet Street.

Samuel Pepys refugiou-se na margem sul do Tamisa e viu as chamas consumirem a cidade medieval. Pepys escreveu: "Chorei ao ver... o barulho horrível que as chamas faziam, o estalar das casas na sua ruína".

Cinco sextos da cidade murada foram destruídos. Carlos II emitiu uma proclamação prometendo "uma cidade muito mais bela do que a que foi consumida desta vez". Também sublinhou o seu desejo de impor vias principais como Cheapside e Cornhill, que seriam "tão largas que, com a bênção de Deus, evitariam o mal que poderia sofrer se a outra estivesse a arder".

Enquanto o fogo continuava a arder, Christopher Wren, tinha como objetivo criar uma nova cidade a partir das cinzas: "tornando toda a cidade regular, uniforme, durável e bela". Apresentou a sua ambiciosa visão de uma nova Londres em 1666 ao Rei Carlos II, pessoalmente, a 11 de setembro, pouco mais de uma semana após a extinção do incêndio. Antes do Grande Incêndio, a cidade de Londres era uma massa amontoada de edifícios com estrutura de madeira, estendendo-se a cidade desde a Torre de Londres, a leste, até Fleet Street e Strand, a oeste.

O incêndio de 1666 começou na padaria de Thomas Farryner em Pudding Lane, uma rua estreita a poucos metros da cabeceira da London Bridge, na madrugada de domingo, 2 de setembro. Na segunda-feira, o fogo tinha destruído a Royal Exchange de Thomas Gresham. As estradas que saíam da cidade estavam entupidas de carroças e carruagens.

Na terça-feira, o fogo tinha-se propagado para além dos limites da cidade, em Ludgate, e pela Fleet Street.

Christopher Wren (1632-1723) por Godfrey Kneller 1711 (domínio público).

O fogo chegou à Catedral de S. Paulo, onde as madeiras em chamas caíram sobre as pilhas de livros no adro da igreja. S. Paul 's ficou em chamas, com jactos de chumbo derretidos a correr pelas ruas circundantes.

O incêndio durou quatro dias e destruiu a maior parte da zona medieval da cidade. Espalharam-se rumores de que o fogo tinha sido deliberadamente ateado por franceses, holandeses e papistas. As multidões percorriam as ruas, espancando selvaticamente todos os que pareciam ou soavam como estrangeiros.

Quando se tornou evidente que o Lord Mayor Thomas Bludworth (1620-1682) era incapaz de responder ao incêndio, o Rei Carlos encarregou o seu irmão, James Stuart, o Duque de York, de o fazer. Organizou uma série de estações num grande arco à volta do incêndio, cada uma delas supervisionada por um cortesão, ajudado por três juízes, trinta soldados, os policiais da paróquia e uma centena de civis.

O Rei Carlos II e James, o Duque de York (1633-1701), supervisionaram pessoalmente a demolição de ruas inteiras de casas e conseguiram criar uma série de corta-fogos que retardam a propagação do incêndio para oeste.

Ao cair da noite de quarta-feira, 5 de setembro, o pior já tinha passado. Em cinco dias, mais de 200.000 londrinos tinham ficado sem casa. 13.000 edifícios tinham sido destruídos. Uma área de 436 acres estava em ruínas, incluindo a Catedral de S. Paulo, a Bolsa, a Alfândega, os pavilhões de 44 das empresas da cidade e 86 igrejas paroquiais.

De Oxford, quando o céu se tornou vermelho, Christopher Wren viu uma oportunidade. Foi a Londres para inspecionar as ruínas fumegantes e depois começou a trabalhar nos seus planos arquitectónicos mais ambiciosos: um projeto não só para uma nova catedral, mas para toda uma nova cidade.

O rei Carlos II convidou arquitetos e topógrafos a apresentarem planos alternativos de reconstrução. A condição que estipulou foi que: "Nenhum homem deve [sic] presumir erigir qualquer casa ou edifício, grande ou pequeno, que não seja de tijolo ou pedra".

Foram apresentados vários planos: Richard Newcourt (1610-1679) propôs uma série de praças públicas. No meio de cada uma delas, uma igreja e um adro. Este plano podia ser alargado várias vezes: Alguns historiadores da arquitetura acreditam que a ideia de Newcourt constituiu a base do plano para Filadélfia - que, por sua vez, se tornou o modelo para o sistema de grelha americano.

O capitão do exército, Valentine Knight, propôs ruas longas no sentido leste/oeste e secções transversais ocasionais no sentido norte/sul. Propôs também um novo canal "pelo qual o Rei poderia cobrar uma portagem, para angariar dinheiro para ajudar a reconstruir Londres após o incêndio". O canal encontrar-se-ia com o rio Fleet a noroeste, desembocando no Tamisa a oeste da Torre de Londres. Mas o Rei Carlos não estava interessado e mandou prender Valentine Knight por ter sugerido que o Rei poderia beneficiar financeiramente de tal calamidade.

Robert Hooke (1635-1703), filósofo e agrimensor, propôs uma visão radical. Um sistema de grelha constituído por quarteirões de dimensões semelhantes, com quatro grandes praças de mercado e igrejas a cada poucos quarteirões.

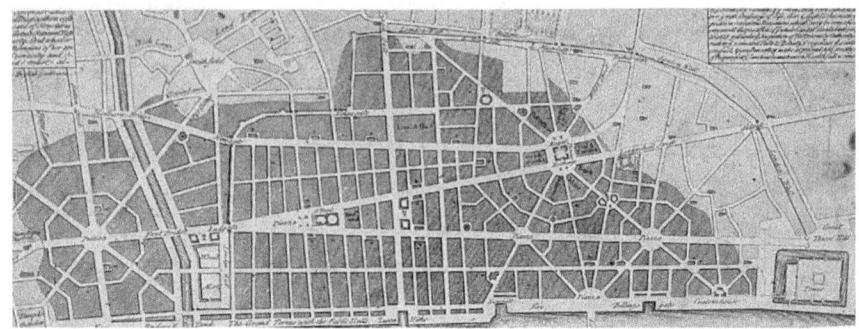
Christopher Wren (1632-1723) por Godfrey Kneller 1711 (domínio público).

Sir John Evelyn (1620-1706), que ocupou cargos públicos proeminentes durante o reinado de Carlos II e que tinha viajado muito por Itália e França, queria que Londres fosse reconstruída de acordo com uma planta radial de estilo italiano, com praças e avenidas largas.

Christopher Wren (1632-1723), propôs que as estreitas ruas medievais fossem substituídas por largas avenidas que se estendiam a partir de piazzas. Para ele, a piazza da bolsa real seria uma enorme piazza de ponta redonda rodeada por ruas radiais, com os correios e os impostos especiais de consumo a norte da piazza, os ourives de cada lado da piazza e o banco, a casa da moeda e a casa de seguros a sul.

Toda a pizza da bolsa real seria delimitada a sul pela ampla e reta Leadenhall Street. A nova catedral de São Paulo situar-se-ia na intersecção da Leadenhall Street com a Ludgate e a Fleet Street, em frente a uma praça triangular. A área ao longo do Tamisa ter-se-ia tornado um longo cais público. Christopher Wren imaginou uma cidade comercial e mercantil onde o comércio e o comércio teriam um lugar de destaque.

O rei Carlos II nomeou Wren como um dos seis comissários encarregados de supervisionar os trabalhos de reconstrução, mas os proprietários fizeram valer os seus direitos e começaram a construir de novo nos lotes, seguindo as linhas das anteriores ruas medievais.

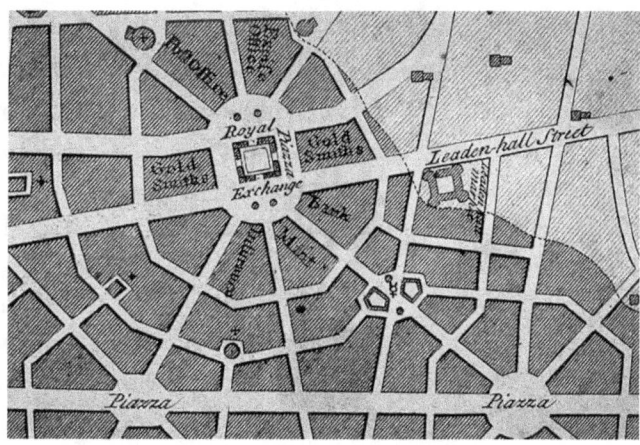

Londres redesenhada por Christopher Wren (RIBA)

O rei Carlos II não tinha vontade de se envolver em batalhas legais com os ricos comerciantes e vereadores de Loudon. Um Tribunal de Incêndio, em fevereiro, começou a resolver os litígios que restavam e a Lei da Reconstrução de 1666 regulamentou a altura dos edifícios (não mais de quatro andares) e os tipos de materiais utilizados: Os exteriores de madeira foram proibidos. Os novos edifícios deviam ser construídos em tijolo e pedra

Em fevereiro de 1667, o Tribunal de Incêndio começa a resolver os litígios pendentes. O projeto final para a reconstrução de Londres foi apresentado ao Parlamento em 8 de fevereiro de 1667: Os padrões em grelha e as grandes avenidas, os pontos redondos e as terminações das vistas, à reorientação arquitetónica da cidade como uma capital mercantil moderna tinham desaparecido. O único elemento do projeto de Wrens que foi implementado foi a canalização do rio Fleet, que também fazia parte da proposta de Evelyn.

No entanto, 130 anos mais tarde, as ideias de Wren ganharam expressão concreta nas margens do Potomac, quando Thomas Jefferson e Pierre L'Enfant se inspiraram fortemente na sua gravura para projetar a nova capital federal dos Estados Unidos, que viria a ser Washington DC.

O facto de as ideias de Wren não se terem tornado realidade deveu-se também à falta de dinheiro, causada pela segunda e terceira guerras anglo-holandesas de 1665-1667 e 1672-1674. A segunda guerra anglo-holandesa assistiu ao audacioso ataque surpresa a meio caminho quando, em junho de 1667, os holandeses atacaram a frota inglesa no seu porto de origem, em Chatham: foi a "derrota mais humilhante sofrida pelas armas britânicas", nas palavras de Charles Boxer. O ambiente de revolta em Londres obrigou Carlos II a assinar o Tratado de Breda (1667).

As complexas questões relativas à propriedade das terras em Londres prevaleceram. Os edifícios de Londres foram reconstruídos nos seus terrenos originais, mas utilizando tijolo e pedra em vez de madeira. A reconstrução durou mais de dez anos, com Robert Hooke, como inspetor das obras, e com Sir Christopher Wren, que concebeu e construiu a nova Catedral de São Paulo e cinquenta novas igrejas, bem como o observatório real de Greenwich.

Este período assistiu também ao nascimento do império ultramarino britânico nas Índias Ocidentais e na Índia. Durante a segunda guerra anglo-holandesa, James Stuart, Duque de York, viu a colónia holandesa de Nova Amesterdão, na América do Norte, ser conquistada e rebatizada de Nova Iorque em sua honra. O nome do bairro de Queens foi dado em honra da Rainha Catarina de Bragança. James Stuart tornou-se também governador da Companhia Real Africana que, em 1660, obteve o monopólio do comércio inglês com a costa africana.

Inicialmente, a Royal Africa Company comercializa ouro da África Ocidental, mas rapidamente descobriu que o comércio de escravos com as novas colónias inglesas na América do Norte e nas Índias Ocidentais, em particular a ilha da Jamaica, tomada aos espanhóis em 1655, era muito mais lucrativo. Entre 1660 e 1731, 187 697 africanos escravizados foram transportados para as colónias inglesas nas Américas em 653 navios propriedade da companhia: muitos dos africanos escravizados foram marcados com as iniciais DoY, do Duque de York, ou RAC, da Royal Africa Company. A Companhia das Índias Orientais também expandiu as suas atividades na Índia.

Este período assistiu à criação do Banco de Inglaterra (1694) e ao aparecimento da dívida e das finanças públicas. O aparecimento das grandes companhias comerciais: A Companhia das Índias Orientais (1600-1874) e a Companhia Real de África (1660-1752).

Os parques reais, Hyde Park e St. James Park, em Londres, também foram abertos ao público e tornaram-se espaços públicos populares.

Carlos II funda a Royal Society. A Royal Society começou por ser a Sociedade Real de Londres para melhorar o conhecimento natural e recebeu uma carta real do Rei Carlos II em 28 de novembro de 1660. Era a sede das novas ciências e as reuniões da sociedade realizavam-se no Gresham College. Entre os seus fundadores contavam-se Christopher Wren, Robert Boyle e John Wilkins. Durante o grande incêndio, a sociedade mudou-se para Arundel House e regressou ao Gresham College em 1673. Sir Isaac Newton tornou-se o Presidente da Royal Society em 1703 até 1727. A Royal Society mudou-se para Crane Court de Fleet Street em 1710,

Isaac Newton (1643-1727) foi o grande polímata, matemático, físico, astrônomo, alquimista e teólogo inglês, uma figura-chave da revolução científica e do Iluminismo. Diz-se que observou a maçã a cair de uma árvore no jardim, o que inspirou o seu trabalho sobre a gravitação, quando se encontrava em Woolsthorpe Manor, no Lincolnshire, para evitar a grande peste de 1665-66. No Trinity College da Universidade de Cambridge, onde era professor de Matemática de Lucassen, foi pioneiro nos trabalhos sobre a gravitação e a ótica. O seu Philosophiae Naturalis Principia Mathematica (Princípios Matemáticos da Filosofia Natural), publicado pela primeira vez em 1687, contestou muitos resultados anteriores e estabeleceu a mecânica clássica

Newton tinha chegado a Londres em 1696, quando foi nomeado Diretor da Casa da Moeda Real e, três anos mais tarde, foi nomeado Mestre da Casa da Moeda, cargo que ocupou durante 30 anos. O ouro para as moedas de ouro vinha de África e do Brasil, via Portugal, e era uma componente fundamental do comércio anglo-português durante o século XVIII. Embora tenha perdido todo o seu investimento durante a Bolha do Mar do Sul, morreu como um homem rico, pois recebia uma comissão por cada moeda de ouro cunhada pela Casa da Moeda Real na Torre de Londres.

Na década de 1670, o único precedente inglês para uma igreja paroquial clássica era St. Paul's Covent Garden de Inigo Jones, um templo intransigente consagrado em 1638. A sua poderosa simplicidade não era do gosto de Wren. Sob o reinado de Carlos I, o 5º Conde de Bedford converteu a sua propriedade na primeira experiência de planeamento urbano em Londres. Em 1630, encomendou a Inigo Jones a criação da primeira grande piazza de estilo italiano, uma praça pública que se tornou uma residência da moda para membros da aristocracia londrina e embaixadores.

Mas, após o grande incêndio de Londres, a grande praça de Covent Garden tornou-se o local de um mercado de frutas e legumes frescos. No século XVIII, a zona tornou-se famosa pelos seus bordéis, cafés e tabernas barulhentas. No entanto, no início do século XVIII, assistiu-se a um renascimento e à publicação dos planos e projectos de Inigo Jones e a um interesse renovado pelos seus edifícios, o Banqueting Hall em Whitehall, a Casa da Rainha em Greenwich e os seus projectos para a Piazza de Covent Garden, bem como o seu projeto para o novo Palácio Real que o Rei Carlos I tinha planeado para Whitehall.

O rei Carlos I conheceu o seu fim quando foi decapitado numa plataforma construída para o efeito no exterior do Banqueting Hall de Inigo Jones, em Whitehall, um destino bem recordado pelo seu filho, o rei Carlos II. O anatomista de Oxford, William Gould, contou a Hans Sloane (1660-1753), sucessor de Newton e presidente de longa data da Royal Society, em janeiro de 1681: Foi uma época de "problemas, ciúmes, medos, conspirações e contra-conspirações" que deixou a Inglaterra "uma nação instável e cambaleante".

No entanto, o período tinha registado mudanças importantes e duradouras: a catástrofe da guerra civil e a restauração Stuart, a criação da sociedade real e a revolução científica, a ascensão do império nas Índias ocidentais e orientais, o crescimento do tráfico de escravos e das colónias açucareiras nas Caraíbas, o aparecimento do sistema bancário e a política do mercantilismo, a introdução da arquitetura clássica e do urbanismo em Inglaterra por Inigo Jones, nomeadamente na praça residencial de Covent Garden, e a primeira tentativa, frustrada como foi, de Sir Christopher Wren, após o grande incêndio catastrófico, e a sua tentativa de redesenhar a cidade de Londres.

LISBOA: O GRANDE TERRAMOTO DE 1755 E A RECONSTRUÇÃO DE LISBOA

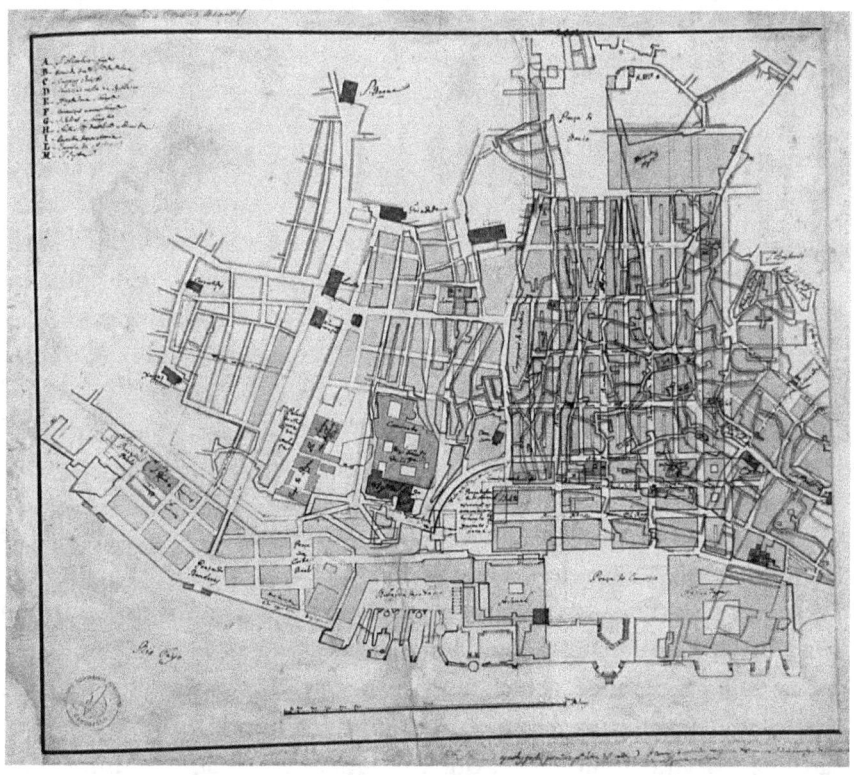

Carlos Mardel and Eugenio dos Santos, "Estudo para a Planta Final da Baixa-Chiado" (Study for the Final Plan of the Baixa-Chiado) (Portuguese Geographical Institute, www.igeo.pt). Jose-Augusto Franca, "A Reconstrução de Lisboa" 1755: O Grande Terramoto de Lisboa (Lisbon, FLAD/Público, 2005) vol 1, p. 311.

Após o grande incêndio de 1666, Londres expandiu-se, com os ricos a mudarem-se para oeste, para novos edifícios e praças, enquanto os pobres se deslocavam para leste, onde se situavam as docas e os armazéns da Companhia das Índias Orientais e de onde Londres conduzia o seu florescente comércio mercantil com as suas novas colônias nas Índias Ocidentais, protegidas pelas leis de navegação, bem como o extenso comércio ultramarino da Inglaterra com a França, a Península Ibérica e o Báltico. .

Portugal ocupava um lugar especial no comércio ultramarino da

Inglaterra desde que, em 1703, foi assinado o Tratado de Methuen, que concedia um acesso especial do vinho português ao mercado inglês e dava aos ingleses um acesso privilegiado dos artigos de lã ingleses a Portugal.

Em 1714, o rei Jorge I tornou-se o primeiro monarca hanoveriano, sendo sucedido por Jorge II em 1727, que reinou até 1760.

Neste período, Hans Sloane (1660-1753), exemplificou uma nova era. Era o clássico outsider, um homem do Ulster. Ou seja, era um protestante nascido no seio de uma família que foi "plantada" na Irlanda católica durante o reinado do rei Jaime I.

A "plantação" de protestantes no Ulster teve a oposição dos condes de Tyrone e dos senhores gaélicos do Ulster, que foram deslocados à medida que os colonos se deslocavam para a parte norte da Irlanda. Os colonos provinham principalmente das terras baixas da Escócia e estes protestantes de língua inglesa eram designados por "Planters" na "Plantação" do Ulster.

Ao mudar-se para Londres, Hans Sloane tornou-se um residente astuto, um cavalheiro, um pilar do estabelecimento e o médico de um grupo de doentes cada vez mais influentes. Com 27 anos de idade, em setembro de 1687, foi para a Jamaica, nas Índias Ocidentais, como médico do governador, o Duque de Albemarle, onde passou 15 meses. A sua estadia na ilha forneceu o material para a sua "História Natural da Jamaica", ricamente ilustrada, que foi publicada em dois volumes entre 1707 e 1725

Após o regresso de Sloane da Jamaica a Londres, tornou-se um importante historiador natural, botânico, médico e, tangencialmente, um observador e comentador sobre a raça. Mas a sua experiência na Jamaica revelou-se lucrativa para Sloane. Tinha uma supervisão médica completa da frota do Duque de Albemarle. Recebia 600 libras por ano, com 300 libras adicionais a serem pagas antecipadamente. Sloane sabia muito bem que os plantadores davam muito dinheiro por "bons criados, negros ou brancos" e sabia muito bem que os plantadores jamaicanos pagariam bem pelos seus serviços médicos e para manter os escravos vivos e bem. Na viagem de regresso, fez uma paragem na ilha portuguesa da Madeira. O vinho da Madeira tinha substituído o açúcar como o produto mais lucrativo produzido na ilha e grandes quantidades eram enviadas para todas as plantações das Índias Ocidentais.

Sebastião José de Carvalho e Mello, o futuro conde de Oeiras e marquês de Pombal, foi embaixador de Portugal em Londres entre 1739 e 1743. Viveu na Golden Square. Isso era o parte da expansão de squares (ou piazzas) en o oeste de Londres depois da grande incêndio que incluiu St James Square, a sul de Piccadilly, que se tornou, após a deterioração de Covent Garden como residência das classes altas, a residência citadina preferida dos membros da aristocracia e dos embaixadores, tal como a Golden Square a norte de Piccadilly.

A casa de Lord Burlington em Piccadilly ficava perto de Golden Square. A capela católica do Embaixador de Portugal, que se encontrava em frente à sua residência em Golden Square, tinha entrada pela Warwick Street. As duas casas em que Pombal viveu em Golden Square sobreviveram ao Blitz de Londres durante a Segunda Guerra Mundial, e a capela católica, apesar de ter sido atacada e incendiada durante os motins anti-católicos de Gordon em 1789, foi subsequentemente reconstruída e é ainda hoje uma capela católica.

O futuro Marquês de Pombal, durante a sua estadia em Londres, foi eleito para a Royal Society, o principal círculo de pensadores iluministas ingleses que defendiam políticas que reflediam uma maior racionalidade, praticidade e utilitarismo. É também nesta altura que Lord Burlington desenvolve os seus edifícios urbanos em estilo neo-clássico. Os patrocinadores de Pombal para se tornar membro da Royal Society foram Hans Sloane, o conde de Cadogan, Wm. Stukeley e Castro Sarmento. Castro Sarmento era um "cristão-novo" que tinha fugido para Londres e era agora um dos principais membros da comunidade judaica londrina de Bevis Marks, a mais antiga sinagoga de Londres, e era o médico pessoal de Pombal. O reverendo Dr. William Stukeley foi um arqueólogo pioneiro. Lord Cadogan casou com a filha de Hans Sloane e herdou a mansão de Chelsea. Uma vez que era para lá que os ricos de Londres migravam para as novas praças e para as elegantes habitações urbanas, a sua propriedade tornou-o num dos mais ricos proprietários de terras do condado (e a sua família ainda o é).

O facto de Pombal ter sido enviado para Viena como embaixador de Portugal de 1745 a 1750 foi também uma influência crítica. Aqui, tornou-se amigo íntimo do Duque Silva Tarouca, um emigrante português aristocrático que tinha ascendido ao topo do governo austríaco e era confidente da imperatriz Maria Teresa. Pombal também casou em Viena com Eleonora Ernestina von Daun, a filha do general Count von Daun. O casamento com a austríaca dá-lhe uma boa posição em Lisboa.Foi chamado a Lisboa aquando da morte de D. João V pela rainha viúva Maria Ana de Áustria, onde entrou para o governo português como secretário de Estado dos Negócios Estrangeiros.

O Marquês de Pombal (coleção Kenneth Maxwell),

"Um tal espetáculo de terror e espanto, bem como de desolação para os espectadores. Como talvez não tenha sido igualado desde a Fundação do Mundo." Assim, um comerciante inglês, escrevendo de Lisboa a um amigo, em 20 de novembro de 1755, descreve "o terrível terremoto" que deixou a capital portuguesa em ruínas.

Muitos não demoraram a atribuir a culpa pela catástrofe. Era a retribuição de pecados passados e presentes. É o que pensa o jesuíta Padre Gabriel Malagrida (1689-1761). Voltaire (1694-1778) não ajudou. Poucas coisas em Portugal lhe agradam. O país constituía o cenário perfeito para as suas digressões sobre a superstição e a irracionalidade. Voltaire regressou muitas vezes a temas portugueses nos seus escritos, e não apenas e sobretudo no Cândido (1759).

Lisboa está situada na margem norte do estuário do rio Tejo. Em

1755, o coração cerimonial e comercial da cidade estava centrado no Palácio Real, construído diretamente na zona ribeirinha. No lado oriental do palácio havia uma grande praça aberta (terreiro do paço). As casas dos comerciantes e retalhistas situavam-se ao longo de uma série de becos e ruas estreitas construídas sobre aterros aluviais entre colinas íngremes. O outro eixo urbano situava-se no interior, a norte, numa grande praça pública chamada Rossio. Lisboa era um grande porto para onde afluíam as especiarias do Extremo Oriente, a pimenta da Índia, a porcelana e a seda da China, o açúcar, os diamantes e o ouro do Brasil.

O Palácio Real, com a sua torre de quatro andares construída por Filipe II quando as coroas de Espanha e Portugal se uniram sob o seu comando, confinava literalmente com o estuário do Tejo e com a Casa da Índia, a Alfândega e o Estaleiro Real.

No espírito dos pensadores iluministas do século XVIII do noroeste da Europa, Portugal era uma nação fechada no obscurantismo. As imagens mais conhecidas de Portugal eram as das queimadas na fogueira, os chamados "Actos de Fé". Cerca de 45.000 pessoas foram investigadas pela Inquisição portuguesa entre 1536 e 1767 e vários milhares delas foram condenadas e queimadas antes do terramoto.

O grande terramoto ocorreu no dia de Todos os Santos, 1 de novembro de 1755. A escala foi provavelmente equivalente a 8,5 a 9 de magnitude na escala de Richter, ou possivelmente 9,1 na escala de magnitude momentânea (Mw). Pouco depois, um tsunami, uma onda gigantesca, muito rara no Oceano Atlântico, atingiu Lisboa. De seguida, um imenso incêndio tomou conta e consumiu grande parte da cidade em ruínas.

O primeiro abalo ocorreu por volta das 9h45. Muitos estavam a assistir à missa quando os edifícios caíram sobre as congregações. "Eu mal podia dar um passo sem pisar os mortos e os moribundos", recorda uma testemunha ocular. A origem do terramoto de 1755 (o hipocentro ou foco refere-se ao ponto onde ocorre o terramoto e o epicentro refere-se ao ponto na superfície da terra ou do mar diretamente acima do hipocentro), situa-se a várias centenas de milhas ao largo da costa sudeste de Portugal, ao longo de uma das falhas que marca a fronteira que separa as placas continentais africana e euroasiática.

Um segmento da falha, com 150-600 quilómetros de comprimento, foi empurrado para cima até 10 metros, libertando uma enorme quantidade de energia, pelo menos três vezes mais poderosa do que a erupção vulcânica de Krakatoa. Foi o terremoto mais forte que atingiu o continente europeu em toda a história.

A destruição foi enorme: cerca de cinquenta e cinco conventos e mosteiros ficaram gravemente danificados. O cais ribeirinho afundou-se e desapareceu, e o Palácio Real foi destruído. Mais de 15.000 pessoas foram mortas. O cônsul britânico escreveu para Londres a 13 de dezembro de 1755: "A parte da cidade em direção à água onde se encontra o Palácio Real, os tribunais públicos, a Alfândega, a Casa da Índia e onde a maior parte dos mercadores negociava para a conveniência dos seus negócios, está tão totalmente destruída pelo terramoto e pelo fogo que não é mais do que um monte de lixo, em muitos lugares com vários andares de altura, incrível para aqueles que não são testemunhas oculares."

O terramoto causou danos generalizados noutros pontos de Portugal e foi sentido em locais tão distantes como Veneza e o Sul de França, chegando também a Marrocos e ao Norte de África.

Mas foi Lisboa que sofreu o maior impacto da catástrofe. O maremoto e o incêndio destruíram grande parte da zona central da cidade, entre o Rossio e a Praça do Palácio. O solo de aluvião ter-se-á liquidificado. As colinas de ambos os lados da Baixa, tanto a leste como a oeste, foram menos afetadas e os edifícios ao longo do estuário em direção ao Atlântico - onde a família real residia no seu palácio de verão em Belém - sobrevivem com menos danos.

Mas a recém construída igreja patriarcal foi destruída, assim como a nova Casa da Ópera, inaugurada poucos meses antes, a 30 de março, dia do aniversário da Rainha. A primeira ópera foi "Alessandro nell'Indie" de David Perez e os magníficos cenários foram projetados por Giovanni Carlo Sicinio Bibiena. Os danos sofridos pela Ópera e pela Igreja Patriarcal, bem como por outros edifícios principais da cidade, foram documentados numa série de gravuras de Jacques-Philippe Le Bas em 1757.

A dimensão do terramoto chocou a Europa. Na Grã-Bretanha, Jorge II solicitou à Câmara dos Comuns que providenciasse "um socorro rápido e eficaz". Os Comuns responderam permitindo que o tesouro se apropriar de 100.000 libras esterlinas em espécie, provisões e ferramentas.

Em 18 de novembro de 1755, ocorreu também um terremoto em Massachusetts, a leste de Cape Ann. Em Boston, a maior parte dos danos ocorreu nos locais onde tinham sido construídos edifícios sobre aterros perto dos cais. John Adams, que se encontrava em Braintree, escreveu no seu diário que "a casa parece abanar, balançar e estalar como se fosse cair em ruínas".

O professor John Winthrop, na sua conferência sobre terramotos, lida na capela do Harvard College em 26 de novembro de 1755, referiu com aprovação o trabalho do "muito engenhoso Sr. Franklin de Filadélfia".

A reação mais notória veio de Voltaire. No seu "Poema sobre a catástrofe de Lisboa ou um exame do axioma de que tudo está bem", Voltaire tem uma visão muito pessimista do que aconteceu:

"Oh, miseráveis mortais! Oh, terra desgraçada!
Oh, terrível assembleia de toda a humanidade
Sermão eterno de sofrimentos inúteis!
Filósofos iludidos que gritam: 'Tudo está bem'".

Rousseau, chocado com o que Voltaire havia escrito, afirmava a causa natural de tais catástrofes e protestou com ele numa carta: "Teria preferido que este terremoto tivesse ocorrido num deserto e não em Lisboa [...] quer dizer realmente que a ordem do mundo natural deve ser alterada para se conformar com os nossos caprichos, que a natureza deve estar sujeita às nossas leis e que, para evitar que ela provoque um terramoto num determinado lugar, basta construir aí uma cidade?"

Em Lisboa, a reação foi mais prosaica e prática. O rei de Portugal, D. José I de Bragança e a sua mulher Maria Anna Victoria de Bourbon, infanta espanhola, nunca se interessaram muito pelo governo, preferindo a caça e a ópera. O Rei ficou total e completamente paralisado e aterrorizado com o terramoto, apesar de estar em Belém, bem a oeste do centro da cidade, quando os abalos e o maremoto ocorreram, Dom José ficou tão assustado que para o resto da sua vida se recusou a dormir em qualquer edifício construído em pedra. A família real mudou-se para os jardins do Palácio de Belém e, mais tarde, para a barraca real, na colina acima. As primeiras ações de Sebastião José de

Carvalho e Mello, o futuro Marquês de Pombal, foram enterrar os mortos e impor a ordem.

A escala da destruição era tal que a remoção dos corpos se tornou essencial para evitar a propagação de doenças e da peste. Pombal persuadiu o Patriarca de Lisboa a autorizar que os corpos fossem recolhidos, colocados em barcos e enviados para o Atlântico, para serem lançados no Oceano sem ritos fúnebres.

Trouxe tropas do interior para conter a desordem. Deu também aos magistrados o poder de atuar de imediato, em casos de assassinatos e pilhagens, e estes agiram com celeridade. De acordo com o relato de uma testemunha ocular, em pouco tempo havia cerca de oitenta gibões espalhados pela cidade, onde os apanhados a saquear e a cometer outros crimes eram sumariamente enforcados.

A reação imediata e draconiana de Pombal foi sintetizada na famosa frase que lhe é atribuída: "enterrar os mortos e alimentar os vivos".

Com a sua caligrafia singularmente ardilosa, deu o seu próprio relato das três prioridades imediatas: A primeira era eliminar os mortos para evitar doenças; a segunda era alimentar os sobreviventes e, para isso e para dissuadir os especuladores, impôs limites máximos ao preço do pão; e a terceira era impor a ordem pública. A reação de Pombal foi rápida e eficaz, tendo sido posteriormente resumida numa compilação com os textos dos decretos. Estas "Providências" incluem a recolha e eliminação imediata de cadáveres, a prevenção da escassez de alimentos, a atenção aos doentes e feridos, o controlo temporário dos preços dos alimentos essenciais e o planeamento da reconstrução da cidade.

Afirma-se por vezes que Pombal não foi responsável por estas medidas, tendo reivindicado o seu crédito posteriormente.

Mas na coleção Palha, na Houghton Library, em Harvard, existe um rascunho manuscrito de um decreto escrito em Belém a 3 de novembro de 1755, três dias após o terramoto, bem como um decreto da sua mão. Este decreto está impresso no volume Providências também na Biblioteca Haughton. Doei uma cópia das providências à minha coleção de livros em Portugal e Brasil na Biblioteca do St. John 's College, Universidade de Cambridge.

O facto de a destruição de Lisboa ter oferecido uma grande oportunidade aos urbanistas não passou despercebido a um jovem e ambicioso arquiteto escocês, Robert Adam (1728-1791). Na altura, em Roma (1754-58). Robert Adam viu o terramoto como "um julgamento celestial a meu favor". Aspirava a ser o arquiteto real de Lisboa e produziu esboços do que pensava ser a nova Lisboa construída com base na Praça de São Pedro de Bernini, em Roma.

Mas a extravagância teatral barroca de Robert Adams não era o que Pombal tinha em mente. Ele estava a pensar na nova Lisboa como uma cidade comercial mais modesta, prática, pragmática, saudável e neopalladiana. Pombal não recorreu a arquitectos italianos, austríacos ou franceses, como os portugueses tinham feito tantas vezes para os seus grandes edifícios públicos durante a primeira metade do século XVIII. Muito menos organizou um concurso internacional, como o jovem e ambicioso Robert Adma esperava.

Em vez disso, Pombal recorreu de imediato aos próprios engenheiros militares portugueses. Três deles, em particular, viriam a desempenhar papéis fundamentais: Manuel da Maia (1677-1668), que em 1755 tinha quase 80 anos de idade, era o engenheiro militar chefe do país e tinha sido o tutor de matemática e física do herdeiro aparente, D. José, agora o Rei; Eugénio dos Santos (1711-1760), que tinha quarenta e poucos anos e era coronel do corpo de engenheiros; e Carlos (Karoly) Mardel (c.1695-1763), um imigrante húngaro com cerca de cinquenta anos, que servia no corpo de engenheiros militares portugueses desde 1733, quando veio para Portugal para trabalhar no aqueduto de Lisboa, que tinha sobrevivido ao terramoto, sob a supervisão de Manuel da Maia

Os três homens eram profissionais experientes, habituados a dirigir a construção de grandes edifícios e fortificações civis e militares e a gerir recursos e mão de obra. Pombal confiou a Manuel da Maia a tarefa de redigir aquilo a que chamou uma "dissertação", detalhando as questões fundamentais a abordar e a forma como estas, uma vez definidas, poderiam ser tratadas da forma mais eficiente.

Entretanto, Pombal introduziu legislação para proibir qualquer construção, ação ou venda de propriedade antes de o plano diretor ter sido concebido. Maia rapidamente entregou a sua observação a Pombal, a 4 de dezembro de 1755.

A dissertação de Manuel de Maia examinou uma série de propostas relativas a possíveis opções para a reconstrução da cidade após a catástrofe. Entre elas, a de saber se os escombros deveriam ser aproveitados para a construção das zonas baixas, qual a dimensão dos edifícios em relação às ruas em frente e as disposições a tomar para acomodar o escoamento nas zonas baixas, de modo a que a construção em aterro não corresse o risco de inundação em períodos de maré cheia.

Maia recomendou que qualquer reconstrução fosse proibida até que um plano fosse formulado e aprovado.Considerou a opção de deslocar a cidade por completo, por exemplo, se Lisboa deveria ser deslocada para oeste, para a zona de Belém, onde o subsolo era mais forte e os edifícios tinham resistido ao terramoto. Defendeu que as ruas principais deveriam ter um traçado quadriculado e ser designadas para fins comerciais, refletindo a importância do ouro e da prata no comércio de Lisboa, e que estas ruas deveriam ser construídas sem arcos cobertos para melhorar a segurança. Cita dois modelos de cidades reconstruídas que considera importantes: Turim e Londres.

Em cada um destes casos, o autor faz uma retrospectiva das histórias de reconstrução. Em Turim, a nova cidade foi construída como uma extensão ou um complemento da antiga. Em Londres, analisou o plano de Christopher Wren para a reconstrução da cidade após o grande incêndio.

A chave no caso de Lisboa, observou Maia, foi o facto de o Rei não ter insistido para que o palácio real fosse reconstruído no seu local anterior. Isto porque o Rei estava aterrorizado com a ideia de passar uma noite num palácio numa zona de terremotos. Mas esta aversão real libertava os urbanistas de um enorme obstáculo. Se o Rei estava disposto a ceder um terreno privilegiado, então seria difícil para qualquer outra pessoa recusar-se a fazê-lo.

O plano da Maia foi rapidamente aprovado, localizando a reconstrução da cidade no seu local anterior e evitando o que tinha acontecido em Londres, onde, apesar dos ambiciosos planos de Wren, os direitos de propriedade e as antigas linhas de rua não foram ultrapassados. Com os princípios gerais elaborados, foram elaborados seis projectos pormenorizados, uns menos radicais do que outros.

No final, foi aprovado e adotado o projeto de quadrícula mais radical, o quinto plano elaborado por Eugênio dos Santos e Carlos Mardel. Este plano implicava uma reinvenção total do núcleo da cidade, com uma anulação completa dos anteriores padrões de ruas e direitos de propriedade.

O plano substituiu a antiga praça real por uma nova praça de comércio. A Praça do Comércio, esta praça à beira-mar, deveria ter edifícios idênticos em três lados, com arcadas no rés do chão e pilastras duplas. O lado norte era interrompido por um arco triunfal. Dois pavilhões de três andares em pedra lioz (um pseudo mármore calcário há muito utilizado em Portugal), um dos quais para a bolsa dos mercadores, ancorados nas arcadas leste e oeste do lado do rio. As fachadas com arcadas aproveitavam também o contraste entre a pedra lioz branca utilizada nas caixilharias de pedra padronizada e as paredes rebocadas de cor. O historiador de arte Robert Smith, cuja cátedra em Harvard é hoje o nosso patrocinador, escreveu que esta utilização da pedra lioz dava a "Lisboa um aspeto brilhante, não muito diferente de Veneza".

Quatro ruas principais, com cruzamentos em ângulos rectos, corriam para o interior a partir da Praça do Comércio em direção a duas praças paralelas recentemente reconstruídas com edifícios idênticos: O Rossio e a Praça da Figueira. Em frente às ruas, foram construídos pretos idênticos de quatro andares, com lojas ao nível do rés do chão. As paredes de cor ocre eram emolduradas em cada extremidade por pilastras largas e angulosas. Os edifícios eram rematados por telhados de duas águas: Foi criada uma unidade de arquitetura contínua no coração da cidade - uma área de 1.800 por 1.250 pés que, segundo Robert Smith, constitui um dos "maiores empreendimentos arquitetônicos uniformes da era do iluminismo".

Em maio de 1758, foi aprovada legislação que previa a avaliação e a redistribuição dos direitos de propriedade. As medidas geométricas foram substituídas por localizações reais, para que os proprietários pudessem ser compensados pelos terrenos, casas e antigos espaços de rua atribuídos ao abrigo do novo plano urbano. Foram concedidos empréstimos às pessoas que deles necessitavam, e aqueles que adquiriram novas propriedades tiveram cinco anos para concluir a construção dos novos edifícios. Tudo isto foi conseguido com uma rapidez notável.

Os novos edifícios deviam seguir dimensões uniformes e padronizadas. Mais importante ainda, devem ser tornados anti-sísmicos por meio de uma gaiola de madeira flexível anti-sísmica pioneira ou gaiola formada por treliças diagonais que reforçam uma estrutura horizontal e vertical. Por sua vez, os edifícios reforçados eram assentes em estacas de pinho verde encimadas por aduelas de pinho cruzadas e almofadas de morango. Todos os edifícios da Baixa deviam ser construídos desta forma. Cada edifício foi dotado de uma cisterna no pátio traseiro entre os edifícios. A partir daí, as águas pluviais eram encaminhadas para uma cisterna central sob a rua. O desenho de Eugénio dos Santos foi apresentado a Pombal por Maia a 19 de abril de 1756.

Os projetistas da nova Lisboa pretendiam criar um ambiente urbano mais higiênico e saudável. Pombal recorreu à ajuda de um "cristão-novo" português então residente em Paris, António Nunes Ribeiro Sanches (1699-1783), aluno do grande químico, botânico e clínico holandês H. Boerhaave, Ribeiro Sanches tinha sido o médico pessoal de Pombal enquanto este era embaixador em Viena. Ribeiro Sanches foi contratado por Pombal como consultor remunerado e Pombal publicou a sua tese sobre o saneamento e a necessidade de luz e ar para tornar os habitantes das zonas urbanas menos vulneráveis a doenças e enfermidades.

Para além da propriedade secular, havia também que resolver a questão do tratamento das propriedades eclesiásticas, das igrejas e das paróquias. Quer se mantivessem as igrejas no mesmo palácio ou se as mudassem, foi decidido que deveriam ser reconstruídas em novos locais, adequados ao plano diretor. Foi permitida uma maior decoração do que nos edifícios seculares, mas nenhuma das novas igrejas pombalinas tinha torres.

A nova Praça do Comércio manteve a presença real na forma de uma estátua de bronze encomendada para ficar no seu centro. Com Dom José a cavalo, a estátua inaugurada em 1775 foi desenhada pelo escultor da corte, Joaquim Machado de Castro (1731-1822) e foi baseada no monumento de Luís XIV (1660) publicado por Jacques François Blondel em Architecture Française (1752-1756), a presença real era simbólica. A essência da nova praça era ser um local de governo, de comércio, da alfândega e da bolsa de valores.

Pombal não só deu atenção às praças centrais e ruas principais, como também projectou e construiu casas mais modestas, criando as primeiras zonas de desenvolvimento industrial numa cidade europeia. No local onde terminava o grande aqueduto, Pombal colocou o seu subúrbio industrial com fábricas de seda, cerâmicas e fábricas de têxteis de algodão.

Em 1756, foi criada uma escola de arquitetura e desenho (Casa do Risco das Obras Públicas Reais) para produzir as plantas dos novos edifícios que se ergueram nas principais praças e ruas. A escola funcionou até 1760, sob a direção de Eugénio dos Santos, quando foi sucedido por Carlos Mardel. As plantas elaboradas sob a direção de dos Santos e Mardel - todos os projectos elaborados - até ao mais ínfimo pormenor tinham a assinatura de Pombal. Todos os edifícios foram dotados de paredes corta-fogo subdividindo os telhados. As janelas e portas eram padronizadas e ninguém podia construir de outra forma que não fosse de acordo com os planos aprovados. Para evitar a monotonia, foram permitidas variações sutis nas formas das portas e nas varandas de ferro e a Maia recomendou que as pessoas tivessem a liberdade de pintar as janelas e as portas de cores diferentes em zonas diferentes.

Este processo de reconstrução levou à criação de uma extensa infraestrutura para a pré-fabricação de revestimentos de pedra padronizados, ferragens uniformes, madeira cortada uniforme para as gaiolas, bem como a produção de argamassa e cimento de secagem rápida, vidro para as janelas e azulejos. Como consequência, a reconstrução de Lisboa estava diretamente ligada ao objetivo do governo de estimular uma classe industrial artesanal em Portugal e, assim, ajudar o desenvolvimento económico geral do país.

No entanto, um modelo para a nova Lisboa foi esquecido. Dois comerciantes ingleses em Lisboa foram colaboradores fundamentais de Pombal na reconstrução. Ambos vieram de Devon:William Stephens (1731-1803) e John Parminter (1712-1784). Stephens era o filho ilegítimo de um vigário local, Oliver Stephens (40 anos), e de uma criada, Jane Smith (19 anos), no Castelo de Pentillie, na Cornualha, onde Stephens ensinava as crianças na escola dos Church Wardens. William foi enviado para Exeter, onde a sua mãe casou mais tarde com o seu pai, e William foi bem educado na Exeter grammar school. Stephens tinha o monopólio de Pombal para fornecer vidro às novas viúvas. John Parmentier, um comerciante em Lisboa, também de Devon, tinha sido arruinado pelo terramoto, mas conseguiu comercializar um tipo de cimento de secagem rápida que foi utilizado para o revestimento dos novos edifícios à prova de terramotos e recebeu um monopólio de Pombal. O Parlamento de Londres aprovou uma lei (1758,1773) que permitia a exportação de colmo para Portugal com isenção de direitos. Os fornos de Stephens e Parminter situavam-se em Alcântara.

Mas a influência britânica foi mais alargada do que isso. O falecido John Harris, o antigo conservador de desenho da Society for British Architects, ao analisar a Praça do Comércio em meados da década de 1960, achou-a muito semelhante aos desenhos de Inigo Jones para Covent Garden publicados no Vitruvius Britannicus (1715-1777) de Colen Campbell. De facto, um exame do projeto original de Eugénio dos Santos para o lado norte da Praça do Comércio revela uma semelhança notável com os lados norte e oeste de Covent Garden, idênticos, com exceção dos dois pavilhões virados para o rio, no caso de Lisboa. É curiosamente uma ironia histórica que os planos de Christopher Wren para uma cidade mercantil de Londres e os planos de Inigo Jones para Covent Garden tenham acabado por servir de modelo ao centro comercial de Pombal para o seu próprio modelo arquitetónico mercantil e prático e despojado para a nova Lisboa.

O projeto do Brasil imperial foi também muito influente neste período: Pombal reorganizou toda a organização administrativa, financeira e militar do Brasil, expandindo e protegendo as fronteiras no extremo oeste e na bacia amazónica, e expulsando os jesuítas no processo. Entretanto, em Lisboa, prosseguiu a reconstrução utilitária neopalladiana da cidade com os seus engenheiros militares portugueses. O engenheiro militar inglês, coronel William Elsden, que tinha sido encarregado de procurar depósitos de colmo no País de Gales para Parminter. O Coronel William Elsden, projectou os novos edifícios científicos para a reforma da Universidade de Coimbra. William Stephens acabou por vender as suas fábricas ao Estado português no início do século XIX e reformou-se como um homem muito rico. Entre os seus descendentes conta-se Stephens Lyne Stephens, o chamado "plebeu mais rico do reino". É retratado em 1858 com um maço de notas de banco no punho cerrado. Mas sucumbiu a uma bela bailarina da Ópera de Paris, Yolande Duvernay, com quem casou. Ela gastou rapidamente a maior parte da sua fortuna. A filha e a sobrinha de Parminter construíram uma casa redonda única nos arredores de Exmouth, em Devon, que deveria ser herdada apenas por familiares solteiras do sexo feminino. Atualmente, é uma propriedade do National Trust.

Mas foi o destino macabro do jesuíta Padre Malagrida e dos aristocratas portugueses que tentaram assassinar o rei D. José e a reação de Voltaire, mais do que a tese de Ribeiro Sanches sobre saúde pública para a nova cidade de Lisboa, que consolidaram a imagem de Pombal na mente dos pensadores e escritores iluministas europeus. A incumbência do Abade Francisco Correa da Serra, brilhante naturalista e cofundador da Academia das Ciências de Lisboa, de escrever um artigo sobre a reconstrução de Lisboa, não ajudou. O seu artigo foi escrito mas não foi publicado na Enciclopédia porque chegou demasiado tarde para ser incluído.

Assim, a imagem de Pombal e de Portugal continua a ser a de Voltaire. Mas também é verdade que a Lisboa pombalina também não foi muito apreciada por muitos portugueses, apesar dos grandes trabalhos dos historiadores de arte Robert Smith e do historiador de arte português José Augusto França, que interpretaram a Lisboa reconstruída como a maior expressão do urbanismo iluminista.

Mas quando eu vivia em Lisboa, no início de 1964, muitos Lisboetas ainda se referiam à Praça do Comércio como o Terreiro do Paço, apesar de o paço ter sido destruído pelo grande terremoto de 1755. A Praça do Comércio foi então utilizada em 1964 como um gigantesco parque de estacionamento. O túmulo de Pombal não era visitado, a sua casa de Lisboa na Rua do Século estava abandonada e o palácio do seu irmão na Rua das Janelas Verdes tinha sido reaproveitado como Museu da Arte Antiga, e o único sinal de que alguma vez tinha sido uma residência pombalina era o brasão da família, localizado na cantaria no alto da escadaria que subia do jardim das traseiras.

No início da sua carreira, Pombal queixou-se amargamente da sua falta de recursos financeiros. No entanto, deixou o cargo como um dos homens mais ricos de Portugal, e grande parte dessa riqueza baseava-se na posse de valiosos bens imobiliários em Lisboa.

PARIS: A RECONSTRUÇÃO DE PARIS POR NAPOLEÃO III E PELO BARÃO DE HAUSSMANN.

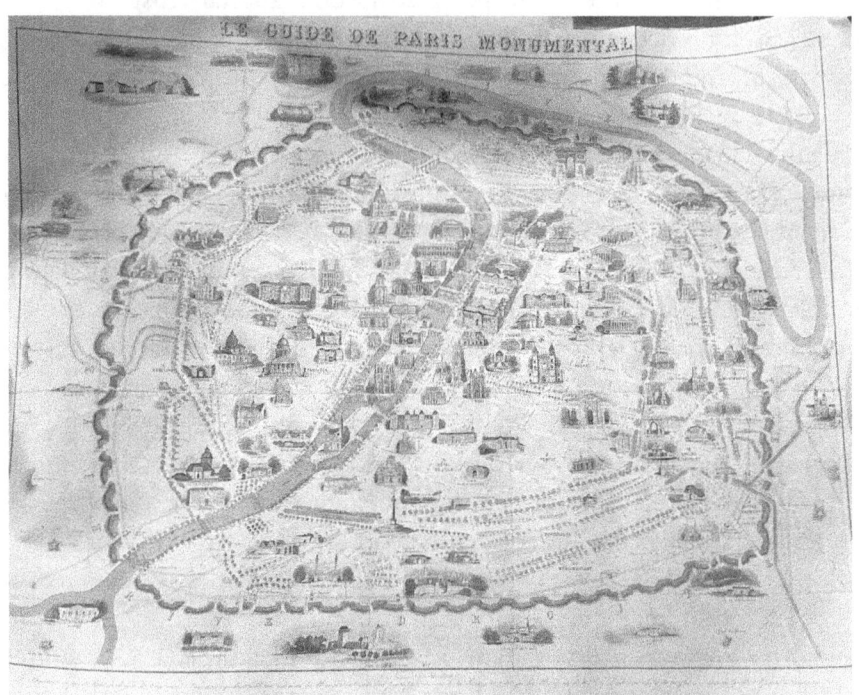

Testard (Jacques-Alphonse): Le Guide de Paris Monumental, um mapa original, 18 x 24 pol., publicado em Paris, 1860. Coleção Kenneth Maxwell.

Napoleão III foi o segundo filho do irmão de Napoleão Bonaparte, Luís, rei da Holanda, e da sua mulher, Hortense de Beauharnais. O seu primeiro filho, Napoleão Luís, tinha morrido em 1831, o que fez de Carlos Luís Napoleão o herdeiro aparente. Em 1853, casou-se com Eugénia de Montijo, uma aristocrata espanhola. O casal teve um filho, Napoleão Eugénio Luís, em 1856. Carlos Luís Napoleão foi um jovem romântico e, por vezes, imprudente e aventureiro, propenso a conspirações, golpes infrutíferos e longos períodos de exílio em Inglaterra e nos Estados Unidos, bem como longos períodos na prisão após duas invasões em França que falharam espetacularmente.

No entanto, foi eleito presidente da segunda república francesa a 10 de dezembro de 1848. Três anos mais tarde, a 2 de dezembro de 1851, deu um golpe de Estado sangrento que foi aprovado por uma esmagadora maioria num plebiscito organizado pelo seu meio-irmão, o conde de Morny. Um ano mais tarde, o segundo império foi proclamado e ele assumiu o título de Napoleão III. O seu reinado durou 18 anos, até ter conduzido a França a uma guerra catastrófica com a Prússia de Bismarck, altura em que foi capturado pelos prussianos. Foi deposto e o seu regime foi substituído pela Terceira República.

Napoleão III foi um governante autoritário que impôs restrições à liberdade de imprensa, de reunião, de expressão e de publicação. Os beneficiários do seu regime foram os novos homens do comércio, da banca, os construtores de caminhos-de-ferro. Foi uma época de riqueza súbita e espalhafatosa e de muita corrupção, de expansão do sistema ferroviário por toda a França e de aventuras imperiais ultramarinas na Argélia, na Indochina, no Egito com o Canal do Suez e a imposição pelas armas francesas do arquiduque Maximiliano da Áustria como imperador do México.

Mas Napoleão III tinha a visão de uma nova Paris: Uma cidade onde a habitação e o saneamento seriam melhores. George-Eugène Haussmann seria o homem que levaria isso a cabo. Durante 17 anos, como Prefeito do Sena do Imperador Napoleão III, Haussmann destruiu a velha Paris, tanto acima como abaixo do solo, introduziu sistemas modernizados de água e esgotos, bem como avenidas largas e amplas ladeadas por edifícios uniformes padronizados, conhecidos como "edifícios Haussmann".

Haussmann reformulou completamente as fundações da cidade de acordo com os valores da modernidade do século XIX. 75% do tecido urbano foi envolvido, e a rapidez das obras, que demoraram menos de 20 anos, criou uma nova cidade, totalmente planejada e concebida, onde a criação simultânea de infra-estruturas e superestruturas urbanas produziu uma rede notavelmente eficaz. Como observam Franck Boutte e Umberto Napolitano: "Este sistema aberto e evolutivo liga a cidade por baixo e por cima, sendo a sua principal razão de ser a melhoria do tráfego de vários tipos diferentes: peões, veículos, ... e tropas militares".

Mas os jovens artistas e escritores, como Édouard Manet, Claude Monet, Émile Zola e Gustave Flaubert, e Claude Baudelaire, resistiram às restrições do império. Do seu exílio fora de França, Vitor Hugo

(1802-1815) chamou-lhe "Napoléon le Petit". O Manifesto Comunista de Karl Marx e o seu "O Dezoito Brumário de Luís Bonaparte" ajudaram a enquadrar o reinado de Napoleão III. O Manifesto Comunista e "O Dezoito Brumário de Luís Bonaparte" de Marx foram ambos escritos em resposta à primavera revolucionária de 1848. O Manifesto Comunista de Marx ressoou com a sua força retórica: "Um espectro está a assombrar a Europa: o espectro do comunismo. A história de todas as sociedades até agora existentes é a história da luta de classes. Os proletários não têm nada a perder, exceto as suas correntes... HOMENS TRABALHADORES DE TODOS OS PAÍSES UNIDOS!"

Escrito à pressa por Marx, com base em rascunhos anteriores de Engels, nas primeiras semanas de 1848, o Manifesto apareceu poucos dias depois de uma revolução geral europeia que se estendia do Báltico aos Balcãs. Vítor Hugo também tinha pouco a dizer de bom sobre Luís Napoleão. A sua "Corcunda de Notre Dame"(1831) e "Les Misérables" (1862), revelava uma Paris antes da demolição da velha cidade medieval e da sua reconstrução, reorganização e modernização, como a "cidade da luz" pelo imperador Napoleão III e o seu prefeito do Sena, George Haussmann.

Os Haussmann eram protestantes, luteranos, que tinham fugido de Colónia, estabelecendo-se nos arredores de Colmar, na Alsácia francesa, no final do século XVIII, onde criaram uma grande fábrica de algodão. Um irmão, o avô do Prefeito Haussmann, naturalizou-se francês e tornou-se deputado na Assembleia Nacional. Após a Revolução de 1789, serviu como contratante de guerra para o exército da primeira república na Renânia e reformou-se com uma fortuna substancial, adquirindo uma propriedade em Chaville, entre St. Cloud e Versailles, onde o seu neto, o futuro prefeito de Paris, viveu os seus primeiros sete anos. Duas vezes forasteiros - como alemães e luteranos - todos os Haussmann passaram conscientemente a vida a provar a sua lealdade à França e ao governo da época.

Em 1853, Haussmann recebeu em Bordéus um correio governamental do ministro do Interior, Victor de Persigny (1808-1872), que o informava de que Luís Napoleão o tinha nomeado pessoalmente para a prefeitura superior do Sena. Pesigny diz a Luís Napoleão que Haussmann é "... um dos homens mais extraordinários do nosso tempo;

grande, forte, vigoroso, enérgico e, ao mesmo tempo, inteligente e desonesto. Contou-me todos os seus feitos durante a sua carreira administrativa, sem deixar nada de fora: poderia ter falado durante seis horas sem interrupção, uma vez que se tratava do seu assunto favorito, ele próprio".

George-Eugene Haussmann (imagem fotográfica de domínio público).

No primeiro encontro com o imperador, Haussmann foi levado para o gabinete de Napoleão III, onde Luís Bonaparte informou o novo prefeito que lhe daria total liberdade de ação e que não haveria intermediários ministeriais. Haussmann recorda: "O Imperador estava ansioso por me mostrar um mapa de Paris no qual tinha traçado linhas azuis, vermelhas, amarelas e verdes, cada cor indicando a prioridade do trabalho previsto".

Hausmann compreendeu a tarefa que tinha pela frente: Esperava-se que reconstruísse todo o coração central da capital francesa com a demolição e limpeza de centenas de hectares de edifícios medievais e ruas estreitas. Substituí-los por estruturas modernas e avenidas largas, introduzindo ao mesmo tempo um sistema de esgotos e de água doce completamente novo.

A relação de confiança e responsabilidade entre os dois homens desenvolveu-se ao longo dos dezasseis anos e meio seguintes. Nenhuma outra pessoa no governo ocuparia tal cargo durante o segundo império. O produto final desta colaboração foi uma Paris inteiramente nova. Napoleão III tinha delineado os seus planos para transformar completamente a capital francesa. Planos pelos quais Haussmann seria o único responsável.

A chave para a nova Paris seriam novas avenidas e bulevares retos e largos, que teriam de atravessar as passagens e os cortiços medievais. Milhares de propriedades teriam de ser condenadas e arrasadas. O processo, que incluía o confisco de propriedades privadas com base no direito de domínio eminente, seria confirmado por uma legislatura recém-criada com o seu novo presidente, Auguste de Morny. Charles Auguste Louis Joseph, conde de Morny (1811-1865)

O conde de Morny era o filho ilegítimo de um dos ajudantes de campo favoritos de Napoleão Bonaparte, o general Charles Joseph, conde de Flahaut, cuja mãe era Hortense de Beauharnais. Por conseguinte, era meio-irmão de Napoleão III. O pai do conde de Morny era o filho ilegítimo do príncipe Charles-Maurice de Talleyrand (1754-1838), o grande sobrevivente dos regimes franceses da Revolução Francesa, de Napoleão, do rei Bourbon Luís XVIII e do rei Luís Filipe, e a sua mãe era a condessa Adelaide de Flahaut. Morny, tal como Talleyrand, quando se tratava de propostas financeiras altamente lucrativas, como escreve Alan Strauss-Sconn: "Todos os escrúpulos e lealdades bancárias profissionais eram abandonados com total desdém".

Maxime Du Camp observou: Auguste de Morny "viajava pela vida sem esforço, um filho mimado da fortuna". Morny é o grande "facilitador", em troca de enormes "compensações", muitas vezes graças à colaboração do seu meio-irmão, embora a sua duplicidade de negócios tenha levado a uma ruptura com os irmãos Pereire, Emile e Isaac. Mas os financeiros, os industriais e a Bolsa têm de lidar com Morny, enquanto este é presidente do Corpo Legislativo e controla os decretos imperiais e a legislação que afecta a Bolsa e as finanças.

Os cortiços de Paris eram uma fonte de doenças debilitantes. A cólera foi responsável por 30.000 mortes entre as décadas de 1830 e 1860. Grandes porções da cidade antiga foram limpas e substituídas por novas estruturas, com acesso a ar fresco, água corrente e esgotos subterrâneos. O financiamento destes vastos projectos foi assegurado pelo parlamento, pela prefeitura e pelo município de Paris. As empresas de construção eram obrigadas a concluir os seus trabalhos num prazo determinado, sob pena de perderem as cauções que tinham de depositar na cidade.

Para dar início à nova rede de avenidas, foram necessárias modernas portas de entrada na cidade: As novas estações ferroviárias deviam ligar umas às outras, ao centro da cidade e aos edifícios governamentais e ao centro administrativo do império - as Tulherias, o Palácio do Eliseu e o castelo de Saint-Cloud. Haussmann escreveu: "É dever do Chefe de Estado ter as rédeas da administração da capital na ponta dos dedos". Como parte deste plano, o Ministério do Interior - responsável pelas prefeituras dos condados e pela polícia - seria imediatamente transferido para o edifício diretamente oposto à entrada do Palácio do Eliseu, onde o Imperador Luís Napoleão passava cada vez mais tempo.

A primeira tarefa do Prefeito Haussmann foi dividir a cidade em quatro sectores, completando as obras da rua de Rivoli de leste a oeste, da praça da Concórdia à praça da Bastilha. A necessidade de remover a colina e de graduar o terreno para o prolongamento do Boulevard levou ao desenvolvimento da técnica de triangulação, que foi então utilizada e se tornou uma arma inestimável nas obras públicas para mapear toda a cidade. Do outro lado da Concorde, os Campos Elísios continuariam para oeste, em direção ao Ponto Redondo - o Arco do Triunfo - uma nova avenida, mais tarde designada por Boulevard de Sebastopol, conduziria em linha reta até à Porte de St-Denis, de onde continuaria como Boulevard de Strasbourg até à Gare de l'Est.

O novo Boulevard St-Michel estender-se-ia desde a Pont de St-Michel até ao bairro latino. Foram criados vários grandes cruzamentos a partir dos quais surgiram grandes avenidas e bulevares. A maior e mais impressionante foi, de longe, a L'Étoile, projetada pessoalmente por Haussmann, com doze ruas que se estendem como os raios de uma roda. Os Champs Élysées terminavam aqui. Haussmann comentou que: "Este belo conjunto é certamente considerado uma das melhores realizações de toda a minha administração."

Cada avenida foi construída por uma empresa separada. Uma lei aprovada em 1852 permitiu a aplicação em larga escala do direito de domínio eminente. Uma declaração de utilidade pública. A apreensão de uma propriedade privada com um objetivo público. A expropriação de casas, lojas, prédios de apartamentos para serem demolidos e depois limpos. Cada empresa de construção era obrigada a depositar uma caução ou garantia substancial junto da cidade para assegurar o seu cumprimento integral. Em 1858, o prefeito Haussmann criou o Tesouro das Obras Públicas de Paris, que lhe permitia acelerar o processo através da emissão de títulos, ou seja, IOU's (sigla em inglês para "I owe you"), sacados deste fundo.

Haussmann confiou no investimento privado e fez das propriedades de investimento o edifício parisiense genérico. Na sua variante mais comum, o edifício Haussmann tem entre cinco e sete pisos, consoante a rua para onde está virado. O rés do chão tem uma loja virada para a rua e uma cabina de porteiro se estiver situado numa rua residencial. O segundo andar tem os tectos mais altos e uma varanda. O terceiro e o quarto andares têm um teto idêntico, ligeiramente mais baixo. O quinto andar tem uma varanda. O sexto andar, frequentemente o último andar, tem o teto mais baixo e alberga os aposentos dos empregados sob o beiral.

Haussmann assistia normalmente à venda dos lotes e assinava as escrituras. Os contratos especificavam "alterações, cláusulas e condições... As casas de cada quarteirão devem ter a mesma altura de piso e as mesmas linhas de fachada principal, as fachadas devem ser em pedra cortada com varandas, cornijas e molduras, a altura do edifício virado para o pátio não pode exceder a da fachada virada para a rua". O sistema de construção era simples e claro e a pedra utilizada era proveniente do subsolo parisiense. A estrutura do edifício é constituída por paredes estruturais que suportam os pavimentos e o núcleo do sistema de contravento. A pedra utilizada foi o calcário claro de cor loura da região parisiense e as coberturas foram revestidas com um ângulo de 45% em zinco cinzento.

Com a conclusão das avenidas, houve uma maior necessidade de transportes públicos. Haussmann licenciou táxis, fiacre puxado por cavalos e concessionárias de ônibus. Foram emitidos contratos para a instalação de condutas de gás subterrâneas e, em 1870, 33 000 novas saídas de gás para iluminação pública, edifícios públicos e casas particulares. A Londres que Luís Napoleão tanto admirou e tentou imitar estava agora a ser ofuscada por uma Paris moderna, nova e espaçosa. Desde o século XVIII que Paris é conhecida como a cidade da luz. Este facto referia-se ao seu papel de liderança no Iluminismo. Mas com milhares de lâmpadas a gás, Paris tornou-se de facto, e também em teoria, uma "Cidade Luz".

Para fornecer água potável, Haussmann empreendeu grandes obras de engenharia para trazer água através de novos aquedutos e poços artesianos. Foram construídos novos e extensos canais subterrâneos de esgotos e, sob as suas instruções, muitas escolas foram modernizadas e ampliadas, incluindo a Sorbonne, a faculdade de Medicina. Napoleão III também nomeou Prosper Mérimée como o primeiro inspetor-geral dos monumentos históricos. Haussmann mandou renovar o Hôtel de Ville. Aqui, Haussmann e a sua esposa organizaram espectaculares bailes de máscaras e recepções diplomáticas, incluindo para a Rainha Vitória e o Príncipe Alberto durante a sua visita à primeira Exposição Universal em 1855.

Em 1861, o prefeito do Sena abre caminho para a nova Ópera de Charles Garnier. Todas as grandes estações ferroviárias foram construídas e o primeiro telégrafo foi instalado em todo o país. O mercado de Les Halles, concebido por Victor Ballard, arquiteto da cidade, foi construído em ferro fundido e vidro produzido à escala industrial. Uma inovação técnica também utilizada na construção da igreja de Santo Agostinho, construída entre 1860 e 1871, também projectada por Victor Baltard, colega protestante de Haussmann, que combinava uma estrutura de ferro fundido com uma construção em pedra e suportava a maior cúpula de Paris. A igreja de Santo Agostinho destinava-se a ser o local de repouso final de Napoleão III e foi concebida para ser um ponto de referência bem visível no encontro de duas avenidas.

No Segundo Império, no entanto, cada um tinha o seu preço. Mas isso não era novidade. Os subornos assombrosos recebidos pelo Ministro dos Negócios Estrangeiros, o Príncipe de Talleyrand, do primeiro Napoleão, foram notícia em todas as capitais europeias. O conde, mais tarde duque de Morny, continuou essa tradição. Os banqueiros, os irmãos Pereire, judeus de origem portuguesa, de Bordéus, e os Rothschild, disputam o negócio dos empréstimos do império de

Napoleão III. Após o Congresso de Paris, em março de 1856, que encerrou a calamitosa Guerra da Crimeia, onde Morny tinha sido um opositor declarado da Guerra da Crimeia, e as últimas manobras financeiras de Morny nos mercados financeiros,

Napoleão III, necessitando de se distanciar do seu meio-irmão, enviou-o numa missão à Rússia. Morny foi surpreendentemente bem sucedido. Em 1856, casou-se com uma bela princesa da família real, Sophie Troubetzkoy, de 17 anos. O czar Alexandre assistiu ao casamento a 19 de janeiro de 1857 e ofereceu à noiva um dote de 500.000 euros. A amante de longa data de Morny em Paris, a condessa Fanny Le Hon, de 53 anos, ficou incandescente de raiva. Furiosa, ameaçou Napoleão III de que revelaria todos os negócios obscuros de que tinha conhecimento. O imperador convocou o prefeito da polícia, que enviou o inspetor Griscelli à mansão de Fanny, nos Campos Elísios, para apreender todos os documentos potencialmente incriminatórios.

Entretanto, a construção de caminhos-de-ferro, as enormes transações imobiliárias, os fabricantes de ferro e aço forneciam os carris e as locomotivas, a extração de carvão e ferro era estimulada pelos novos caminhos-de-ferro. Investidores estrangeiros, ingleses e alemães, tiram partido da expansão do mercado bolsista e surgem novas instituições financeiras. James de Rothschild ultrapassou os Pereires com novos fundos de investimento. O governo cria os primeiros bancos hipotecários. O Crédit Foncier de France financiou o sector imobiliário e o Crédit Industriel et Commercial foi o primeiro banco a aceitar depósitos de particulares. Napoleão III juntou os ministérios da agricultura, do comércio e das obras públicas num superministério e, na década de 1860, introduziu nova legislação para criar as primeiras sociétés anonymes, que lançaram as grandes instituições bancárias públicas: Banque de Paris, Crédit Agricol, Société Générale, Credit Lyonnais.

Os irmãos Pereire criaram um novo e luxuoso bairro em Paris, o Parque Monceau, com novas mansões, incluindo uma para a qual Fanny Le Hon se mudou dos Campos Elíseos. Os irmãos Pereire também construíram o Grand Hotel du Louvre para a abertura da Exposição de 1855 e o Grand Hotel de la Paix, com oitocentos quartos, em frente à Place de l'Opéra. Também desenvolveram Arcachon, uma praia de férias com moradias, praças e avenidas, e um casino, na costa atlântica, em

1857, com uma ligação ferroviária a Bordéus. Com a brisa do mar, as dunas de areia e os pinhais, tornou-se a estância termal preferida dos ricos. Auguste de Morny também criou a cidade de Deauville, no Canal da Mancha, com moradias de luxo, um casino, restaurantes e um hipódromo com o seu nome.

Napoleão III tinha pensado em criar grandes parques e dezenas de "praças" verdes e Haussmann teve de lidar com os complicados problemas de engenharia para tentar duplicar o Hyde Park e o seu lago serpenteado em Paris. Napoleão III passou um dos seus primeiros exílios a viver em Mayfair, em Londres, perto do Hyde Park e do St James Park, e queria que Paris também tivesse espaços verdes abertos ao público. Haussmann contratou Jean Charles Alphand, um engenheiro sénior e antigo chefe do departamento de pontes e estradas em Bordéus, para supervisionar o projeto. A tentativa de duplicar a serpentina do Hyde Park de Londres teve de ser abandonada e, em vez disso, foram construídos dois lagos a diferentes níveis.

Foram construídas estradas adicionais e extensos jardins de flores. Dezenas de milhares de novas árvores foram plantadas nos 2.090 hectares bucólicos do Bois de Boulogne, criados em terrenos transferidos para a cidade de Paris em 1852, e o parque foi completado com a aquisição da Plaine de Longchamps. O Jockey Club alugou o terreno com a condição de criar um hipódromo e sables. Longchamps torna-se uma pista de corridas de primeira categoria, para grande satisfação de Morny. De seguida, Haussmann transfere o Bois de Vincennes para o município. O desejo de Luís Napoleão de uma Paris mais verde é realizado.

Mas as despesas aumentam. Os empréstimos em grande escala, sob a forma de obrigações, são indispensáveis. Nem o Imperador nem Haussmann queriam aumentar os impostos. Em 1858, a legislatura bloqueou o empréstimo, que se prolongou até 1860. Em 1865, um novo empréstimo foi aprovado com relutância. As despesas envolveram o desenvolvimento do Parc Buttes-Chaumont, no nordeste de Paris, numa antiga pedreira que tinha fornecido a pedra utilizada em muitos dos novos edifícios, e o início do Parc Montsouris, com quarenta acres, no extremo sul da cidade, com lagos paisagísticos e elementos aquáticos.

Haussmann também demoliu o Hotel-Dieu, imediatamente a sul de

Notre Dame. Metade dos edifícios da Ile de la Cité foram demolidos. As duas pontes que ligam a ilha foram completamente reconstruídas. O espaço em frente à Notre Dame é alargado. Haussmann queria retirar totalmente o Hotel-Dieu, mas o imperador opôs-se e o hospital foi transferido para o outro lado da ilha, mais amplo. No final da década de 1860, a população da Ile de la Cite tinha diminuído de 25.000 para 5.000 e tinha-se tornado um centro administrativo, com o renovado Hotel de Ville como sede da prefeitura.

Haussmann reorganizou e alargou as fronteiras de Paris, incorporando as áreas suburbanas e estabelecendo a nova organização dos arrondissements de Paris. Em 1860, os subúrbios de Paris foram anexados à cidade. De doze arrondissements, passou-se a vinte. Haussmann alargou os seus planos com novas avenidas que ligariam todos os arrondissements ao centro da cidade. Os impostos municipais foram cobrados nas novas áreas a partir de 1 de janeiro de 1860. Em 17 anos, foram plantadas 600.000 árvores. Haussmann criou um gabinete municipal onde foram projectadas as cercas de jardim, os quiosques de jornais, os urinóis públicos, os postes de iluminação e os coretos decorativos para os 27 parques e praças que foram instalados em toda a cidade.

Haussmann, porém, que chegou com pouco, partiu com pouco. Era irritantemente honesto, mas tornou-se o alvo ideal para os inimigos de Luís Napoleão. E eram muitos. Após a morte de Morny, em 1865, Haussmann tornou-se alvo de crescentes ataques à sua probidade. Era responsável por muitas centenas de milhões de francos anuais e era o homem que tomava as decisões finais.

Em 1867, Napoleão III, enfraquecido politicamente e com uma saúde muito débil, ordena a demissão de Haussmann. Haussmann resistiu, mas em janeiro de 1870 foi demitido. Quando Haussmann foi destituído do cargo, tinha supervisionado a demolição de 19.722 edifícios, que foram substituídos por cerca de 43.777 novas estruturas, todas com água corrente e instalações sanitárias. Concebeu e supervisionou a construção de 95 quilômetros de novas ruas iluminadas a gás. Nunca aceitou um único suborno. Também não especulou nem possuiu uma única propriedade. Supervisionou a despesa do equivalente a mais de 32 milhões de dólares: Tudo foi devidamente contabilizado até ao último cêntimo. A sua pensão foi suprimida após a queda do segundo império. Não se reformou como um homem rico.

CONCLUSÃO

"Hegel observa algures que todos os grandes acontecimentos e personagens da história mundial aparecem, por assim dizer, duas vezes. Esqueceu-se de acrescentar: a primeira como tragédia, a segunda como farsa." Karl Marx estava a falar de Napoleão I e Napoleão III. Otto von Bismarck foi ainda mais condescendente com o governo de Luís Napoleão. Bismarck tinha passado o ano de 1861 como enviado diplomático prussiano em Paris, quando procurou compreender a cidade e o país. Observou que: "Vista de longe, parece muito impressionante. De perto, percebe-se que não é nada".

Os historiadores não têm sido gentis com a memória de Napoleão III. Em 1 de março de 1871, o Kaiser Wilhelm I, Bismarck, Moltke e o exército prussiano concluíram a sua vitória com um grande desfile de 30.000 soldados pelos Campos Elísios até ao Arco do Triunfo. Napoleão III tinha conduzido a França à desastrosa Guerra Franco-Alemã de 1870-71. Uma ofensiva de tropas prussianas superiores, lideradas pelo General Helmuth von Moltke, tinha cercado o exército francês do Reno, liderado por Achille Bazaine, em Metz. Bazaine era um soldado profissional que tinha liderado o exército francês no México, tendo servido anteriormente na Argélia e em Espanha, e durante a Guerra da Crimeia: rendeu-se.

Em 1 de setembro de 1870, o exército francês do General Patrice MacMahan também capitulou perante os alemães na pequena cidade de Sedan, no noroeste do país. MacMahon tinha também servido na Argélia. A 2 de setembro de 1879, Napoleão III deixa a Porta Sul de Sedan. Aguardou a chegada de Bismarck. Bismarck diz a Napoleão III que só Moltke está habilitado a responder a qualquer pergunta. Luís Napoleão explica que está ali a título pessoal e não como governante de França e que pode entregar-se a si próprio e ao exército de Châlons. Todo o exército de Chalons se rendeu, cerca de 90.000 homens, juntamente com o marechal McMahon. Luís Napoleão foi informado de que seria aprisionado no palácio de Wilhelmshöhe, perto de Cassel.

A Imperatriz Eugénia, regente na ausência do marido, foi abandonada. A 4 de setembro, o Palácio das Tulherias foi cercado por uma multidão furiosa de 200.000 homens e mulheres. Apenas o embaixador da Áustria, Richard von Metternich, e o embaixador italiano Constantine Nigra ficaram com ela. Nigri apanhou um fiacre aberto de um cavalo na Rua de Rivoli e chegou finalmente à mansão do dentista americano de Luís Napoleão, Thomas Evans, na recém-construída Avenue l'Imperatrice de Haussmann (atual Avenue Foch). Dali, no Landau fechado de Evans, seguiram para Deauville, onde a Imperatriz Eugénia embarcou no iate inglês para Rye. No final do mês, Evans alugou a pequena mansão georgiana de Camden Place, em Chislehurst, Kent, a poucos quilómetros a sudeste de Londres, onde se juntou ao seu filho de catorze anos, que tinha sido enviado para Inglaterra pelo seu pai.

O Barão Haussmann deixou Paris e foi para Bordéus quando o império entrou em colapso. Quando Bordéus se tornou inseguro, atravessou a fronteira para Itália usando um nome falso e um passaporte falso. Aí permaneceria até ser seguro regressar a França. Os Rothschild também viram as suas vidas perturbadas e os prussianos ocuparam o castelo da família em Ferrieres. Bismarck teve um prazer especial e malicioso em ocupar o castelo de propriedade judaica. Paris capitulou perante os prussianos em janeiro de 1871. Foi assinada uma paz preliminar em Versalhes. A França perdeu a Alsácia-Lorena, foi obrigada a pagar uma indemnização de guerra de cinco milhões de francos até setembro de 1875 e o leste da França deveria ser ocupado até ao pagamento final. Em 18 de janeiro de 1871, numa cerimônia luxuosa realizada na Galeria dos Espelhos, foi declarado o Reino Alemão unificado, não em Bertin, mas em Versalhes.

Victor Hugo chamou a 1870-71 "O Ano Terrível". Mas partiu para Bruxelas. Durante o cerco de Paris "Já não é uma cidade. É uma fortaleza e as suas praças não são mais do que campos de parada", escreveu um habitante. Os estábulos e os jardins das Tulherias são agora um vasto parque militar. A inacabada Ópera Garnier era um depósito militar. Os oficiais da Guarda Nacional estavam alojados na Bourse. Os pontos altos, incluindo o Arco do Triunfo, tornaram-se estações de semáforos. As trabalhadoras do sexo foram transferidas para oficinas de costura de uniformes. O Palais-Royal e o Grand Hotel du Louvre tornam-se hospitais. Os voos de balão oferecem esperança. São lançados dois ou três balões por semana. Depois, recorre-se aos pombos-correio. A Gare d'Orleans (atual Gare d'Austerlitz) e a Gare du Nord são confiscadas pelos correios e transformadas em fábricas de balões. Em 1 de janeiro de 1871, Moltke ordenou às suas forças prussianas que lançassem 300-400 obuses por dia do seu canhão Krump sobre Paris. Foi a primeira vez na guerra moderna que a população civil foi bombardeada indiscriminadamente.

Paris viria a sofrer dois desastres militares e políticos num só ano. A Comuna de Paris teve início em reação à ordem da Assembleia Nacional Francesa, reunida em Versalhes, segundo a qual Adolphe Thiers tinha tentado e não conseguido apoderar-se dos 200 canhões da guarda nacional na colina de Montmartre. Os soldados recusaram. Dois generais foram assassinados e os seus corpos urinados. Thiers nomeou o Marechal Patrice MacMahon, que tinha rendido o exército francês em Sedan, para liderar as tropas da Assembleia. Bismarck permite que o exército francês aumente para 170.000 homens, libertando os soldados franceses presos

Paris foi novamente sitiada. Começaram as execuções de ambos os lados e foram erguidas barricadas por toda a cidade. Os comunistas estabeleceram pontos fortes com canhões em Montmartre, no Panteão e no Trocadero. George Clemenceau, presidente da câmara do 18º arrondissement, afirma: "Estamos presos entre dois bandos de loucos: os que estão em Versalhes e os que estão no Hotel de Ville." O arcebispo de Paris, Monsenhor George Darboy, foi detido e preso. A França provincial era fortemente católica. Os communards consideravam a Igreja corrupta e avarenta. Em 18 de abril de 1871, Karl Marx foi encarregado pelo Conselho Geral da Internacional de escrever um panfleto sobre a comuna.

Em maio, o Palácio das Tulherias, onde Napoleão III e a Imperatriz Eugénia tinham recebido luxuosamente os seus convidados, foi ocupado, a mansão de Thiere foi saqueada e o Grande Hotel do Louvre foi despojado de alimentos, álcool, tabaco, mesas e mobiliário. As execuções sumárias são comuns.

130.000 soldados de Versalhes entraram na cidade, Jules Bergeral tinha empilhado dezenas de barris de pólvora sob a cúpula central da Salle des Maréchaux do Palácio das Tulherias. Acendeu-a. A cúpula foi destruída e o palácio foi consumido pelo fogo num inferno estrondoso.

O Arcebispo Darboy foi levado perante um pelotão de fuzilamento com outros seis padres. O pelotão de fuzilamento falhou três vezes na tentativa de o matar e o golpe de misericórdia foi dado com pistolas e baionetas. O seu corpo e o dos seus companheiros foram atirados para uma vala aberta no cemitério de Pere-Lachaise. Foram mortos entre 20.000 e 30.000 comunistas. Karl Marx disse mais tarde que: "Thiers foi o verdadeiro assassino do Arcebispo Darboy." A última resistência teve lugar no cemitério de Pere-Lachaise. 147 comunardos foram aí fuzilados e enterrados numa vala comum. O número de mortos da Comuna supera o do Reino do Terror durante a Revolução Francesa.

O grande projeto de Napoleão III e do Barão de Haussmann em Paris terminou em catástrofe. O Castelo de Saint-Cloud foi igualmente destruído durante a guerra franco-prussiana de 1870. Foi o local do golpe de Estado de Napoleão Bonaparte que derrubou o Diretório francês em 1799: foi o local do 18 Brumaire.

O que é que podemos dizer no final sobre tudo isto? Sobre a reconstrução de Londres, de Lisboa e de Paris?

No dia 15 de janeiro de 1873, o caixão de Luís Napoleão Bonaparte foi colocado num carro funerário à porta de Camden Place, em Surrey, Inglaterra, para onde tinha ido para o seu último exílio, depois de ter sido capturado pelas forças de Bismarck e dos prussianos. Os comboios matinais de Londres tinham trazido milhares de pessoas. Luís Napoleão jazia embalsamado no seu uniforme de tenente-general da Chambre Ardente, com a sua espada ao lado e, a seus pés, um ramo de inmortales amarelas, as flores preferidas da sua mãe. Usa na mão esquerda a sua própria aliança de casamento e a de Napoleão I.

O Governo francês recusou-se a reconhecer o seu funeral e não enviou qualquer representante oficial, impedindo assim a participação do Governo inglês, da Rainha Vitória e da família real. No entanto, o estandarte real em Windsor foi baixado a meia haste, tendo a Rainha Vitória e a corte real ficado de luto durante quinze dias.

Mais tarde, os restos mortais de Luís Napoleão foram colocados num belo sarcófago doado pela Rainha Vitória. O estandarte real do

Castelo de Windsor foi suspenso sobre o túmulo. Seis anos mais tarde, o Príncipe Luís Napoleão IV, de vinte e três anos, oficial do exército inglês, foi morto numa emboscada Zulu na África do Sul. O seu caixão foi transportado de volta para Chislehurst e colocado ao lado do seu pai.

O governo francês não lamentou a morte de Luís Napoleão. A nova República Francesa eliminaria Napoleão III e o segundo império da história de França, e o Marechal Patrice MacMahon, em troca da entrega de todo o exército francês a Bismarck em 1870, seria eleito presidente da república.

O príncipe Eduardo, futuro rei Eduardo VII, então príncipe de Gales, era devoto de Luís Napoleão desde 1855 e escreveu quase diariamente a Luís Napoleão em seu nome e em nome da rainha. Desde o dia do seu primeiro encontro em Paris, durante a Exposição Universal de 1855, que Luís Napoleão lhe era dedicado.

Bismarck e a Comuna de Paris enquadraram o reinado de Napoleão III e o Segundo Império francês, tal como a revolta de 1848 marcou o seu início.

Os projectos imperiais na Argélia, na Indochina e no México enquadraram também o reinado de Napoleão III e a destruição e reconstrução da nova Paris por Haussmann. Karl Marx e Vitor Hugo, Manet e Monet, definiram a imagem histórica de Napoleão III e, durante muitos anos, a reputação da reconstrução de Paris por Haussmann.

Mas o que é que aconteceu aos homens que tentaram refazer Londres e que refizeram Lisboa e Paris?

Não deixa de ser irônico que o Príncipe Imperial, filho de Napoleão III, tenha morrido na África do Sul às mãos dos Zulus.

O arquiduque austríaco Maximiliano, imperador do México, foi fuzilado por um pelotão de fuzilamento de Juaristas (e não de soldados franceses, como mostra o quadro de Édouard Manet) numa colina desolada nos arredores de Oaxaca, no México.

Pombal morreu muito doente e em desgraça no exílio, longe de Lisboa, no interior de Portugal. Depois de uma comissão de interrogatório ter chegado para investigar o seu governo, foi abortada por D. Maria I devido, segundo o decreto, à sua idade avançada e à sua doença.

O seu corpo foi posteriormente transladado e sepultado na pouco visitada Igreja da Memória, em Lisboa.

O corpo do imperador Napoleão III encontra-se numa pequena abadia fundada pela sua mulher, perto do aeroporto de Farnborough, em Surrey, onde se realizam os espectáculos aéreos de Farnborough. A Imperatriz morreu em 1920 e jaz agora ao lado do seu marido e do seu filho. A abadia é cuidada por um pequeno grupo de freiras. Atualmente, a Abadia não está aberta ao público.

Christopher Wren está sepultado na sua grande catedral de São Paulo, em Londres.

Inigo Jones jaz na Igreja de Gales, em grande parte esquecido. Embora, nos últimos anos, Covent Garden tenha se tornado novamente uma zona de moda e cultura, com a Royal Opera House e hotéis e restaurantes da moda nas proximidades.

As ruas de Londres permanecem tal como eram antes do grande incêndio de Londres, quando foi negada a Christopher Wren a oportunidade de replanear a capital.

Mas Lisboa e Paris permanecem tal como os Marquês de Pombal e Napoleão III as imaginaram, ambas reconstruídas para refletir a modernidade, Lisboa reconstruída após o catastrófico terramoto de 1755 e Paris reconstruída entre as revoltas revolucionárias europeias de 1848 e a catastrófica derrota da França por Bismarck e uma Prússia ressurgente, o cerco de Paris e os dias sangrentos da comuna de Paris.

George Haussmann regressa a Paris e passa os seus últimos dias num alojamento alugado, com a sua escassa pensão de 6.000 francos. Nas suas memórias, escreve: "Aos olhos dos parisienses, que gostam da rotina nas coisas mas são mutáveis no que respeita às pessoas, cometi dois grandes erros. Durante 17 anos, perturbei as suas rotinas quotidianas, virando Paris do avesso; e tiveram de olhar para o mesmo rosto do prefeito no Hotel de Ville. Foram duas queixas imperdoáveis". Até hoje, muitos parisienses ainda o consideram um vigarista.

Mas talvez Georges Haussmann tenha a última gargalhada, ou talvez a última careta. Está enterrado na Cimitière du Pere Lachaise, em Paris: O primeiro cemitério-jardim. Os parisienses podem ainda considerá-lo corrupto, o que não era, embora o meio-irmão de Napoleão III, o conde de Morny, o fosse certamente. Mas entre os seus companheiros cadáveres no Cimetiere du Pere-Lachaise encontram-se Jim Morrison, Oscar Wilde, Edith Piaf, Isadora Duncan, Maria Callas, Gertrude Stein,

Chopin, Colette, Richard Wright, Miguel Angel Asturias, Rossini, Bizet, Sarah Bernhardt: Poucos teriam estado lá se Napoleão III e o Barão Haussmann não tivessem remodelado Paris. Que, apesar da turbulência política e de muitos novos regimes ao longo dos anos, se mantém até aos dias de hoje.

The Pivot: The Portuguese Coup of the 25th April and its Global Consequences

On Friday 25 October 2024, Dr. Kenneth Maxwell gave the keynote address in Lisbon at a conference on the international dimensions of the Portuguese transition. It was hosted by the Fundação Oriente.

Included in this speech was information which Professor Maxwell obtained during his visit to Sao Paulo, Brazil in April.

According to Maxwell:

The evening before my speech at USP I had dinner with my old friend Elio Gaspari. He is an eminent Brazilian journalist and author of five volumes on the Brazilian military regime. I have known Elio since 1966 when we met at a cocktail party at the apartment in Flamengo, Rio de Janeiro, of Christian Adams, a young British diplomat, who had recently graduated from Oxford. Elio was then working for the society columnist Ibrahim Sued.

We had discussed over dinner what I was intending to say the next day at the congress at USP, and after dinner I sent him a copy of my speech. Elio then sent me next morning some amazing documentation, including records of the secret conversations of the exiled General Antonio de Spínola (1910-1996) with the Brazilian intelligence agency (SNI) in Rio de Janeiro and in Brasilia in 1975, and the reaction of the Brazilian president, General Ernesto Geisel (1902-1996), to General Spínola's *request for assistance for his planned invasion of Portugal.*

These documents tell an amazing and unknown story, detailing General Spínola's plans, specifying precisely what he wanted by way of Brazilian assistance, laying out the role West German intelligence, and the involvement of Spain, and the role of Spínola's Salamanca HQ in his scheme to infiltrate armed groups over the frontier from Spain into northern Portugal. And of West Germany willing to clandestinely finance these operations.

I include these documents in the speech which follows. They provide a unknown side to the story of the Portuguese Revolution, and the lucky escape that Portugal had thanks to the uncoordinated action of the Brazilian president, General Ernest Geisel, in categorically denying General Spínola's requests, and of the American ambassador in Lisbon, Frank Carlucci, in circumventing Henry Kissingers's desire to make Portugal an example, a la Pinochet in Chile, to prevent the spread of what he regarded as communist "infection" in the rest of Europe. Certainly, together Geisel and Carlucci prevented much potential bloodshed which an armed invasion of Portugal's in 1975 would inevitably have entailed. And for that we can be forever grateful.[1]

THE PIVOT: THE PORTUGUESE COUP OF THE 25TH APRIL AND ITS GLOBAL CONSEQUENCES

I would first like to the thank the Instituto Português de Relações Internacionais da Universidade Nova de Lisboa, The Fundação Oriente, and the Fundação para a Ciência e Tecnologia, for organizing this important meeting. It is a great honor to be here and to be among such a distinguished gathering of Portuguese and international scholars. I am anticipating learning a great deal from the presentations and discussion.

In February 1974 I was at the Institute for Advanced Study at Princeton. I was appointed the Herodotus Fellow in the School of Historical Studies in 1972. But I had remained at the Institute for a further three years with the support of a grant from the Rockefeller Foundation. I was working at the time on the late 18th Century Atlantic revolutions, and in particular on the great slave revolt which took place in the French Caribbean colony of Saint Domingue, which later was renamed Haiti.

I had lived in Portugal in 1964 for almost six months where I had received the very welcome support of the Gulbenkian Foundation. As a consequence, I had some very close friends in Portugal from that time. I had visited them and stayed with their families, especially in the north of Portugal, several times over the intervening years. When General Antonio de Spínola's book "Portugal and the Future" was published in Portugal in February 1974, I thought that something serious was taking place.

General Spínola had been the commander-in-chief in Portuguese Guinea and was the vice-chief of staff of the Portuguese armed forces. His book was clearly a challenge to the leadership of Marcelo Caetano, who had succeeded Salazar as the political leader of the Portuguese State. I contacted Robert Silvers, the editor of *The New York Review of Books*, and said as much to him. He was convinced that something serious was afoot in Portugal and he gave me press credentials to go to Portugal to investigate.

I went to Portugal via London. A friend was at the time a senior editor at *The Economist*. He gave me access to the press clippings collection at the London Library on St. James Square. I spent a couple of weeks going over all the press coverage of Portugal. I also contacted several Portuguese exiles living in England. At the time, the press clippings collection at the London Library provided an overview of what the international press was saying about Portugal: Very little as it turned out. I also met Robert Moss, the editor of *The Economist's* "special report" which was a confidential report sent to paying clients.

But I was warned by my friend to be cautious with him: Very good advice as it turned out. I then spent a month in Lisbon. One of my closest Portuguese friends from 1964 was a miliciano officer based in Lisbon. In fact, the tension between the miliciano officers and the regular officers in the junior officer corps had been one of the causes behind the formation of the "armed forces movement" composed entirely of the latter.

I met with only foreign correspondent In Lisbon at the time in the week before the coup in the bar at the Tivoli Hotel. Bruce Loudon was the stringer for *The Daily Telegraph* in Lisbon. He had been fired by *The Financial Times* in 1973 for his closeness to Portuguese government officials and he had long been an apologist for the Portuguese regime. Loudon had denied the Wiriyamu massacre by Portuguese troops in Mozambique, denounced by the British Catholic priest, Father Adrian Hastings, had taken place at all. Bruce Loudon had told Dr. Pedro Feytor Pinto, the Director of the Portuguese Information Service (it was revealed after the coup) that though he was "only a humble foreigner ...I shall help in any way I can."

Needless to say Bruce Loudon knew nothing at all about the impending coup a week later. But I was by then used to Portuguese disinformation. I had written a piece for *The New Society* in June of 1964 entitled "Date Line Lisbon." In the article, I described an attack on a mass protest demonstrators by the police in Lisbon's Rossio and Restauradores outside the Rossio station. It was denied by a pro-Portuguese letter writer saying I had made the whole thing up. But I had in fact actually been there. I was reporting on real events, and I had witnessed the shooting of one of the protesters.

The hotel lobbies in Portugal in early April 1974 also prominently displayed an article by George Kennan. George Kennan, who I knew from the Institute for Advanced Study, had been the American charge d'affaires in Lisbon during WW2, and was a staunch defender of the role of the Portuguese in Africa.

In fact I had sat opposite George Kennan at the first dinner on my arrival at the Institute where he had mused that only "the Teutons" had a historical sense. Though he added after some silent thought: "Perhaps the French."

But Kennan was not alone, Dean Acheson, the U.S. Secretary of State in 1950, had observed about Salazar, the long-term Portuguese dictator: "A libertarian may properly disapprove of Dr. Salazar, but I doubt whether Plato would."

George Kennan had also negotiated while Charge d'Affaires in Lisbon in 1943 the American access to the Azores base under the cover of the Anglo-Portuguese alliance (the Azores base was critical to anti-submarine activity in the Atlantic). Salazar had obtained a critical quid pro quo from Washington which committed the United States to respect the territorial integrity of the Portuguese colonies in return for access to the Azores facilities. The growing role of the U.S. In international affairs was deeply distrusted by Salazar. George Kennan told the Secretary of State: "Salazar .. has as much fear of associating with us as he does with the Russians."

Marcello Caetano believed that the problems of discontent in the middle ranks of the officer corps had been dealt with, that a plot by a leading right-wing general had failed, and the uprising of the fifth infantry battalion at Caldas da Rainha had been rapidly contained by loyalist army units and the Republican Guard. He was more worried in April 1974 about the prospects of labor unrest by industrial and office workers in May, the usual month of labor militancy.

The Portuguese secret police on the 24 April, 1974 coup, moreover, had taps on the phones of General Spínola, General Costa Gomes, Major Melo Antunes, Captain Vasco Lourenço, and General Kaulza de Arriaga, who had attempted to organize a right wing coup and had failed, as well as on that of President Américo Tomas, and also, bizarre as it may seem, on the prime minister Marcello Caetano himself. Caetano had intended to take a decision on a general pay increase for the whole officer corps on the day of the coup.

A year earlier, on 11 November 1973, in Chile, General Augusto Pinochet had carried out his bloody coup against the elected president Salvador Allende. Only six months later when the military coup took place in April in Portugal, most expected that a military coup would come from the right.

That had been the pattern in southern Europe and in Latin America: In Spain since the victory of Generalissimo Francisco Franco in the Spanish Civil War; in Greece under the regime of the colonels since 1967; and in Latin America since the Generals in Brazil took over in 1964 and Pinochet took power in Chile in 1973. This had been the pattern: Military coups came from the right.

Yet In Lisbon in April 1974 the military coup d'etat came from the left and was not carried out by generals but was led by the captains. As one member of the MFA said at the time: "After fifty years of right-wing dictatorship where else would it come from."

This was the most difficult thing to explain to outsiders in the immediate aftermath of the 25 April coup and it explains why it took outsiders many months to realize where power lay in Portugal. No-one outside Portugal, and many within Portugal, knew any of the young Captains who constituted the Armed Forces Movement (MFA). As the American defense attache said "I never spoke to anyone below the rank of colonel." Cord Mayer, the CIA station chief in London, said in 1974: "When the Revolution took place in Portugal the United States had 'gone out to lunch'. We were completely surprised."[2]

But Cord Mayer, a CIA official, had made one very important point in his comment. "What had happened in Portugal was a "revolution." It was not as many now claim a "transition."

The excellent series of articles in the most recent issue of *R:I Relações Internacionais do IPRI-Nova "o 25 de April visto de fora"* covers much of the international reaction to April 25th in the U.S., in Great Britain, in Paris, in Spain, and in West Germany. The cover is seen below.

Today we will hear about the reaction in Italy, the only democracy in southern Europe at the time of the coup in Lisbon. But in the marvelous poster of João Abel Manta from 1975, which adorns the cover of the issue, it was not Marx, Lenin, Stalin, Bernard Russell, or Ho

Chi Minh, all dead at the time, that were among those thoroughly galvanized by events in Portugal.

In fact, it was two very much alive individuals standing (or sitting) among the rest of the puzzled observing of Portugal in João Abel Manta's poster. They were to have the most influence in the months following the coup: Fidel Castro standing in the top row, and a midget Henry Kissinger, tucked away in the far-right lower cover of the poster, perched with his legs dangling, and with devil's spikes strapped around his head.

The Brazilians are also totally absent from João Abel Manta's depiction, yet they would also have a major role in the reaction to the 24 April and most especially during the "hot" summer of 1975.

What had happened in Portugal was the total collapse of the old regime.

Portugal had in fact become a critical pivot where many of the structures which had emerged in the post WW2 world shifted.

In the Middle East because of the American bases in the Azores which had been critical to the American resupply of Israel during the Yom Kippur War, and the consequent rise in the price of petroleum from the Persian Gulf, and the closure of the Suez Canal; in Southern Europe because the rule of the right wing military was challenged by the sudden collapse of the the long lived Portuguese dictatorial regime.

In East-West relations where Washington and Moscow were engaged in a policy of detente.

In the U.S. where after the resignation of Richard Nixon, Henry Kissinger had assumed almost absolute power over U.S. foreign policy-making as national security adviser and Secretary of State in the first tentative first year of the presidency of Gerald Ford.

In Chile and Brazil where regimes had been put in place with the covert assistance of the United States.

In Southern Africa where the Portuguese colonial territories of Mozambique and Angola with the massive intervention of the Portuguese army had held the line for the white ruled states of Rhodesia and apartheid South Africa where institutional racial segregation was imposed.

Moreover, Portugal was about to experience the last real revolutionary upheaval in Western Europe. The end of censorship, the release of political prisoners, the rural takeovers of the great estates in the Alentejo, the nationalization of the banks and industries, the expulsion and the exile and imprisonment of perceived enemies, the urban takeovers over of apartments, the mass gatherings on the streets, the emergence of the communist party from years of clandestinity, the rapid end of Europe's last empire and the collapse of the state's authority and deference.

There also was the return of political exiles; the emergence of new political parties, the ideological conflict between communists and socialists, and the rise of a variety of noisy and mobilized new far-left populist movements.

But the fundamental question on 25 April 1974 involved the colonial wars in Africa.

In April 1974 one in four men in Portugal were in the armed forces. A proposition per thousand of the population (30.83) only exceeded by Israel (40.09) and North and South Vietnam (31.66) (55.36); five times that of the UK and three times that of the United States or Spain. By 1974 over a million had seen service in the overseas Portuguese colonies.

In Africa the Portuguese army had deployed almost 150,000 men. Many Portuguese had escaped. By 1974 some 1.5 million Portuguese were resident abroad: At least 700,000 in France and 115,000 in West Germany.

I well remember the pressure this involved myself during the tail-end of another empire. Four of my cousins had been drafted into the British "national service" in the late 1940s and 1950s: All served overseas: one in Libya, one in Hong Kong, and one in Malaya. I only missed this obligatory military service myself by one year.

Since 1964. Lisbon had been full of troops on their way to Portuguese Guinea, to Mozambique, and to Angola. Portugal was, after all, clinging on to Europe's last overseas empire.

Africa was at the center of the young officers' disenchantment with the regime. Ending the wars in Guinea, in Mozambique and in Angola, was their top priority, and was at the center of their growing disenchantment with General Spínola who became the provisional president of Portugal after the coup and which led to his ouster in

September 1974 and his flight from Portugal to Spain in early March of 1975.

But it should not be forgotten that it was General Spínola who invited the Portuguese communists into his government. It is a mistake, however, in my view to see what happened in Portugal as a "transition."

What took place in Portugal in 1974 was a rupture, and especially the events over the "hot summer" of 1975 which was the key year. I will not rehearse the chronology of the revolution as this is well established, but I want to concentrate on the hot summer of 1975 and the international forces that were at play during those critical months.[3]

First, there is the question of Brazil and its role in Portuguese affairs.

Heitor de Aquino Ferreira [1936-2022] Heitor had left the army with the rank of captain and joined General Geisel as his private secretary when Geisal was the president of Petrobras. He then went to Brasilia with General Geisel when Geisel became the President of Brazil. Heitor had previously been an assistant to his mentor, General Golbery do Couto e Silva (1911-1987), who had created the Servico Nacional de Informacoes SNI in 1964.

He reported to General Geisel on the 1st of June, 1975 on General Spínola's visit to Brasília. Captain Heitor was then the private secretary to General Geisel, the Brazilian president. Spínola had visited general Castro, the second in command of SNI, the Brazilian intelligence agency.

He had arrived in Brasilia without his famous monocle and wearing dark glasses. General Newton Araújo de Oliveira Cruz (1924-2022) was head of SNI from 1977-1983. General Sebastião Ramos de Castro was the chief of the central agency of SNI.

I am grateful to Elio Gaspari for sharing these documents with me.

A note from General Newton Cruz to Heitor of 06-08-75. (...relates to a meeting on the 75-07-23.)

Secret

National service of informations, Central Agency (in Castro's Hand)
Information no 1272/60/AC/75

Subject – aid to general Spínola *for a reaction in Portugal*

(...) 4. The carry out of investigation as to the statements of General

Spínola *to find out if they are true, with respect to possible assistance on the part of other countries, particularly:*

1 a) on the part of West Germany

— the German government is very concerned with the evolution of events in Portugal and has decided to prevent that the said country is transformed into a communist dictatorship

[notation by Geisel on "it has decided" and marks a ?)

– it is inclined, as long as it is not ostensibly accused, an element capable of carrying out the reaction in Portugal

– admits that this aid could be carried out in a clandestine manner by NATO

– it is not convinced that Spínola *is a man capable of leading this reaction*

– it is given to understand that if a decision is made by Brazil to secretly aid Spínola *it could be that a German representative could coordinate the aid.*

[Geisel marks '?"..in the paragraph]

(...)

1 New facts

2 On the 5 of August of 75 the linkage of the BND informs that the German government will send under a false name, a credentialed representative to enter into contact with SNI and General Spínola *with whom it will converse about the 10th of august, with the intention of meeting with an credentialed Brazilian element, if the intention of the Brazilian government is to give some form of assistance to General* Spínola.

(Geisel makes "!" At the second half of the paragraph)

SNI reports on the conversation with the German, 1975-08-13

A report for Newton Cruz to Heitor on 06-08-75

There had been a meeting at the headquarters of SNI in Rio on 6 August 1975.

To discuss assistance to General Spínola *on 23 July at the central agency of SNI after his visit to various European countries.* Spínola *said he wanted a place in Paraguay to train men and if Brazil could provide logistical support in terms of clothing. The arms would be obtained from other sources, or if the Brazilian government agreed, could be purchased in Brazil....*

The logistical support would include, if possible, food, The period of instruction would be brief only that needed to instruct the men in the use of the armaments.

(...)

The German government is very preoccupied with the evolution of developments in Portugal and has decided to prevent [Portugal] being transformed into a communist dictatorship

(General Geisel had marked "is decided" and added a ?)

(...)

On the part of the United States, it was confirmed that General Spínola had contact, but more details could not be obtained from the CIA that normally does not share information that it has, and only does so in its own interests.

Under the heading new facts:

1 On 5 August 1975 the link to the BND informs that the German government will send a representative under a false name ... to discuss possible German assistance to General Spínola...(b) the group of General Spínola sought out a CIA contact to solicit the provision of hand grenades, explosives, and sophisticated detonators. This material would be proved in Spain. The CIA appears to be inclined to satisfy this request, directly or via a European country, possibly Germany.

(...)

General Spínola has invited to integrate his group, two ex-agents of the DGS (ex-PIDE) that are at this moment, one in Angola and the other in Rhodesia (Sr Alas)..but he is not well thought of as he cooperated with Rosa Coutinho in Luanda, betraying his ex-companions to the pro-communist authorities in Angola.

(...)

The Portuguese resident in Brazil, Carlos Vieira da Rocha, and the ex-chief of the DGS (ex-PIDE) F. Reys, proposes a group of 50 chosen men, who are some in Brazil, some in Spain, who would penetrate the north of Portugal and aid those groups that have reacted against the present government...They believe that with their prestige with their armed forces and with former elements of the DGS, they could organize a movement in the north, which gradually could bring together the discontented military

.. forming a crusade in the north, advancing to the south, where certainly they would obtain support.

Personal -Secret
National Service of Informations
Central Agency (marked Central Agency, signed by Castro)
Information no 20/30/AC/75
Date: 13 Aug 75
Subject: Contact with representative of the RFA
Distribution: Chief of the SNI

The contact made with the representative of the RFA, who came to Brazil to deal with the possible assistance to General Spínola *developed in the following forms:*

- *It was clearly stated that the principal adopted by Brazilians foreign policy of non-intervention in the internal affairs of other countries is of fundamental importance; this position assures to the Brazilian government the moral authority to repel energetically the actions of countries that seek to intervene in Brazil's internal affairs.*
- *It was made clear that it was in Brazil's interest that Portugal should not be transformed into a communist country...*
- *The German representative was very positive in his affirmation that the German government would not allow the possibility of a a communist Portugal, because of the problems this would cause in Europe, above all in NATO, and because of this, the German government was willing to cooperate, in an absolutely discrete manner, with a group of Portuguese nationals who intended to destroy the process of the communisation of Portugal.*
- *Having said this there were grave doubts as to who would lead this movement and for this reason they were soliciting an exchange of information ...*
- *In reality all the opposition was at this moment is centered around General* Spínola.
- *Captain Guilherme Calvao is the military representative of* Spínola, *with his headquarters in Salamanca, Spain, and*

- counted on 1,200 to 1,500 men capable of action in Portugal but which need armaments.
- *Major Sanchez Osorio is also integrated into the scheme as political representative, but his internal prestige within Portugal is somewhat compromised because he left the country and to take refuge outside.*
- *Air Force general Galvao de Melo is integrated into* Spínola's *scheme but he is limited because he remains in Portugal (...)*
- *General* Spínola *is for the moment the person in the condition to lead this movement, though the German representative is of the opinion that only a mass movement of Portuguese based in Spain could have success; the plan of commandant Galvão nevertheless is for the initial infiltration of successive groups of 25 armed combatentes, and known groups of resistance within Portugal, for a combined operation...*
- *The German government is disposed to aid General* Spínola's *group, and to make the connections with the Spanish intelligence agency and to facilitate the infiltration in Portugal of Portuguese elements and to give arms to the men concentrated on the frontier.(...)*
- *Elements of General* Spínola *can count on groups of combatants from Rhodesia, South Africa and Brazil. (...)*

In terms of assistance we recommend the following, depending of direction from above:

- *Armaments for the first infiltration groups... [It then outlines in detail the arms needed] This material can be assembled in Rio de Janeiro in a secure location within six days and ..*
- *The groups could be assembled near the airports of Galeão and Viracopos [in Brazil] and fly with Iberia, LAN Chile and Aerolineas Argentinas, that do not stop in Portugal or Cuba. (...)*
- *Financial aid could be provided, possibly, by the ministry of foreign affairs, in the value initially at ten to fifteen thousand dollars. (...)*

But when these favorable reports reached the "higher authority" that is the desk of General Geisel, the military president of Brazil, his response was to say definitively no.

Brazil would not aid General Spínola.

A year later on the 27th of December 1976, Antonio Azeredo da Silveira, Brazil's foreign minister, reported on Spínola in Switzerland. Spínola had obtained two Brazilian passports. The Swiss authorities were perplexed. He had used different combinations of his name in each. The Swiss had asked "what were the reasons that had led the Brazilian authorities to issue two passports to the ex-president, one for a Brazilian national and the other for a foreigner? And why had the Brazilian passport for a Brazilian not included all the identification elements for a Brazilian passport for foreigners?

Silveira observed in his note to General Geisel: "A fantastic operation of the Swiss."

Second, there is the critical role of Frank Carlucci and the American Embassy in Portugal.

In Portugal the American ambassador, Frank Carlucci, not knowing about the Brazilian president's decision not to aid Spínola had come to a similar opinion: The U.S. should not support the far-right.

The constituent assembly elections on 25th April 1975, had revealed that support for the communists was very limited. In one of the highest turnouts ever recorded in a national election, (91.7 percent), the communist party (PCP) only received 12.5 per cent of the votes nationwide. The Portuguese Socialist Party (PS) lead by Mário Soares took 37.9 percent, and the Portuguese Popular Democrats (PPD) led by Sa Carneiro took 26.4 percent of the votes.

Despite the regional divide revealed by the election returns (the PPD in the north, the PCP in the south), it was in the central regions of the country and in the urban center's that the Socialist's did best. Frank Carlucci said that it was the "election that turned the situation around." The communist leader Álvaro Cunhal said that the election "did not recognize the intervention of the military in political life, or the creative predominant intervention of the masses in the revolutionary process."

But Carlucci had a greater problem on his hands than Álvaro Cunhal. He had Henry Kissinger to deal with. Kissinger had dismissed

Mário Soares as being a new Kerensky. But Carlucci argued that Soares was "the only game in town."[4]

And Carlucci was able to circumvent Kissinger and get his views over these critical weeks directly to President Ford. He did this via his old wrestling mate from their student days at Princeton University, Donald Rumsfeld, who was the White House chief-of-staff to President Ford.

Frank Carlucci and the American embassy in Lisbon argued that the constituent assembly elections had clearly demonstrated the resonance that such a position enjoyed among the Portuguese population when given the chance to vote.

The alternative which the communist may well have expected, especially so soon after the Americans had backed the coup by General Pinochet in Chile in November 1973, was that the U.S. would also back a violent armed action amongst them, something of course General Spínola was planning, and which the Brazilians had refused to support.

But this was denied to them. The United States steered clear of general Spínola, and the Brazilian government did likewise. It is one of those curious contingencies of history. Sometimes individuals do matter. And in the case of Portugal, General Ernesto Geisel and Ambassador Frank Carlucci, mattered. General Spínola was not to become the Portuguese General Pinochet.

But in Africa it was a different story.

Decolonization had proceeded at pace despite Spínola's efforts to slow the process down. The MFA had made deals with the liberation movements long before the formal negotiations were completed. And in Angola the MPLA has received decisive support from the Cubans who had arrived without the Americans noticing until satellite imagery revealed a baseball field close to Luanda. Neither the Portuguese nor the Angolans played baseball, but the Cubans did.

And Cuban troops which had clandestinely arrived in Angola while the Americans were preoccupied with Portugal, thwarted, and then defeated, the major invasion from the south by the South Africans. Roger Morris, an aide to Kissinger, said: "I think Kissinger saw [Angola} as the place to find out if you could still have covert operations." In fact it was Fidel Castro who had sent 14,000 to 17,000 Cuban troops secretly to Angola to support the MPLA. Their intervention was critical to the defense of the MPLA and of Luanda.

Fidel Castro had hosted in Havana Otelo Saraiva de Carvalho, the Mozambique born mastermind and commander of the military coup of April 25th 1974, and now the military commander of COPCON. Otelo said that he could have become "the Fidel Castro of Europe."

But the real Fidel Castro had his eye on Africa not Europe. When Kissinger realized the need to intervene it was too late, and in any case the U.S. Congress voted overwhelmingly to prevent him. He had in any case backed the wrong horse in the conflict, despite the best efforts of Robert Moss and Bruce Loudon, both now in Angola, to support Jonas Savimbi and Holden Roberto and not Agostinho Neto, the leader of the MPLA.

Bruce Loudon was the only correspondent in Angola to "recognize" the UNITA-FLNA "government." And Robert Moss, who had bitterly criticized the lack of support for General Spínola in Salamanca, reported on 15 November 1975, "from behind the [South African] lines" in the "Spectator."

The United States Senate, however on 13 December 1975 by a vote of 54 to 22, imposed a complete ban on further aid to UNITA and the FNLA. The victory of the liberation movement in Angola and Mozambique inevitably brought about the end of white rule in Rhodesia/Zimbabwe, and in South Africa, where it ended the apartheid regime.

In Portugal's neighbor Spain, the dictator Generalissimo Francisco Franco died in late 1975 and the democratic transition began, not to imitate Portugal, but to avoid the rupture Portugal had experienced. Spain's was a negotiated transition.

As a result, Spain joined NATO in 1982, and Portugal joined the European Economic Community (EEC) in January 1986. It was a major historical shift for Portugal, out of Africa, and into an expanding European community where Portugal was to provide a successful President of the European community in the person of José Manuel Barroso, a former social democratic prime minister, and before that a member of the MRPP, one of most radical fringe political groupings on the far-left of the political spectrum during the wild hopeful days of the Portuguese spring of 1974.

My very first newspaper article, published in T*he Western Morning News* on 23 August 1961, when I was barely twenty years old, was entitled "Emergent Israel: 20th Century Miracle Carved in the Heart of Islam" When I was in Israel earlier that summer of 1961, I had visited Beersheba where my great uncle, Wilfred "Bill" Maxwell, who as a sergeant in the West Somerset Yeomanry (a mounted regiment), after fighting in the disastrous Gallipoli campaign, had participated alongside the Australian Light Cavalry charge on the Turkish defenses during the Battle of Beersheba on 31 October 1917.

The British and British Imperial forces from Australia and New Zealand had been attempting to outflank the Turkish position in Gaza. They succeeded in defeating the Turks and taking control of Jerusalem and Palestine. Two days after the capture of Beersheba, Arthur Balfour, the British foreign secretary had contacted Baron Rothschild, and on the 9th November 1917 he announced the Balfour Declaration where he proposed a national home for the Jewish people in Palestine.

Portugal has of course its imperial past to contend with, but it is worth recalling that others also have this burden, and that history remains for all of us, for better or for worse, it is still very much alive.

O Pivô: O golpe português do 25 de abril e as suas consequências globais

Na sexta-feira, 25 de outubro de 2024, o Dr. Kenneth Maxwell proferiu o discurso principal em Lisboa, numa conferência sobre as dimensões internacionais da transição portuguesa. A conferência foi organizada pela Fundação Oriente.

Este discurso incluiu informações que o Professor Maxwell obteve durante a sua visita a São Paulo, Brasil, em abril.

Segundo Maxwell: *Na noite anterior ao meu discurso na USP, jantei com o meu velho amigo Elio Gaspari. Ele é um eminente jornalista brasileiro e autor de cinco volumes sobre o regime militar brasileiro. Conheço Elio desde 1966, quando nos conhecemos num cocktail no apartamento do Flamengo, Rio de Janeiro, de Christian Adams, um jovem diplomata britânico, recém-formado em Oxford. Elio trabalhava então para o colunista de sociedade Ibrahim Sued.*

Discutimos durante o jantar o que eu pretendia dizer no dia seguinte no congresso da USP, e depois do jantar enviei-lhe uma cópia do meu discurso. Elio enviou-me na manhã seguinte uma documentação espantosa, incluindo registros das conversas secretas do general exilado António de Spínola (1910-1996) com os serviços secretos brasileiros (SNI) no Rio de Janeiro e em Brasília, em 1975, e a reação do presidente brasileiro, general

Ernesto Geisel (1902-1996), ao pedido de ajuda do general Spínola para a sua planeada invasão de Portugal.

Estes documentos contam uma história espantosa e desconhecida, descrevendo em pormenor os planos do General Spínola, especificando exatamente o que pretendia em termos de assistência brasileira, descrevendo o papel dos serviços secretos da Alemanha Ocidental, o envolvimento de Espanha e o papel do quartel-general de Spínola em Salamanca no seu esquema de infiltração de grupos armados através da fronteira de Espanha para o Norte de Portugal. E da disponibilidade da Alemanha Ocidental para financiar clandestinamente essas operações.

Incluo estes documentos no discurso que se segue. Eles fornecem um lado desconhecido da história da Revolução Portuguesa e da sorte que Portugal teve graças à ação descoordenada do presidente brasileiro, o general Ernesto Geisel, ao negar categoricamente os pedidos do general Spínola, e do embaixador americano em Lisboa, Frank Carlucci, ao contornar o desejo de Henry Kissinger de fazer de Portugal um exemplo, à la Pinochet no Chile, para evitar a propagação do que ele considerava uma "infeção" comunista no resto da Europa. É certo que, em conjunto, Geisel e Carlucci evitaram muito do derramamento de sangue que uma invasão armada como a de Portugal em 1975 teria inevitavelmente provocado. E por isso podemos estar eternamente gratos.[1]

O Pivô: O golpe português do 25 de abril e as suas consequências globais

Gostaria, em primeiro lugar, de agradecer ao Instituto Português de Relações Internacionais da Universidade Nova de Lisboa, à Fundação Oriente e à Fundação para a Ciência e Tecnologia, pela organização deste importante encontro. É uma grande honra estar aqui e estar entre um tão distinto grupo de académicos portugueses e internacionais. Espero aprender muito com as apresentações e discussões.

Em fevereiro de 1974, encontrava-me no Instituto de Estudos Avançados de Princeton. Fui nomeado Herodotus Fellow na Escola de Estudos Históricos em 1972. Mas tinha permanecido no Instituto durante mais três anos com o apoio de uma bolsa da Fundação Rockefeller. Na altura, trabalhava sobre as revoluções atlânticas do final do século XVIII e, em particular, sobre a grande revolta de escravos que teve lugar na colónia francesa das Caraíbas de Saint Domingue, mais tarde rebatizada de Haiti.

Tinha vivido em Portugal em 1964, durante quase seis meses, onde recebi o apoio muito bem-vindo da Fundação Gulbenkian. Por conseguinte, tinha alguns amigos muito próximos em Portugal desde essa altura. Visitei-os e fiquei com as suas famílias, especialmente no norte de Portugal, várias vezes ao longo dos anos. Quando, em fevereiro de 1974, foi publicado em Portugal o livro do General António de Spínola "Portugal e o Futuro", pensei que algo de grave estava a acontecer.

O General Spínola tinha sido comandante-chefe na Guiné Portuguesa e era o vice-chefe do Estado-Maior das Forças Armadas Portuguesas. O seu livro era claramente um desafio à liderança de Marcelo Caetano, que tinha sucedido a Salazar como líder político do Estado português. Entrei em contacto com Robert Silvers, editor da *The New York Review of Books*, e disse-lhe isso mesmo. Ele ficou convencido de que algo grave se passava em Portugal e deu-me credenciais de imprensa para ir a Portugal investigar.

Fui para Portugal via Londres. Um amigo era, na altura, editor sênior do *The Economist*. Deu-me acesso à coleção de recortes de imprensa da Biblioteca de Londres, em St. James Square. Passei um par de semanas a analisar toda a cobertura da imprensa sobre Portugal. Também contactei vários exilados portugueses a viver em Inglaterra. Na altura, a coleção de recortes de imprensa da Biblioteca de Londres dava uma visão geral do que a imprensa internacional dizia sobre Portugal: Muito pouco, como se veio a verificar. Também conheci Robert Moss, o editor do "Special Report" *do The Economist*, que era um relatório confidencial enviado aos clientes que pagavam.

Mas fui avisado pelo meu amigo para ter cuidado com ele: Um conselho muito bom, como se veio a verificar. De seguida, passei um mês em Lisboa. Um dos meus amigos portugueses mais próximos, de 1964, era um oficial miliciano baseado em Lisboa. De facto, a tensão entre os oficiais milicianos e os oficiais regulares do corpo de oficiais subalternos tinha sido uma das causas da formação do "movimento das forças armadas", composto exclusivamente por estes últimos.

Na semana anterior ao golpe, encontrei-me no bar do Hotel Tivoli com o único correspondente estrangeiro que estava em Lisboa na altura. Bruce Loudon era o repórter do *Daily Telegraph* em Lisboa. Tinha sido despedido pelo *Financial Times* em 1973 pela sua proximidade com funcionários do governo português e há muito que era apologista do regime português. Loudon tinha negado que o massacre de Wiriyamu pelas tropas portuguesas em Moçambique, denunciado pelo padre católico britânico, Padre Adrian Hastings, tivesse tido lugar. Bruce Loudon tinha dito ao Dr. Pedro Feytor Pinto, Diretor do Serviço de Informação Português (revelado após o golpe) que embora fosse "apenas um humilde estrangeiro ... ajudarei no que puder".

Escusado será dizer que Bruce Loudon não sabia nada sobre o golpe iminente uma semana depois. Mas eu já estava habituado à desinformação portuguesa. Tinha escrito um artigo para *The New Society* em junho de 1964 intitulado "Date Line Lisbon". Nesse artigo, descrevia um ataque da polícia a uma manifestação de massas no Rossio e nos Restauradores, em Lisboa, em frente à estação do Rossio. O artigo foi desmentido por um escritor de cartas pró-português, que disse que eu tinha inventado tudo. Mas, de facto, eu tinha estado lá. Estava a relatar acontecimentos reais e tinha testemunhado o disparo de um dos manifestantes.

Os lobbies dos hotéis em Portugal no início de abril de 1974 também exibiam de forma proeminente um artigo de George Kennan. George Kennan, que eu conhecia do Institute for Advanced Study, tinha sido o encarregado de negócios americano em Lisboa durante a Segunda Guerra Mundial e era um acérrimo defensor do papel dos portugueses em África.

De facto, eu tinha-me sentado à frente de George Kennan no primeiro jantar da minha chegada ao Instituto, onde ele tinha pensado que só "os teutões" tinham sentido histórico. Mas acrescentou, após alguma reflexão silenciosa: "Talvez os franceses".

Mas Kennan não era o único, Dean Acheson, o Secretário de Estado dos EUA em 1950, tinha observado sobre Salazar, o ditador português de longa duração: "Um libertário pode desaprovar corretamente o Dr. Salazar, mas duvido que Platão o faça."

George Kennan tinha também negociado, enquanto Encarregado de Negócios em Lisboa, em 1943, o acesso americano à base dos Açores, a coberto da aliança anglo-portuguesa (a base dos Açores era fundamental para a atividade anti-submarina no Atlântico). Salazar tinha obtido um quid pro quo crítico de Washington que compromete os Estados Unidos a respeitar a integridade territorial das colónias portuguesas em troca do acesso às instalações dos Açores. Salazar desconfiava profundamente do papel crescente dos Estados Unidos nos assuntos internacionais. George Kennan disse ao Secretário de Estado: "Salazar... tem tanto medo de se associar conosco como com os russos".

Marcello Caetano acreditava que os problemas de descontentamento nas fileiras intermédias do corpo de oficiais tinham sido resolvidos, que uma conspiração de um importante general de direita tinha falhado e que a revolta do quinto batalhão de infantaria nas Caldas da Rainha tinha sido rapidamente contida por unidades leais do exército e pela Guarda Republicana. Em abril de 1974, estava mais preocupado com as perspetivas de agitação laboral dos trabalhadores da indústria e dos escritórios em maio, o mês habitual de militância laboral.

Além disso, a polícia secreta portuguesa, aquando do golpe de 24 de abril de 1974, tinha escutas nos telefones do general Spínola, do general Costa Gomes, do major Melo Antunes, do capitão Vasco Lourenço e do general Kaulza de Arriaga, que tinham tentado organizar um golpe de direita e tinham falhado, bem como no do presidente Américo Tomás e ainda, por estranho que pareça, no do próprio primeiro-ministro Marcello Caetano. Caetano tencionava tomar uma decisão sobre um aumento geral dos salários de todo o corpo de oficiais no dia do golpe.

Um ano antes, a 11 de novembro de 1973, no Chile, o general Augusto Pinochet tinha levado a cabo o seu golpe sangrento contra o presidente eleito Salvador Allende. Apenas seis meses mais tarde, quando o golpe militar teve lugar em abril em Portugal, a maioria esperava que um golpe militar viesse da direita.

Tinha sido esse o padrão no sul da Europa e na América Latina: em Espanha, desde a vitória do Generalíssimo Francisco Franco na Guerra Civil Espanhola; na Grécia, sob o regime dos coronéis, desde 1967; e na América Latina, desde que os generais no Brasil assumiram o poder em

1964 e Pinochet tomou o poder no Chile em 1973. Este tem sido o padrão: Os golpes militares vinham da direita.

No entanto, em Lisboa, em abril de 1974, o golpe de Estado militar veio da esquerda e não foi levado a cabo por generais, mas sim pelos capitães. Como disse na altura um membro do MFA: "Depois de cinquenta anos de ditadura de direita, de onde mais poderia vir?".

Esta foi a coisa mais difícil de explicar aos estrangeiros no rescaldo imediato do golpe de 25 de abril e explica porque é que os estrangeiros demoram muitos meses a perceber onde estava o poder em Portugal. Ninguém fora de Portugal, e muitos dentro de Portugal, conhecia nenhum dos jovens capitães que constituíam o Movimento das Forças Armadas (MFA). Como disse o adido de defesa americano "nunca falei com ninguém abaixo da patente de coronel". Cord Meyer, o chefe da estação da CIA em Londres, disse em 1974: "Quando a Revolução teve lugar em Portugal, os Estados Unidos tinham 'ido almoçar fora'. Ficámos completamente surpreendidos."[2]

Mas Cord Meyer, um funcionário da CIA, tinha feito uma observação muito importante no seu comentário. "O que aconteceu em Portugal foi uma "revolução". Não foi uma "transição" como muitos afirmam atualmente.

A excelente série de artigos no mais recente número da *R:I Relações Internacionais do IPRI-Nova "O 25 de abril visto de fora"* cobre grande parte da reação internacional ao 25 de abril nos EUA, na Grã-Bretanha, em Paris, na Espanha e na Alemanha Ocidental. A capa pode ser vista em baixo.

Hoje vamos ouvir falar da reação em Itália, a única democracia do sul da Europa na altura do golpe em Lisboa. Mas no maravilhoso poster de João Abel Manta, de 1975, que adorna a capa da edição, não foram Marx, Lenine, Estaline, Bertrand Russell ou Ho Chi Minh, todos mortos na altura, que estiveram entre os mais galvanizados pelos acontecimentos em Portugal.

De facto, eram dois indivíduos bem vivos que estavam de pé (ou sentados) entre os restantes observadores perplexos de Portugal no cartaz de João Abel Manta. Foram eles que tiveram mais influência nos meses que se seguiram ao golpe: Fidel Castro, de pé na fila de cima, e um Henry Kissinger anão, escondido na capa inferior da extrema direita do cartaz, empolgado com as pernas a balançar e com espigões do diabo presos à cabeça.

Os brasileiros também estão totalmente ausentes da representação de João Abel Manta, mas também teriam um papel importante na reação ao 24 de abril e, sobretudo, no verão "quente" de 1975.

O que se passou em Portugal foi o colapso total do antigo regime.

Portugal tinha-se tornado, de facto, um pivot crítico onde se deslocaram muitas das estruturas que tinham surgido no mundo pós Segunda Guerra Mundial.

No Médio Oriente, devido às bases americanas nos Açores, que tinham sido fundamentais para o reabastecimento americano de Israel durante a Guerra do Yom Kippur, e ao consequente aumento do preço do petróleo do Golfo Pérsico e ao encerramento do Canal do Suez; no Sul da Europa, porque o domínio dos militares de direita foi posto em causa pelo súbito colapso do longo regime ditatorial português.

Nas relações Leste-Oeste, Washington e Moscovo estavam empenhados numa política de distensão.

Nos Estados Unidos, onde, após a demissão de Richard Nixon, Henry Kissinger tinha assumido um poder quase absoluto sobre a elaboração da política externa dos Estados Unidos, na qualidade de conselheiro para a segurança nacional e de Secretário de Estado, no primeiro ano experimental da presidência de Gerald Ford.

No Chile e no Brasil, onde os regimes tinham sido instaurados com a ajuda secreta dos Estados Unidos.

Na África Austral, onde os territórios coloniais portugueses de Moçambique e Angola, com a intervenção maciça do exército português, tinham mantido a linha de demarcação dos Estados brancos da Rodésia e da África do Sul do apartheid, onde era imposta a segregação racial institucional.

Além disso, Portugal estava prestes a viver a última verdadeira convulsão revolucionária na Europa Ocidental. O fim da censura, a libertação dos presos políticos, as tomadas de posse rurais das grandes propriedades no Alentejo, a nacionalização dos bancos e das indústrias, a expulsão, o exílio e a prisão dos inimigos, as tomadas de posse urbanas de apartamentos, as concentrações de massas nas ruas, a emergência do partido comunista após anos de clandestinidade, o rápido fim do último império da Europa e o colapso da autoridade e da deferência do Estado.

Houve também o regresso dos exilados políticos, o aparecimento de novos partidos políticos, o conflito ideológico entre comunistas e socialistas e o aparecimento de uma variedade de novos movimentos populistas de extrema-esquerda, ruidosos e mobilizados.

Mas a questão fundamental do 25 de abril de 1974 era a das guerras coloniais em África.

Em abril de 1974, um em cada quatro homens em Portugal estava nas forças armadas. Uma proporção por mil habitantes (30,83) só ultrapassada por Israel (40,09) e pelo Vietname do Norte e do Sul (31,66) (55,36); cinco vezes a do Reino Unido e três vezes a dos Estados Unidos ou de Espanha. Em 1974, mais de um milhão de militares tinham prestado serviço nas colônias portuguesas ultramarinas.

Em África, o exército português tinha destacado quase 150.000 homens. Muitos portugueses tinham fugido. Em 1974, cerca de 1,5 milhões de portugueses residiam no estrangeiro: pelo menos 700.000 em França e 115.000 na Alemanha Ocidental.

Lembro-me bem da pressão que isto me envolveu durante o fim de um outro império. Quatro dos meus primos tinham sido recrutados para o "serviço nacional" britânico no final dos anos quarenta e nos anos cinquenta: Todos serviram no estrangeiro: um na Líbia, outro em Hong Kong e outro na Malásia. Eu próprio só faltei a este serviço militar obrigatório por um ano.

Desde 1964. Lisboa estava cheia de tropas a caminho da Guiné Portuguesa, de Moçambique e de Angola. Portugal estava, afinal, a agarrar-se ao último império ultramarino da Europa.

África estava no centro do desencanto dos jovens oficiais com o regime. Acabar com as guerras na Guiné, em Moçambique e em Angola era a sua principal prioridade e estava no centro do seu crescente desencanto com o general Spínola, que se tornou presidente provisório de Portugal após o golpe e que levou à sua destituição em setembro de 1974 e à sua fuga de Portugal para Espanha no início de março de 1975.

Mas é preciso não esquecer que foi o general Spínola que convidou os comunistas portugueses para o seu governo. É um erro, no entanto, na minha opinião, ver o que aconteceu em Portugal como uma "transição".

O que se passou em Portugal em 1974 foi uma ruptura, e sobretudo os acontecimentos do "verão quente" de 1975, que foi o ano-chave. Não vou repetir a cronologia da revolução, uma vez que esta está bem estabelecida, mas quero concentrar-me no verão quente de 1975 e nas forças internacionais que estiveram em jogo durante esses meses críticos.

Em primeiro lugar, há a questão do Brasil e do seu papel nos assuntos portugueses.

Heitor de Aquino Ferreira [1936-2022] Heitor tinha deixado o exército com a patente de capitão e juntou-se ao general Geisel como seu secretário particular quando Geisel era presidente da Petrobras. Em seguida, foi para Brasília com o general Geisel quando este se tornou presidente do Brasil. Heitor já havia sido assistente de seu mentor, o General Golbery do Couto e Silva (1911-1987), que havia criado o Serviço Nacional de Informações SNI em 1964.[3]

Apresentou-se ao General Geisel em 1 de junho de 1975, por ocasião da visita do General Spínola a Brasília. O capitão Heitor era então o secretário particular do general Geisel, presidente do Brasil. Spínola tinha visitado o general Castro, o segundo comandante do SNI, a agência brasileira de inteligência.

Chegou a Brasília sem o seu famoso monóculo e com óculos

escuros. O general Newton Araújo de Oliveira Cruz (1924-2022) foi chefe do SNI de 1977 a 1983. O General Sebastião Ramos de Castro foi o chefe do órgão central do SNI.

Agradeço a Elio Gaspari por ter partilhado estes documentos comigo:

Chega o Alemão de Portugal, 1975-08-10

• *Um cartão de Newton Cruz a Heitor, de 06-08-75 e nove folhas do SNI. O pacote fica reunido 75-07-23, mas cada fato entrou numa ficha própria, em seu dia.*

• *'Secreto*
Serviço Nacional de Informações
Agencia Central   (Rubrica de Castro)
Informação nº 1272/60/AC/75
Data - 06 AGO 75
Assunto - Apoio ao general Spínola para reação em Portugal
Difusão - Chefe do SNI

A.   (...) 4. Realizando um aprofundamento das afirmativas do general Spínola, para verificar até onde elas seriam verdadeiras, no que diz respeito a um possível apoio por parte de outros p[aises, apurou-se que:

a) por parte do governo da Alemanha Ocidental

- o governo alemão está muito preocupado com a evolução dos acontecimentos em Portugal e está decidido a evitar que o mencionado país se transforme em uma ditadura comunista.

[Geisel grifou o 'está decidido' e marcou '?']

- está inclinado, desde que ostensivamente não venha a ser acusado, um elemento capaz de conduzir a reação em Portugal

- admite que esse apoio poderá vir a ser feito, de maneira clandestina, pela propria Otan.

[Geisel marcou '?' ao lado de Otan]

- não está seguro de que seja Spínola o homem capaz de liderar essa reação

- deu a entender que se houvesse uma decisão por parte do Brasil de apoiar veladamente a Spínola poderia vir um representante alemão para coordenar o apoio

[Geisel marcou '?' no parágrafo]

(...)

B. *Fatos novos*

1. *Em 5 de agosto de 75, a ligação do BND informou que o governo alemão enviara, sob nome falso, um representante credenciado para procurar contato com o SNI e o general Spínola , com quem conversará sobre uma possível ajuda alemã. Esse representante chegará ao Brasil no dia 10 de agosto e, a partir de 11 de agosto, pretende reunir-se com elemento brasileiro credenciado, caso haja intenção do governo brasileiro de proporcionar alguma forma de apoio ao general Spínola.*

[Geisel marcou '!' na segunda metade do parágrafo]

• **SNI relata a conversa do alemão, 1975-08-13**

• *Um cartão de Newton Cruz a Heitor, de 06-08-75 e nove folhas do SNI. O pacote fica reunido 75-07-23, mas cada fato entrou numa ficha própria, em seu dia.*

• *'Pessoal - Secreto*

Serviço Nacional de Informações

Agencia Central (Carimbo da Agencia Central, rubrica de Castro)

Informação nº 20/30/AC/75

Data: 13 Ago 75

Assunto: Contato com representante do governo da RFA

Difusão: Chefe do SNI

1. *Os contatos feitos com o representante do governo da RFA, que veio ao Brasil para tratar de um possível apoio ao general António Spínola transcorreram da seguinte forma:*

- foi claramente especificado que o princípio adotado na política externa brasileira de não intervenção nos assuntos internos de outros países é de fundamental importância; essa posição assegura ao governo brasileiro a autoridade moral para repelir e se opôs energicamente às ações de países que procuram intervir nos assuntos internos do Brasil;

- foi esclarecido que o interesse brasileiro em que Portugal não se transforme num país comunista sem um caráter muito mais sentimental, dado o afastamento geográfico, e de preservação da influência ideológica comunista sobre a comunidade lusa radicada no Brasil;

- o representante alemão foi muito positivo em suas afirmações de que o governo alemão não pode admitir a possibilidade de um Portugal comunista, pelos problemas que isso acarretaria para a Europa, sobretudo para a Otan; sendo assim, o governo alemão está disposto a cooperar, de

maneira absolutamente discreta, com um grupo de nacionais portugueses que pretenda destrui o processo de comunização de Portugal;

-disse,ainda, que a grande dúvida existente é quem seria capaz de liderar esse movimento de oposição e para esse fim solicitava uma troca de informações e a formulação de uma impressão final; foi, então, dado início a um processo de análise das informações disponíveis e que permitiu que se constatasse o seguinte:

- realmente, toda a oposição no exterior encontra-se, no momento, aglutinada em torno da pessoa do gen. António de Spínola;

- o capitão de corveta Guilherme Calvão é o representante militar de Spínola, tem o seu QG em Salamanca, na Espanha, e conta com 1.200 a 1.500 homens capazes de atuar em Portugal, necessitando, porém, de armamento;

- o major Sanches Osório está igualmente integrado no esquema, na posição de representante político, mas seu prestígio interno em Portugal está um pouco abalado, pelo fato de ter deixado o pais e se refugiado no exterior;

- o general de aviação Galvão de Melo está integrado no esquema de Spínola, mas sua ação é limitada pelo fato de permanecer em Portugal;

- caracterizado, então, que no momento presente a pessoa do general Spínola parece ser aquela que melhores condições reúne para liderar um, movimento de reação, o representante alemão era de opinião que somente uma ação em massa de elementos portugueses baseados na Espanha poderia ter condições de êxito; o plano do comandante Calvão, no entanto, é de uma infiltração inicial de grupos sucessivos de 25 combatentes armados e conhecidos dos grupos de resistência no interior de Portugal, para uma ação de aglutinação, seguido, se preciso for, de uma ação em força do restante dos elementos disponíveis, concentrados junto à fronteira da Espanha;

- o governo alemão apresenta-se disposto, a se preciso for, apoiar financeiramente o grupo do general Spínola e a realizar ligações com o Serviço de Informações da Espanha, para facilitar a infiltração, em Portugal, dos elementos portugueses, bem como a entrega de armas aos homens concentrados na fronteira.

- haverá possibilidades de aquisição de armamentos na França e através do Paraguai;'

- *a polícia espanhola vem facilitando as ações de infiltração de portugueses na região norte de Portugal.*

- os elementos do general Spínola contam com grupos de combatentes na Rodésia, África do Sul e Brasil;

- não há necessidade de campo de treinamento e sim de uma área de reunião onde grupos pequenos seriam reunidos por poucos dias para conhecimento entre si de seus componentes;

- seriam grupos de até 25 homens que ficariam em regiões de fácil acesso aos aeroportos do Galeão e Viracopos, onde fazem escala os aviões da Iberia, Lan Chile e Aerolíneas Argentinas que não fazem escala em Portugal ou em Cuba nos seus voos para a Espanha;

- a situação interna em Portugal está evoluindo com grande rapidez e os alemães são de opinião que, a se fazer alguma coisa, isso deve ser feito o mais breve possível, pois é necessário aproveitarem-se os pequenos êxitos conseguidos pelos católicos no norte, e não dar tempo a que o 'triunvirato' recém formado, consolide o seu esquema

3. Nenhum engajamento foi feito de apoio e nem assumido qualquer compromisso com o representante alemão. Seus contatos no Rio de Janeiro com o general Spínola serão feitos com a presença de um oficial brasileiro.

4. Igualmente não há nenhum compromisso de apoio ao grupo do general Spínola, o que somente pode ser feito por determinação do governo brasileiro

5. A título de colaboração, esta chefia apresenta como possível, dependendo de decisão superior, o seguinte apoio:

a. Armamento e munição para o primeiro ou os dois primeiros grupos de infiltração:

34 metralhadoras de mão calibre 45 com 3 carregadores para cada metralhadoras

16 pistolas calibre 45 com 2 carregadores para cada pistola
2 fuzis automáticos com bocal lançador de granada
9.000 cartuchos calibre 45 para metralhadora e pistola.

Este armamento, em sua maior parte já usado, mas em bom estado, está com origem descaracterizada e foi apreendido em 'aparelhos' de subversivos anteriormente a 1973 e pertencia ao grupo R.

Este material pode ser reunido no Rio de Janeiro, em lugar absolutamente seguro, num prazo de seis dias, e feita a entrega do mesmo, devida-

mente embalado, ao elementos que se encarregará de seu recebimento e respectivo transporte para o destino final (Espanha);

b. Apoio financeiro que seria, possivelmente, feito pelo Ministério das Relações Exteriores, em valor a ser fixado e que poderia ser inicialmente de dez a quinze mil dólares.

6. A possibilidade de transmissão pela Rádio Jornal do Commercio de Recife (Empresa Jornal do Comercio S.A.) que seria minimizadas pela alternativa de emprego das estações do Uruguai e do Paraguai, que, todas elas usando, como podem fazê-lo, antenas dirigidas sobre o alvo, tornar-se-ia muito difícil a sua localização precisa, podendo-se, apenas, determinar a direção onde a mesma se encontra e esta direção abrangeria uma faixa que iria desde o Nordeste até o Chile'

- **Suíços x Spínola, 1976-12-27**
- *Cartão de Silveira a Geisel:*
- *Este papel, sem qualquer marca, foi entregue pela embaixada da Suíça ao chefe da Divisão da Europa. A embaixada, por enquanto, foi discreta, ao passo que o general Spínola está tentando comprometer o Brasil. Vou tentar obter a apreensão e restituição, também discreta, do passaporte irregular'.*
- *O papel: O ex-presidente de Portugal, general de Spínola, está atualmente na Suíça. Possui ele os seguintes documentos de identificação:*

1) Passaporte brasileiro número 407701 (emitido no Rio de Janeiro em 25-05-75 e válido até 25-05-77) em nome de Ribeiro, Antonio, nascido em 11 de abril de 1910, domiciliado no Rio de Janeiro.

2) Passaporte para estrangeiros número 045890 (emitido em 7 de janeiro de 1976 pela polícia de segurança brasileira no Rio de Janeiro), em nome de Antonio Sebas Ribeiro de Spínola, nascido em 11 de abril de 1910, domicilio, Rio de Janeiro.

O passaporte para estrangeiros apresenta a identidade completa do titular, enquanto o passaporte brasileiro não tem o nome patronímico Spínola, que é o elemento mais corrente de identificação do ex-presidente de Portugal. Segundo a legislação portuguesa, os cidadãos portugueses podem empregar um ou mais nomes patronímicos. No caso de pluralidade de nomes patronímicos, encontra-se sempre em primeiro lugar o nome da mãe e, em último, o do pai. No caso em foco, o nome Ribeiro deveria corresponder ao nome da mãe do ex-presidente.

Dado que há uma denuncia na Suíça de que o ex-presidente faz uso de um passaporte brasileiro contendo falsa identidade, as autoridades competentes suíças ficariam reconhecidas em saber:

1) A emissão do passaporte brasileiro com apenas o nome patronímico da mãe (no caso, Ribeiro) está de acordo com as prescrições brasileiras em matéria de passaporte?

2) Quais seriam as razões que levaram as autoridades brasileiras a entregar ao ex-presidente ao mesmo tempo um passaporte nacional brasileiro e um passaporte para estrangeiros?

3) Quais seriam as razões pelas quais o passaporte nacional brasileiro não abrange todos os elementos de identificação que constam do passaporte para estrangeiros?'

• *Fantástica operação dos suíços.*

• *Convém registrar que numa época em que se negavam passaportes a brasileiros no exterior, Spínola tinha dois, com o nome que bem entendia.*

Mas quando esses relatórios favoráveis chegaram à "autoridade superior", ou seja, à mesa do general Geisel, o presidente militar do Brasil, sua resposta foi dizer definitivamente não.

O Brasil não ajudaria o general Spínola.

Um ano mais tarde, a 27 de dezembro de 1976, António Azeredo da Silveira, Ministro dos Negócios Estrangeiros do Brasil, apresentou um relatório sobre Spínola na Suíça. Spínola tinha obtido dois passaportes brasileiros. As autoridades suíças ficaram perplexas. Em cada um deles, utilizou combinações diferentes do seu nome. Os suíços perguntaram "quais foram as razões que levaram as autoridades brasileiras a emitir dois passaportes para o ex-presidente, um para um cidadão brasileiro e outro para um estrangeiro? E porque é que o passaporte brasileiro para um brasileiro não incluía todos os elementos de identificação de um passaporte brasileiro para estrangeiros?

Silveira observou em sua nota ao general Geisel: "Uma fantástica operação dos suíços".

Em segundo lugar, há o papel fundamental de Frank Carlucci e da Embaixada Americana em Portugal.

Em Portugal, o embaixador americano, Frank Carlucci, sem saber da decisão do presidente brasileiro de não ajudar Spínola, tinha uma opinião semelhante: Os Estados Unidos não devem apoiar a extrema-direita.

As eleições para a Assembleia Constituinte, em 25 de abril de 1975, revelaram que o apoio aos comunistas era muito limitado. Numa das mais elevadas taxas de participação alguma vez registadas nas eleições nacionais (91,7%), o Partido Comunista Português (PCP) obteve apenas 12,5% dos votos em todo o país. O Partido Socialista (PS), liderado por Mário Soares, obteve 37,9 por cento e o Partido Popular Democrata (PPD), liderado por Sá Carneiro, 26,4 por cento dos votos.

Apesar da divisão regional revelada pelos resultados eleitorais (o PPD no norte e o PCP no sul), foi nas regiões centrais do país e nos centros urbanos que os socialistas se saíram melhor. Frank Carlucci disse que esta foi a "eleição que deu a volta à situação". O líder comunista Álvaro Cunhal disse que a eleição "não reconheceu a intervenção dos militares na vida política, nem a intervenção criativa e predominante das massas no processo revolucionário".

Mas Carlucci tinha um problema maior em mãos do que Álvaro Cunhal. Tinha de lidar com Henry Kissinger. Kissinger tinha descartado Mário Soares como sendo um novo Kerensky. Mas Carlucci argumentou que Soares era "o único jogo na cidade".[4]

E Carlucci foi capaz de contornar Kissinger e fazer chegar as suas opiniões durante estas semanas críticas diretamente ao Presidente Ford. Fê-lo através do seu velho companheiro de luta dos seus tempos de estudante na Universidade de Princeton, Donald Rumsfeld, que era o chefe de gabinete do Presidente Ford na Casa Branca.

Frank Carlucci e a embaixada americana em Lisboa argumentaram que as eleições para a Assembleia Constituinte tinham demonstrado claramente a ressonância que tal posição tinha entre a população portuguesa quando lhe era dada a oportunidade de votar.

A alternativa que os comunistas talvez esperassem, especialmente tão pouco tempo depois de os americanos terem apoiado o golpe do general Pinochet no Chile, em novembro de 1973, era que os EUA também apoiassem uma ação armada violenta entre eles, algo que, obviamente, o general Spínola estava a planear e que os brasileiros se tinham recusado a apoiar.

Mas isso foi-lhes negado. Os Estados Unidos afastaram-se do general

Spínola, e o governo brasileiro fez o mesmo. É uma dessas curiosas contingências da história. Por vezes, os indivíduos são importantes. E no caso de Portugal, o general Ernesto Geisel e o embaixador Frank Carlucci foram importantes. O general Spínola não viria a ser o general Pinochet português.

Mas na África a história era diferente.

A descolonização tinha prosseguido a bom ritmo, apesar dos esforços de Spínola para abrandar o processo. O MFA tinha feito acordos com os movimentos de libertação muito antes de as negociações formais serem concluídas. E em Angola, o MPLA recebeu um apoio decisivo dos cubanos, que chegaram sem que os americanos se aperceberem, até que as imagens de satélite revelaram um campo de basebol perto de Luanda. Nem os portugueses nem os angolanos jogavam beisebol, mas os cubanos sim.

E as tropas cubanas, que tinham chegado clandestinamente a Angola enquanto os americanos estavam preocupados com Portugal, impediram, e depois derrotaram, a grande invasão vinda do sul pelos sul-africanos. Roger Morris, um assessor de Kissinger, disse: "Acho que Kissinger viu [Angola] como o local para descobrir se ainda era possível fazer operações secretas." De facto, foi Fidel Castro que enviou secretamente 14.000 a 17.000 tropas cubanas para Angola para apoiar o MPLA. A sua intervenção foi fundamental para a defesa do MPLA e de Luanda.

Fidel Castro tinha recebido em Havana Otelo Saraiva de Carvalho, que nasceu em Moçambique, e que foi o cérebro e comandante do golpe militar de 25 de abril de 1974, e agora comandante militar do COPCON. Otelo disse que poderia ter-se tornado "o Fidel Castro da Europa".

Mas o verdadeiro Fidel Castro tinha os olhos postos em África e não na Europa. Quando Kissinger se apercebeu da necessidade de intervir, era demasiado tarde e, de qualquer modo, o Congresso dos Estados Unidos votou esmagadoramente para o impedir. De qualquer modo, Kissinger tinha apoiado o cavalo errado no conflito, apesar dos melhores esforços de Robert Moss e Bruce Loudon, ambos atualmente em Angola, para apoiar Jonas Savimbi e Holden Roberto e não Agostinho Neto, o líder do MPLA.

Bruce Loudon foi o único correspondente em Angola a "reconhecer" o "governo" da UNITA-FNLA. E Robert Moss, que tinha criticado amargamente a falta de apoio ao general Spínola em Salamanca, relatou a 15 de novembro de 1975, "por detrás das linhas [sul-africanas]" no "Spectator".

O Senado dos Estados Unidos, no entanto, a 13 de dezembro de 1975, por uma votação de 54 contra 22, impôs uma proibição total de mais ajuda à UNITA e à FNLA. A vitória do movimento de libertação em Angola e Moçambique provocou inevitavelmente o fim do domínio branco na Rodésia/Zimbabué e na África do Sul, onde terminou o regime do apartheid.

Em Espanha, país vizinho de Portugal, o ditador Generalíssimo Francisco Franco morreu no final de 1975 e iniciou-se a transição democrática, não para imitar Portugal, mas para evitar a rutura que Portugal viverá. Em Espanha, a transição foi negociada.

Como resultado, a Espanha aderiu à NATO em 1982 e Portugal aderiu à Comunidade Económica Europeia (CEE) em janeiro de 1986. Foi uma mudança histórica importante para Portugal, que saiu de África e entrou numa comunidade europeia em expansão, onde Portugal viria a ter um Presidente bem sucedido da comunidade europeia na pessoa de Durão Barroso, um antigo primeiro-ministro social-democrata e, antes disso, membro do MRPP, um dos agrupamentos políticos marginais mais radicais da extrema-esquerda do espectro político durante os dias de esperança selvagem da primavera portuguesa de 1974.

O meu primeiro artigo de jornal, publicado no *Western Morning News* em 23 de agosto de 1961, quando eu tinha apenas vinte anos, intitulava-se "Emergent Israel: Miracle Carved in the Heart of Islam." Quando estive em Israel no início desse verão de 1961, visitei Beersheba, onde o meu tio-avô, Wilfred "Bill" Maxwell, que, como sargento da West Somerset Yeomanry (um regimento montado), depois de combater na desastrosa campanha de Gallipoli, tinha participado ao lado da cavalaria ligeira australiana no ataque às defesas turcas durante a Batalha de Beersheba, em 31 de outubro de 1917.

As forças britânicas e as forças imperiais britânicas da Austrália e da Nova Zelândia estavam a tentar flanquear a posição turca em Gaza. Conseguiram derrotar os turcos e tomar o controle de Jerusalém e da

Palestina. Dois dias após a tomada de Beersheba, Arthur Balfour, o Secretário de Estado dos Negócios Estrangeiros britânico, contactou o Barão Rothschild e, a 9 de novembro de 1917, anunciou a Declaração Balfour, na qual propunha um lar nacional para o povo judeu na Palestina.

Portugal tem, evidentemente, o seu passado imperial a enfrentar, mas vale a pena recordar que outros também têm esse fardo e que a História permanece para todos nós, para o bem e para o mal, continua bem viva.

Epilogue

This epilogue contains iconographic images of London, Lisbon, and Paris.

These provide additional evidence in support of the chapter on disasters and reconstruction.

They involve images from the period discussed as well as recent photographs of the architectural sites in question.

* * *

Este epílogo contém imagens iconográficas de Londres, Lisboa e Paris.

Estas imagens fornecem provas adicionais para apoiar o capítulo sobre catástrofes e reconstrução.

Incluem imagens do período em análise, bem como fotografias recentes dos locais arquitectónicos em questão.

* * *

PERSPETIVES ON PORTUGUESE HISTORY

LONDON

*The Great Fire of London (1666)(unknown painter) (1675)
(public domain)*

*Design for the Palace of Whitehall, Inigo Jones (1639), Colen
Campbell, Vitruvius Britannicus, London, Vol II, MDCCXVII,
?C.2, PL 16-19.*

Covent Garden (1751) Sheila O'Connell, London 1753 (London, The British Museum Press, 2003).p 133

The West Prospect of Covent Garden, invented by Inigo Jones (1640) Colen Campbell, Vitruvius Britannicus, London, Vol II, MDCCXVII, C.2, PL, 21-22.

Golden Square: Residence of Sebastião Jose de Carvalho e Melo (the future Marquês de Pombal) while he was the Portuguese Ambassador in. London. (Contemporary print) (Rocque's Map of London. 1746)

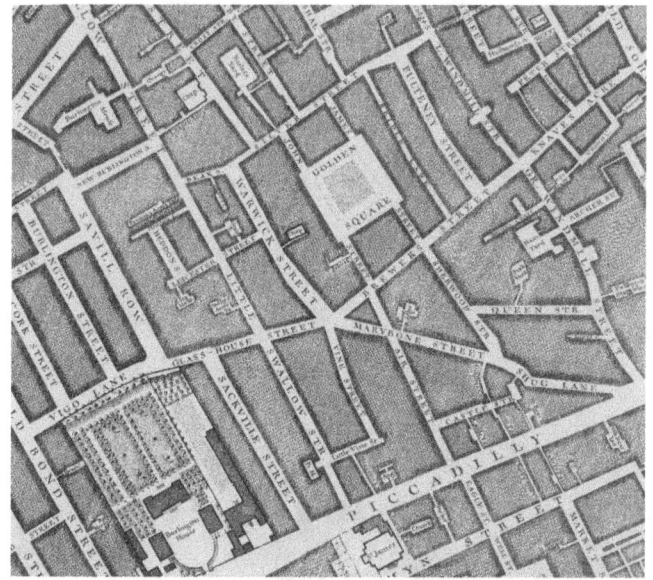

Golden Square, image of the square (contemporary print)

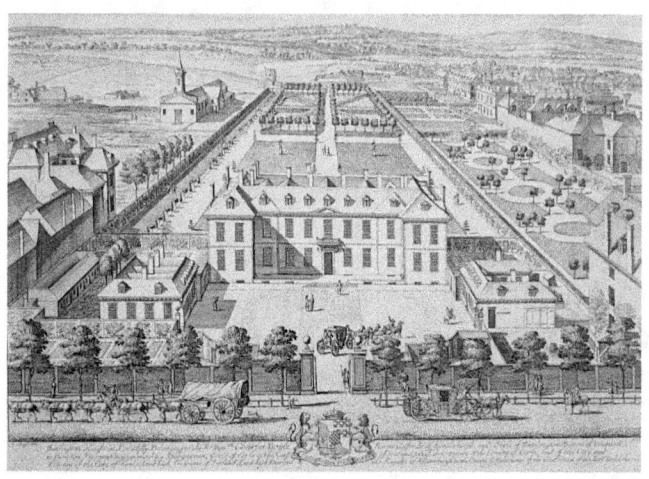

Burlington House: Etched and Engraved by Johannes Kip after Leonard Knyff, Britannia Illustrata, (1707) plate 29, Royal Academy of Arts, London (Susan Weber (ed) William Kent: Designing Georgian Britain (Bard Graduate Center, New York, Yale University Press, New Haven and London, 2014) p. 165.

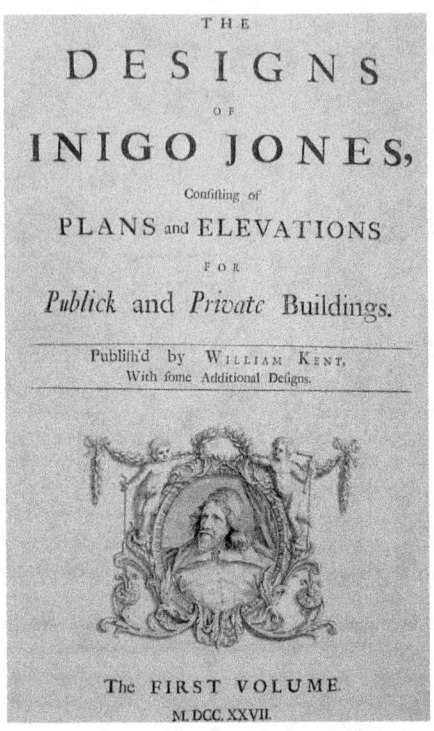

The Designs of Inigo Jones Consisting of Plans and Elevations for Public and Private Buildings, published by William Kent (London, MDCCXXVII)

PARIS

The framing of the reign of Napoleon III and the role of the Baron Haussmann in the reconstruction of Paris between the 1848 uprisings and the Franco-Prussian War and the Paris Commune on 1871.

The Baricade of rue Saint-Maur-Popincourt before the attack in Sunday June 25, 1848, before the attack by General Lamoriciere's troops, Daguerreotype by Thibault, Musee d'Orsey, Paris (Thomas Mayo/OSTKREUZ) Cover of Christopher Clark, Revolutionary Spring: fighting for a. New World, 1848-1849 (Penguin Random House, 2023)

Karl Marx: The Eighteenth Brumaire of Lous Napoleon

Portrait of Napoleon III., Adolphe Yvon 1817-1893) (Public Domain).

Adolphe Yvon - Haussmann presenting the plan for the annexation of the suburban communes to Paris in 1860. The annexation increased the size of the city from 12 to 20 arrondissements.(public domain).

Pierre Tetar van Elven (1825-1905) Fete de nuit aux Tuileries, 10 June 1867 (Public domain).

Haussmann period (1853-1870) 36-38, boulevard beaumarchais, architect- Roland (Paris Haussmann. Pavilion de l'arsenal. 2017, p156

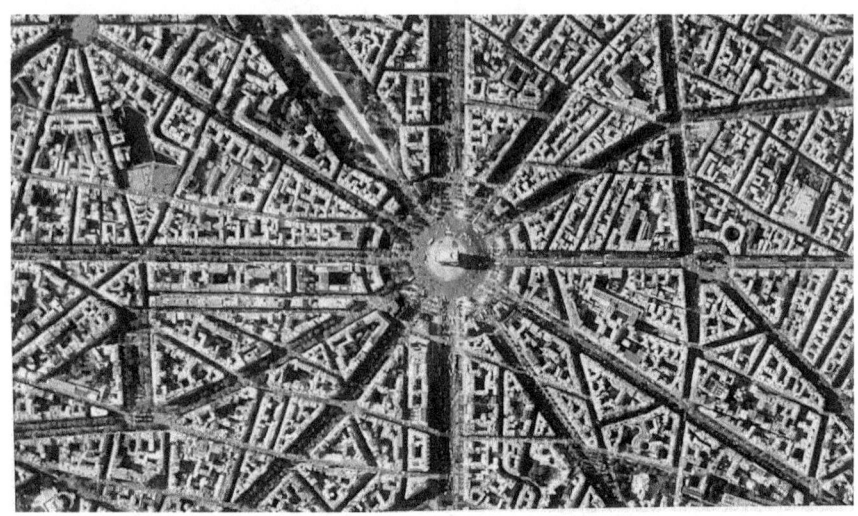

The Place de l'Etoile: Haussmann's reconfiguration and boulevards (aerial view)

Haussmann's Paris (photo image)

The burning of the Tuileries Palace (27 May, 1871) Panorama des Incendies de Paris Par si par les Commune, nuits des 23, 24 et 25 Mais, 1871, Lithographie d'Auguste Victor Deroy, Imprimature, Lamercier (public domain).

The burning of of the Hotel de Ville (contemporary print)(public domain).

Prussian Troops Parade down the Champs Elysee (March 1, 1871) (Public Doimain)

LISBON

The images here cover the reconstruction of Lisbon, including the designs of the new buildings, the construction of earthquake proof structures, and the main publications in the debate of the cause of the earthquakes (divine judgment or natural causes).

The dispute on the origins of the earthquake. The Jesuit, Gabriel Malagrida, said that it was the wrath of God. The "New Christian" Paris-based leading enlightenment savant, Antonio Ribeiro Sanches, argued that it had natural causes. His booklet on public heath and earthquakes was published and distributed by Sebastião Jose de Carvalho e Melo (Pombal).

Ribeiro Sanches was a paid consultant to Pombal. Malagrida was denounced to the Inquisition by Pombal and he was convicted in a Auto da Fe and burnt at the stake. Father Malagrida was the last person in Portugal to suffer this fate.

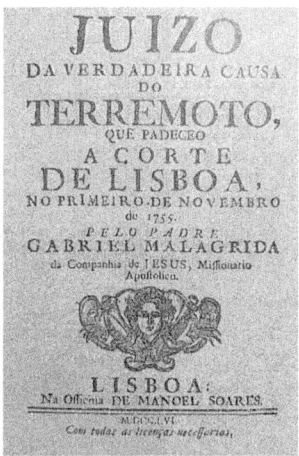

Father Gabriel Malegrida on the true cause of the earthquake.

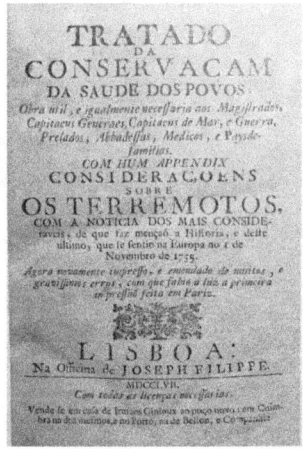

Antonio Nunes Ribeiro Sanshes Treaty on Public Health and Considerations on Earthquakes.

The Lisbon Earthquake and Tsunami (contemporary image)

The Pombaline Baixa of Lisbon (aerial view).

Corte de Edifício, Rua de S. Julião, 110, (Jorge Mascarenhas, "Sistema de Construção, - V - O Edifício de Rendimento da Baixa Pombalina, (Lisboa, Livros Horizonte, 2004) p. 135.

Lisbon Reclus, 1894, (Kenneth Maxwell Collection)

The design of the praça do comercio by Carlos Mardel (academia das belas artes, Lisboa)

Praça do Comércio (1964) (Postcard)

PERSPETIVES ON PORTUGUESE HISTORY

Elevation drawing of the building in Praca do Rossio by Carlos Mardel, circa 1759-60, singed by the the count of Oeiras (Marquês de Pombal) and the Praca do Rossio today (Photo by Tomas Amorim). From Kenneth Maxwell, "Lisbon: The Earthquake and Urban Recovery under the Marquês de Pombal" in Joan Ockman (ed) Our of Ground Zero (Temple Hoyle Buell Center for the Study of American Architecture, Columbia University, Munich and New York, Prestel, 2002) p. 34.

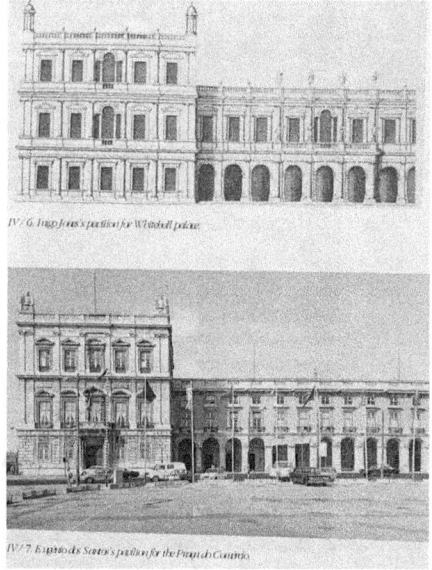

Inigo Jones's Palace of Whitehall (with cúpula removed) and Eugenio dos Santos pavilion for the Praca do Comercio (Kenneth Maxwell, The Lisbon Earthquake of 1755, History Department Faculty Seminar, Harvard. University, November 17, 2005) p. 53).

253

The Baixa, Rua Augusta: The view north from the Praca do Comércio toward the Praca do do Rossio (Photo by Tomas Amorim).

The Praca do Comercio, Lisbon (photo: Tomas Amorim)

The Rossio (photo, Tomás Amorim)

Covent Garden Arcade (photo, Kenneth Maxwell)

Praça do Comércio Arcade (photo, Kenneth Maxwell).

The Rossio, Lisbon, in 1964 (postcard).

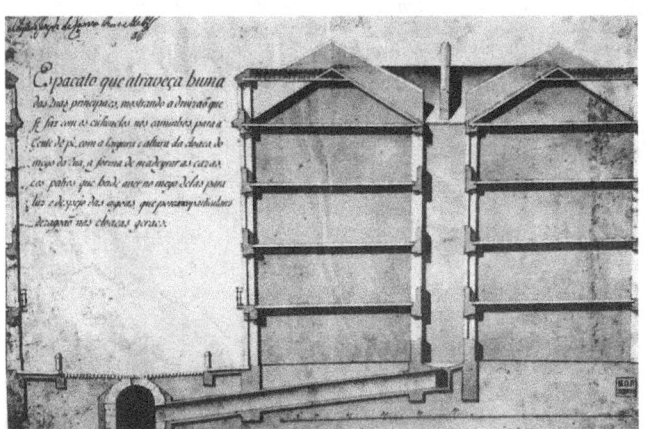

The plans for the new building were all signed by Sebastião Jose de Carvalho e Melo (later the count of Oeiras and the Marquês de Pombal.

Earthquake proof buildings in the Baixa: Paredes em frontal pombalino dispostas segundo as duas direções ortogonais dos edifícios, dotadas de uma treliça de madeira preenchida com elementos cerâmicos argamassados. Vitor Coias e Silva, Sistemas Construstivos usados na reconstrução: A "Gaiola" Pombalina: EstudosRecentes, 1755: O Grande Terramoto de Lisbon (FLAD/Publico, 2005, vol 1, p. 330.

The Manner of the execution of the Conspirators at Lisbon January 13, 1759 Engraved from an original Drawing made on the spot by Mr. Elsden. (Kenneth Maxwell Collection)

William Stephens and John Parminter were both from Devon in

Southwest England who were Lisbon merchants and entrepreneurs. They were close collaborators of Pombal during the reconstruction of Lisbon providing quick drying cement plaster and glass for the new earthquake proof buildings. Both became very rich as a result:

William Stephens (Guilherme Stephens) (1731-1803) Culm importer and glass maker, Lisbon and Marinha Grande.

John Parminter (1712-1780) British merchant in Lisbon (from Devon, England) who provided glass and quick drying cement for the new post-earthquake buildings in the Baixa Pombalino (A La Ronde, Devon, National Trust).

PERSPETIVES ON PORTUGUESE HISTORY

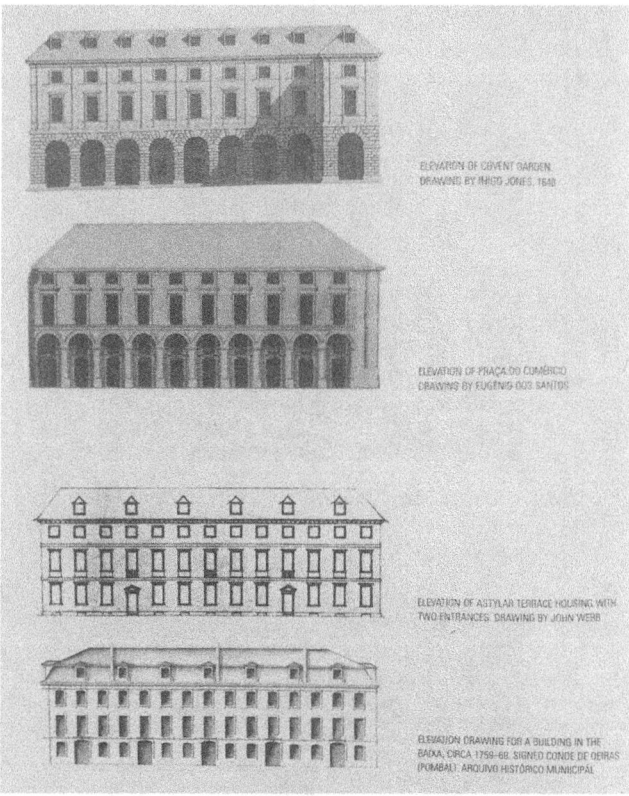

The comparison of the deigns of Covent Garden, London, and the Praca do Comerico, Lisbon (Kenneth Maxwell, "The Earthquake of 1755 and Urban Recovery under the Marquês de Pombal" Joan Ockman (ed) Out of Ground Zero (Temple Hoyle Buell Center for the Study of American Architecture, Columbia University (Munich and New York, Prestel, 2002) p. 36.

REQUIEM

St. Benet Welsh Church, Paul's Wharf, City of. London. In 1652 Inigo Jones was buried here alongside his father and mother. It is the only unaltered Wren Church in the city (public domain).

George Eugene Haussmann (1809-1891) (Cmemetery Pere-Lachaise, Paris.) (public domain).

The Mausoleum of Pombal in the Igreja da Memória in Ajuda, Lisbon.

Re: The sarcophagus of emperor Napoleon III (creative cinnamons commons share-alike 2.0).

About the Author

Kenneth Maxwell was the founding Director of the Brazil Studies Program at Harvard University's David Rockefeller Center for Latin American Studies (DRCLAS) (2006-2008) and a Professor in Harvard's Department of History (2004-2008).

From 1989 to 2004 he was Director of the Latin America Program at the Council on Foreign Relations, and in 1995 became the first holder of the Nelson and David Rockefeller Chair in Inter-American Studies.

He served as Vice President and Director of Studies of the Council in 1996. Maxwell previously taught at Yale, Princeton, Columbia, and the University of Kansas.

Kenneth Maxwell founded and was Director of the Camões Center for the Portuguese-speaking World at Columbia and was the Program Director of the Tinker Foundation, Inc. From 1993 to 2004, he was the Western Hemisphere book reviewer for Foreign Affairs.

He was a regular contributor to *The New York Review of Books* and was a weekly columnist between 2007 and 2015 for *Folha de São Paulo* and monthly columnist for *O Globo* from 2015.

Maxwell was the Herodotus Fellow at the Institute for Advanced Study, Princeton, and a Guggenheim Fellow. He served on the Board of Directors of The Tinker Foundation, Inc., and the Consultative Council of the Luso-American Foundation.

He is also a member of the Advisory Boards of the Brazil Foundation and Human Rights Watch/Americas. Maxwell received his B.A. and M.A. from St. John's College, Cambridge University, and his M.A. and Ph.D. from Princeton University.

He is a regular contributor to *Second Line of Defense* and *Defense.info* as well.

* * *

Kenneth Maxwell foi o diretor fundador do Programa de Estudos Brasileiros do David Rockefeller Center for Latin American Studies (DRCLAS) da Universidade de Harvard (2006-2008) e professor do Departamento de História de Harvard (2004-2008).

De 1989 a 2004, foi Diretor do Programa para a América Latina no Council on Foreign Relations e, em 1995, tornou-se o primeiro titular da Cátedra Nelson e David Rockefeller de Estudos Interamericanos.

Foi Vice-Presidente e Diretor de Estudos do Conselho em 1996. Maxwell leccionou anteriormente em Yale, Princeton, Columbia e na Universidade do Kansas.

Kenneth Maxwell fundou e foi Diretor do Centro Camões para o Mundo Lusófono na Universidade de Columbia e foi Diretor de Programas da Tinker Foundation, Inc. De 1993 a 2004, foi revisor de livros sobre o Hemisfério Ocidental para a Foreign Affairs.

Foi colaborador regular da *The New York Review of Books* e foi colunista semanal entre 2007 e 2015 da *Folha de São Paulo* e colunista mensal de *O Globo* a partir de 2015.

Maxwell foi Herodotus Fellow no Institute for Advanced Study, em Princeton, e Guggenheim Fellow. Foi membro do Conselho de Administração da The Tinker Foundation, Inc., e do Conselho Consultivo da Fundação Luso-Americana.

É também membro dos Conselhos Consultivos da Brazil Foundation e da Human Rights Watch/Americas. Maxwell recebeu o seu B.A. e M.A. do St. John's College, Universidade de Cambridge, e o seu M.A. e Ph.D. da Universidade de Princeton.

É colaborador regular da *Second Line of Defense* e da *Defense.info*.

About the Editor

Dr. Robbin F. Laird is a long-time analyst of global defence issues. He has worked in the U.S. government and several think tanks, including the Center for Naval Analyses and the Institute for defence Analyses.

He is a frequent op-ed contributor to the defence press, and he has written several books on international security issues.

He is the editor of two websites, *Second Line of defence* and *defence.info*.

He is a member of the Board of Contributors of *Breaking defence* and publishes there on a regular basis.

He is a research fellow with The Sir Richard Williams Foundation.

He is also based in Paris, France, and he regularly travels throughout Europe and conducts interviews with leading policymakers in the region.

* * *

O Dr. Robbin F. Laird é um analista de longa data de questões de defesa global. Trabalhou no governo dos EUA e em vários grupos de reflexão, incluindo o Center for Naval Analyses e o Institute for defence Analyses.

É um colaborador frequente da imprensa de defesa e escreveu vários livros sobre questões de segurança internacional.

É o editor de dois sítios Web, *Second Line of defence* e *defence.info*.

É membro do Board of Contributors da *Breaking defence* e publica regularmente nessa revista.

É bolseiro de investigação da Fundação Sir Richard Williams.

Também está baseado em Paris, França, e viaja regularmente pela Europa e conduz entrevistas com os principais decisores políticos da região.

Notes

FOREWORD

1. The thesis was published in 1973, when Kenneth Maxwell was at the Institute for Advanced Study in Princeton. Kenneth Maxwell (1973). **Conflicts and Conspiracies. Brazil and Portugal (1750-1808).** Cambridge: Cambridge University Press. The first of successive Brazilian editions was published in 1978. Kenneth Maxwell (1978). **A Devassa da Devassa. A Inconfidência Mineira 1750-1808**. Rio de Janeiro: Paz e Terra.
2. Kenneth Maxwell. "The Hidden Revolution in Portugal". **New York Review of Books,** April 17, 1975. Kenneth Maxwell. "The Thorns of the Portuguese Revolution". **Foreign Affairs,** January 1, 1976.
3. Kenneth Maxwell (1995). **Pombal: Paradox of the Enlightenment.** Cambridge: Cambridge University Press. The first edition in Portuguese was published in Brazil and the second in Portugal, with a different title. Kenneth Maxwell (1996). **Marquis of Pombal: Paradox of the Enlightenment**. Rio de Janeiro: Paz e Terra. Kenneth Maxwell (2001). **O Marquês de Pombal**. Lisbon: Presença.
4. Kenneth Maxwell (1997). **The Making of Portuguese Democracy**. Cambridge: Cambridge University Press. The first edition in Portuguese was published in Portugal and the second in Brazil, with a different title. Kenneth Maxwell (1999). **The Making of Portuguese Democracy**. Lisbon: Presença. Kenneth Maxwell (2006). **The Defeated Empire.Revolution and Democracy in Portugal**. São Paulo: Companhia das Letras.
5. A tese é publicada em 1973, quando Kenneth Maxwell está no Institute for Advanced Study em Princeton. Kenneth Maxwell (1973). **Conflicts and Conspiracies. Brazil and Portugal (1750-1808).** Cambridge: Cambridge University Press. A primeira de sucessivas edições brasileiras foi publicada em 1978. Kenneth Maxwell (1978). **A Devassa da Devassa. A Inconfidência Mineira 1750-1808**. Rio de Janeiro: Paz e Terra.
6. Kenneth Maxwell. "The Hidden Revolution in Portugal". **New York Review of Books,** 17 de Abril de 1975. Kenneth Maxwell. "The Thorns of the Portuguese Revolution". **Foreign Affairs,** 1 de Janeiro de 1976.
7. Kenneth Maxwell (1995). **Pombal: Paradox of the Enlightenment.** Cambridge: Cambridge University Press. A primeira edição em língua portuguesa foi publicada no Brasil e a segunda em Portugal, com um título diferente. Kenneth Maxwell (1996). **Marquês de Pombal: Paradoxo do Iluminismo**. Rio de Janeiro: Paz e Terra. Kenneth Maxwell (2001). **O Marquês de Pombal**. Lisboa: Presença.
8. Kenneth Maxwell (1997). **The Making of Portuguese Democracy**. Cambridge: Cambridge University Press. A primeira edição em língua portuguesa foi publicada em Portugal e a segunda no Brasil, com um título diferente. Kenneth Maxwell (1999). **A Construção da Democracia em Portugal**. Lisboa: Presença. Kenneth

NOTES

Maxwell (2006). **O Império Derrotado. Revolução e Democracia em Portugal**. São Paulo: Companhia das Letras.

PROLOGUE: PORTUGAL 1964

1. Jose Gonçalo Correia de Oliveira (1921-1976) was minister of the economy in 1965, a position he retained until 1969. He was the son of the eminent Portuguese poet, Antonio Correia d'Oliveira. He presided over the counsel of minsters after Salazar's incapacitation. He had been regarded as a possible sucessor to Salazar. He was implicated in the 1967 scandal of the "Ballet Rosa" when a pedofile and child prostitution ring of high society figures linked to the Salazar regime were involved with young girls of 8, 9 and 10 who were prostituted by their mothers for private garden parties in Estoril where they danced under pink floodlights. The Portuguese press did not mention the scandal but it appeared in foreign newspapers. It was claimed thar a young lawyer, Mário Soares, was the source. He was imprisoned in Caxias in 1967 and deported to Sao Tome and Principe in 1968. Correia de Oliveira claimed innocence but his political career ended. He became the president of the Banco Burnay. In 1975 he was ejected from the Bank and exiled to Paris where he committed in 1976. Mário Soares became the leader of the Socialist Party, and later the Prime Minster and President of Portugal. became the leader of the Socialist Party, and later the Prime Minster and President of Portugal.
2. José Gonçalo Correia de Oliveira (1921-1976) foi ministro da Economia em 1965, cargo que manteve até 1969. Era filho do eminente poeta português António Correia d'Oliveira. Presidiu ao conselho de ministros após a incapacidade de Salazar. Tinha sido considerado como um possível sucessor de Salazar. Foi implicado no escândalo do "Ballet Rosa", em 1967, quando uma rede de pedofilia e prostituição infantil de figuras da alta sociedade ligadas ao regime salazarista se envolveu com raparigas de 8, 9 e 10 anos que eram prostituídas pelas mães para festas privadas no Estoril, onde dançavam sob holofotes cor-de-rosa. A imprensa portuguesa não mencionou o escândalo, mas ele apareceu em jornais estrangeiros. A fonte terá sido um jovem advogado, Mário Soares. Este foi preso em Caxias em 1967 e deportado para São Tomé e Príncipe em 1968. Correia de Oliveira alegou inocência, mas a sua carreira política terminou. Tornou-se presidente do Banco Burnay. Em 1975, foi expulso do Banco e exilado em Paris, onde morreu em 1976. Mário Soares tornou-se líder do Partido Socialista e, mais tarde, Primeiro-Ministro e Presidente da República.

INTRODUCTION

1. *The history of A la Ronde*, Devon, National Trust (https://nationltust.org.uk.
2. Margaret A. Rice, *The Henry Bagwell Story: English Adventurer, Virginia Planter 1589-1669* (Secant Publishing, LLC, Salisbury, MD., 2021); Margaret A. Rice, *Merchants and Mayors: The Chappell Family in Tudor Exeter* (Blue Poppy Publishing, Ilfracombe, Devon, 2024).
3. On Professor Sir Harry Hinsley at Bletchley Park, Michael Smith, *The Secrets of Station X: How the Bletchley Park Codebreakers helped win the war* (Biteback Publishing Ltd., London, 2011), 91-94, 95, 105, 111, 124, 178, 208, 262-263.

4. The six volume transcriptions of the conference discussions are held in the Princeton University Library's Rare Book collection: Documenting the Portuguese Revolution 1962-1994. Princeton University https://static-prod.lib.princeton >scitec > miscpdfbox listing documenting the Portuguese revolution, 1962-1994, and Gale https://www.gale.com > intle > doc. Documenting the Portuguese Revolution, 1962-1994. These are among the documents I donated on the Portuguese Revolution to the Princeton University Library.
5. Kenneth Maxwell (ed) The Press and the Rebirth of Iberian Democracy (Westport, Connecticut and London, Greenwood Press, 1983); Kenneth Maxwell (ed) Portugal in the 1980s (Westport, Connecticut and London, Greenwood Press, 1986); Kenneth Maxwell, (ed) Portugal Ten Years After the Revolution (Columbia University, RIIC, 1984); Kennet Maxwell, with Scott Monje, The Constitution and the Consolidation of Democracy, 1976-1989 (New York, Camões Center, 1991); Jose Freire Antunes, from Paul in the district of Covilhã, He was a deputy in the Assembly of the Republic for the PSD and a political aide to Prime Minister, Cavaco Silva, between 1988-1993. He had been a member of the MRPP and was a member of the party's press commission. He later abandoned Maoism. He published over thirty books including accounts of US-Portugues relations during the administrations of Presidents Kennedy and Nixon which he worked on while he was affiliated at Columbia. He died in 20i5 at the age of 61.
6. Kenneth Maxwell (coord) O Livro de Tiradentes (Companhia das Letras and Penguin Group, São Paulo, 2013).
7. Jose Arthur Gianotti, Elio Gaspari faz história: Livros do jornalista retratam período crucial da historia do Brasil, (pesquisa fapesp, Edição 86, abril 2003).
8. Elio Gaspari, Thursday, 14, August, 2014, My Blog, krmaxwell.com; Elio Gaspari - 14/08/20114 - Kenneth Maxwell - Colunistas - Folha de ...

UMA BOLSA DE ESTUDO POR ACASO

1. 1. *A história de A la Ronde*, Devon, National Trust(https://nationltust.org.uk.
2. Margaret A. Rice, *The Henry Bagwell Story: English Adventurer, Virginia Planter 1589-1669* (Secant Publishing, LLC, Salisbury, MD., 2021); Margaret A. Rice, *Merchants and Mayors: The Chappell Family in Tudor Exeter* (Blue Poppy Publishing, Ilfracombe, Devon, 2024).
3. Sobre o Professor Sir Harry Hinsley em Bletchley Park, Michael Smith, *The Secrets of Station X: How the Bletchley Park Codebreakers helped win the war* (Biteback Publishing Ltd., London, 2011), 91-94, 95, 105, 111, 124, 178, 208, 262-263.
4. As transcrições em seis volumes dos debates da conferência encontram-se na coleção de Livros Raros da Biblioteca da Universidade de Princeton: Documenting the Portuguese Revolution 1962-1994. Universidade de Princeton https://static-prod.lib.princeton >scitec > miscpdfbox listing documenting the Portuguese revolution, 1962-1994, e Gale https://www.gale.com > intle > doc. Documenting the Portuguese Revolution, 1962-1994. Estes são alguns dos documentos que doei sobre a Revolução Portuguesa à Biblioteca da Universidade de Princeton.
5. Kenneth Maxwell (ed) The Press and the Rebirth of Iberian Democracy (Westport, Connecticut e Londres, Greenwood Press, 1983); Kenneth Maxwell (ed) Portugal in the 1980s (Westport, Connecticut e Londres, Greenwood Press, 1986); Kenneth

Maxwell, (ed) Portugal Ten Years After the Revolution (Columbia University, RIIC, 1984); Kennet Maxwell, com Scott Monje, The Constitution and the Consolidation of Democracy, 1976-1989 (Nova Iorque, Camões Center, 1991); José Freire Antunes, do Paul, no distrito da Covilhã, foi deputado à Assembleia da República pelo PSD e assessor político do Primeiro-Ministro, Cavaco Silva, entre 1988-1993. Foi militante do MRPP e membro da comissão de imprensa do partido. Mais tarde, abandonou o maoísmo. Publicou mais de trinta livros, incluindo relatos das relações entre os Estados Unidos e Portugal durante as administrações dos Presidentes Kennedy e Nixon, nos quais trabalhou enquanto esteve afiliado na Universidade de Columbia. Morreu em 2025, com 61 anos.
6. José Arthur Gianotti, *Elio Gaspari faz história: Livros do jornalista retrata período crucial da história do Brasi*l, (pesquisa fapesp, Edição 86, abril 2003).
7. Elio Gaspari, quinta-feira, 14, agosto, 2014, Meu Blog, krmaxwell.com; Elio Gaspari - 14/08/20114 - Kenneth Maxwell - Colunistas - Folha de ...

1. LOOKING BACK AT THE PORTUGUESE REVOLUTION: THE 25 APRIL 2024 SÃO PAULO LECTURE

1. Vernon Walters (1917-2002) served from 1972 until 1976 as Deputy Director of the CIA (DDCI). From 1985 to 1989 as US ambassador to the UN and was the US Ambassador to the Federal Republic of Germany from 1989 to 1991 during the period of German Reunification. He was a Lieutenant General in the US Army. He was born in New York City and brought up in England and France returning to the US at the age of sixteen. He was fluent in French, Italian, Spanish and Portuguese and spoke German. He joined the army in 1941. He served as a link between the Brazilian Expeditionary Force and the US Fifth Army in Italy. He served as an aide and interpreter for several American President's. Walters was the US military attaché in Brazil between 1962 and 1968 during the military coup against President Goulart (as was Carlucci and Herbert Okun). Vernon Walter was a close friend of General Castelo Branco from their time in Italy during WW2. General Castelo Branco led the military intervention. Walters had smuggled Henry Kissinger into and out of Paris during the secret meetings with the North Vietnamese. He was the DDCI during the Arab Israeli War of 1973, the end of the Vietnam War, the Chilean military coup against Allende, and the Letelier assassination in Washington DC. He refused to involve the CIA in the Watergate scandal. He wrote to the "New York Review of Books" in response to my article in 1975 where I had discussed his clandestine visit to Portugal.
2. My articles appeared in *The New York Review of Books* and in *Foreign Affairs*. "Portugal: A Neat Revolution," June 12th, 1974; "The Hidden Revolution in Portugal," April 17, 1975; "Portugal Under Pressure," May, 29, 1975; "Postscript from Portugal," November 13, 1975; "From a Portuguese Prison," December 11, 1975; Vernon Walters and Kenneth Maxwell, August 7, 1975; The Thorns of the Portuguese Revolution," *Foreign Affairs*, January 1, 1976.
3. Frank Carlucci (1930-2018) went on to be the U.S. Secretary of Defence under Ronald Reagan between 1987-1989 and the National Security Adviser 1986-1987. He was the deputy director of the CIA from 1978-1979 under Jimmy Carter. He

was the Ambassador to Portugal between January 24th, 1975 and February 5, 1978 under Gerald Ford and Jimmy Carter. He had been the Director of the Office of Economic Opportunity under Richard Nixon where he had been preceded by Donald Rumsfeld. He had graduated from Princeton University (AB) where he roomed with Donald Rumsfeld, who was his wrestling partner, and at Harvard Business School (MBA). He had served in the U.S. Navy as a lieutenant between 1952-1954. In 1961 he had been the second secretary in the U.S. Embassy in the Congo when Patrice Lumumba was killed in January 1961. Carlucci was accused of being involved in the plot which he furiously denied and went to court to prevent his name being used in the 2000 biopic "Lumumba." He was in Brazil as the political counsellor between 1965 and 1969. Colonel Vernon Walters was then the military attachee at the U.S. embassy in Brazil in 1963 where he had been appointed at the request of Ambassador Lincoln Gordon. General Walters was the deputy head of the CIA and had recommended Carlucci's appointment as the ambassador in Portugal. Carlucci spoke about his time in the Congo in a Ford Library interview with Richard Norton Smith in 2009. Carlucci was a self-described "damage-control expert". At the CIA he is credited in the late 1970s with calming the agency and at the National Security Council with repairing the damage of the Iran-Contra affair. He later served as the chairmen of the Carlyle Group, a private equity investment group.at the National Security Council with repairing the damage of the Iran-Contra affair. He later served as the chairmen of the Carlyle Group, a private equity investment group.
4. Nuno Monteiro, Patricia Silva and Pedro C. Magalhães, editors, *Portugal in the 21st Century* (London and New York, Routledge, 2025).

2. OLHANDO PARA TRÁS NA REVOLUÇÃO PORTUGUESA: PALESTRA SÃO PAULO 25 DE ABRIL DE 2024

1. Vernon Walters (1917-2002) foi, de 1972 a 1976, diretor-adjunto da CIA (DDCI). De 1985 a 1989, foi embaixador dos EUA junto da ONU e, de 1989 a 1991, embaixador dos EUA na República Federal da Alemanha durante o período da reunificação alemã. Foi tenente-general do exército americano. Nasceu na cidade de Nova Iorque e foi criado em Inglaterra e em França, tendo regressado aos Estados Unidos aos dezasseis anos. Era fluente em francês, italiano, espanhol e português e falava alemão. Entrou para o exército em 1941. Serviu como elo de ligação entre a Força Expedicionária Brasileira e o Quinto Exército dos EUA em Itália. Foi assessor e intérprete de vários presidentes americanos. Walters foi o adido militar dos EUA no Brasil entre 1962 e 1968, durante o golpe militar contra o presidente Goulart (assim como Carlucci e Herbert Okun). Vernon Walter era um amigo íntimo do General Castelo Branco desde o tempo em que estiveram em Itália durante a 2ª Guerra Mundial. O General Castelo Branco liderou a intervenção militar. Walters tinha contrabandeado Henry Kissinger para dentro e para fora de Paris durante as reuniões secretas com os norte-vietnamitas. Era o DDCI durante a guerra israelo-árabe de 1973, o fim da guerra do Vietname, o golpe militar chileno contra Allende e o assassinato de Letelier em Washington DC. Recusou-se a envolver a CIA no escândalo de Watergate. Escreveu para a "New York Review of Books" em resposta ao meu artigo de 1975, onde falava da sua visita clandestina a Portugal.

NOTES

2. Os meus artigos foram publicados na *The New York Review of Books* e na *Foreign Affairs*. "Portugal: A Neat Revolution", 12 de junho de 1974; 'The Hidden Revolution in Portugal', 17 de abril de 1975; 'Portugal Under Pressure', 29 de maio de 1975; 'Postscript from Portugal', 13 de novembro de 1975; 'From a Portuguese Prison', 11 de dezembro de 1975; Vernon Walters e Kenneth Maxwell, 7 de agosto de 1975; T 'he Thorns of the Portuguese Revolution', Foreign Affairs, 1 de janeiro de 1976.

3. Frank Carlucci (1930-2018) foi Secretário da Defesa dos Estados Unidos sob a direção de Ronald Reagan entre 1987-1989 e Conselheiro de Segurança Nacional entre 1986-1987. Foi diretor-adjunto da CIA entre 1978-1979, durante o governo de Jimmy Carter. Foi embaixador em Portugal entre 24 de janeiro de 1975 e 5 de fevereiro de 1978, durante os governos de Gerald Ford e Jimmy Carter. Foi Diretor do Gabinete de Oportunidades Económicas de Richard Nixon, tendo sido precedido por Donald Rumsfeld. Licenciou-se na Universidade de Princeton (AB), onde viveu com Donald Rumsfeld, que era o seu parceiro de luta livre, e na Harvard Business School (MBA). Serviu na Marinha dos Estados Unidos como tenente entre 1952 e 1954. Em 1961, era o segundo secretário da Embaixada dos Estados Unidos no Congo, quando Patrice Lumumba foi assassinado em janeiro de 1961. Carlucci foi acusado de estar envolvido na conspiração, o que negou veementemente, tendo recorrido ao tribunal para impedir a utilização do seu nome no filme biográfico "Lumumba", de 2000. Esteve no Brasil como conselheiro político entre 1965 e 1969. O coronel Vernon Walters era então adido militar na embaixada dos Estados Unidos no Brasil em 1963, onde havia sido nomeado a pedido do embaixador Lincoln Gordon. O General Walters era o chefe-adjunto da CIA e tinha recomendado a nomeação de Carlucci para embaixador em Portugal. Carlucci falou sobre o seu tempo no Congo numa entrevista na Biblioteca Ford com Richard Norton Smith em 2009. Carlucci era um autodenominado "perito em controlo de danos". No final da década de 1970, foi responsável, na CIA, por acalmar a agência e, no Conselho de Segurança Nacional, por reparar os danos do caso Irão-Contras. Posteriormente, foi presidente do Grupo Carlyle, um grupo de investimento de capital privado. no Conselho de Segurança Nacional, por ter reparado os danos do caso Irão-Contras. Mais tarde, foi presidente do Grupo Carlyle, um grupo de investimento de capitais privados.

3. INTERNATIONAL CONFERENCE OF THE POMBAL PARADOX: JUNE 2024

1. https://www.gotouniversity.com/university/federal-university-of-sergipe

4. CONFERÊNCIA INTERNACIONAL SOBRE O PARADOXO DE POMBAL: JUNHO DE 2024

1. https://www.gotouniversity.com/university/federal-university-of-sergipe

NOTES

5. THE INTERNATIONAL COLLOQUIUM ON LUSO-BRAZILIAN ART AND LITERATURE AT HARVARD UNIVERSITY

1. Barber, Peter, London: *A History in Maps* (London, The London Topographical Society in association with the British Museum, 2012); Beddington, Charles, Canaletto in England: *A Venetian Artist Abroad, 1746-1755* (New Haven and London, Dulwich Picture Gallery, Yale University Press, 2006); Calloway, Stephen (ed) *The Elements of Style: A Practical Encyclopaedia of Interior Architecture of Interior Architectural Details from 1485 to the Present* (New York, Simon & Schuster, 1991); Campbell, Colen, *Vitruvius Britannicus or The British Architect containing The Plans, Elevations, and Sections of the Regular Buildings both Public and Private in Great Britain* (London, Vol I, 1715, Vol 2, 1717, Vol 3, 1725); Delbourgo, James, *Collecting the World: Hans Sloane and the Origins of the British Museum* (Cambridge, Ma., The Belknap Press of Harvard University Press, 2017); O'Connell, Sheila, with contributions by Roy Porter, *Celina Fox and Ralph Hyde, London 1753* (London, The British Museum Press, 2003); Parisiense, Steven (ed) *Celebrating Britain: Canaletto, Hogarth and Patriotism* (Compton Verney, Warwickshire, Paul Holberton Publishing, 2005).

   Longstaffe-Gowan, Todd, The London Square: Garden in the midst of Town (New Haven and London, The Paul Mellon Center for Studies of British Art by Yale University Press, 2012).

   Rocque's Map of Georgian London (London, Old House, 2013).

   Shawe-Taylor, Desmond (ed) The First Georgians: Art & monarchy 1714-1760 (London, Royal Collection Trust, 2014).

   Tinniswood, Adrian, His Invention so Fertile: A Life of Christopher Wren (London, Pimlico, 2002).

   Weber, Susan (ed) William Kent: Designing Georgian Britain (New Haven and London, Bard Graduate Center: Decorative Arts, Design History, Material Culture, New York, Yale University Press, 2014).

2. Barreto, Antonio, (organização) *Marquês de Pombal: Catálogo Bibliográfico e Iconográfico* (Biblioteca Nacional, Lisboa, 1982); Barreto, Antonio, (organização) Marquês de Pombal: Catálogo Bibliográfico e Iconográfico (Biblioteca Nacional, Lisboa, 1982); Barros, Carlos Vitorino da Silva, *Real Fábrica de Vidros da Marina Grande, II Centenário, 1769-1969* (Lisboa, Fábrica-Escola Irmãos Stephens - Instituto Nacional de Investigação Industrial, 1969); Buescu, Helena Carvalho, Cordeiro, Gonçalo, *O Grande Terramoto de Lisboa Ficar Diferente* (Lisboa, Gradiva - Fundação Cidade de Lisboa, 2005; Delaforce, Angela (coordenação) *Portugal e o Reino Unido* (Lisboa, Fundação Calouste Gulbenkian, 1995); Delaforce, Angela, *The Lost Library of the King of Portugal* (London, AD ILISSVM, 2019); Delaforce, Angela, *Art and Patronage in Eighteenth Century Portugal* (Cambridge, Cambridge University Press, 2001); Faria, Miguel Figueiredo de, *A Vida de Joaquim Carneiro da Silva (1732-1818) A Idade do Papel, Arte, Política e Sociedade. No Tempo das Luzes* (Lisboa, Imprensa Nacional - Casa da Moeda, 2021); Gibbs, James, *Gibbe's Book of Architecture, An Eighteenth Century Classic* (Mineola, New York, Dover Publications Inc., 2008); Goudar, A., *Relation historique du Tremblement de Terre survenue à Lisbonne le premier Novembre 1755.* (A La Haye, Chez Philanthrope, a la Vérité, MDCCLVI);

NOTES

Obra Completa Pombalina. Edição criticamente anotada, (direção, José Eduardo Franco, Pedro Calafate, Viriato Soromenho-Marques, Vol i, Escritos de Inglaterra (1738-1739) (coordenação, introdução e anotação de Ana Leal Faria) (Coimbra, Imprensa da Universidade, 2024); Faria, Figueira de, (coordenação) do Terreiro do Paço a. *Praça do Comércio: História de um Espaço Urbano (Lisboa, Universidade Autónoma de Lisboa - Imprensa Nacional* Casa da Moeda, 2012); Franca, Jose-Augusto, *Une ville des Lumières: La Lisbonne de Pombal* (Paris, S.E.V.P.N., 1965); Leite, Serafim S.I., *Suma Histórica da. Companhia de Jesus no Brasil* (Assistência de Portugal) 1549-1760, (Lisboa, Junta de Investigações do Ultramar, 1965); Levenson, Jay A., (ed) *The Age of the Baroque in Portugal* (New Haven and London, National Gallery of Art, Washington, Yale University Press, 1994); Machete, Rui (Apresentação) *1755: O Grande Terramoto de. Lisboa* (Lisboa, Público e Fundação Luso-Americano, 2 vols., 2005); Martins, Rocha, *O Marquês de Pombal Desterrado, 1777-1782* (Lisboa, Empresa Nacional de Publicidade, n.d.); Maxwell, Kenneth, *Marquês de Pombal: Paradoxo do Iluminismo* (Sao Paulo, Paz e Terra, 1996); Maxwell, Kenneth, *O Marquês de Pombal: Ascensão e Queda* (Lisboa, Manuscrito, 2015); Molesky, Mark, *This Gulf of Fire: The Destruction of Lisbon or Apocalypse in the Age of Science and Reason* (New York, Alfred A. Knopf, 2015); Monteiro, Nuno Gonçalo Freitas, *O Crepúsculo dos Grandes* (1759-1832) (Lisboa, Imprensa Nacional - Casa da Moeda, 1996); Ockman, Joan, (ed) *Out of Ground Zero: Case Studies in Urban Reinvention* (New York and Munich, Temple Hoyle Buell Center for the Study of American Architecture, Columbia University, Pestel, 2002); Rossa, Walter, *Beyond Baixa: Signs of Urban Planning in Eighteenth Century Lisbon* (Lisbon, Ministério da Cultura/Instituto Português do Património Arquitectónico, 1998); Roberts, Jenifer, *Glass: The Strange History of the Lyne Stephens Fortune* (Chippenham, Templeton Press, 2003); Santana, Francisco, (recolha e índices) *Lisboa na 2a Metade do Séc. XVIII* (Plantas e Descrições das suas Freguesias) (Lisboa, Câmara Municipal de Lisboa, n.d.); Santos, Maria Helena Ribeiro dos, *A Baixa Pombalina: Passado e Futura* (Lisboa, Livros Horizonte, 2000); Stepanek, Oavek, *Mecenas de Josef Manes. A Família Silva Tarouca e a sua Influência na Cultura Checa* (Prague, Universidade Palacky de Olomouc, 2015); Tavares, Rui, *O Pequeno Livro do Grande Terramoto, Ensaio sobre 1755* (Lisboa, Tinta-Da-China, MMXVII); Viegas, Inês Morais, (Coordenação do Projecto) *Cartulário Pombalino, Coleção de 70 Prospectos (1758-1846)* (Lisboa, Arquivo Municipal de Lisboa, 1999); Vogel, Christine, *Guerra aos Jesuítas, A Propaganda Antijesuítica do Marquês de Pombal em Portugal e na Europa, Prefácio de José Eduardo Franco* (Lisboa, Temas e Debates, Circulo-Leitores, 2017); Walker, Charles F., *Shaky Colonialism: The 1746 Earthquake-Tsunami in Lima, Peru and its Long Aftermath* (Durham & London, Duke University Press, 2008).

3. Clark, Christopher, *Revolutionary Spring: Fighting for a New World, 1848-1849* (London, Allen Lane - Penguin Random House, 2023); McAuliffe, Mary, *Paris, City of Dreams: Napoleon III, Baron Haussmann and the Creation of. Paris* (Lanham, Boulder, New York, London, Rowman & Littlefield, 2020); Jallon, Benoit, *Napolitano, Umberto, Boutte, Franck, Paris Haussmann, Modele de Ville, A Model's Relevance* (Paris and Zurich, Editions du Pavillon de l'Arsenal et Park Books, 2017); Smee, Sebastian, *Paris in Ruins: The Siege, the Commune and the Birth of Impressionism* (London, Oneworld Publications. 2024); Strauss-Schom, Alan, *The Shadow Emperor: A Biography of Napoleon III* (Stroud, Amberley Publishing, 2018); Steinberg, Jonathan, *Bismarck: A Life* (Oxford, Oxford University. Press, 2011);

4. Jonas, Raymond, *Habsburg on the Rio Grande: The Rise and Fall of the Second Mexican Empire* (Cambridge, MA., & London, Harvard University Press, 2024); Krauze, Enrique, *Mexico: Biography of Power:A History of Modern Mexico 1810-1996*, translated by Hank Heifetz, (New York, Harper Collins, 1997); Marx, Karl, *The Eighteenth Brumaire of Louis Napoleon* (London, Wellred Books, 2022); Marx, Karl, and Engels, Friedrich, *The Communist Manifesto* (with an introduction by Gareth Stedman Jones) (London, Penguin Books, 1967); Shawcross, Edward, *The Last Emperor of Mexico: A Disaster in the New World* (New York, Basically Books, 2021).

7. THE PIVOT: THE PORTUGUESE COUP OF THE 25TH APRIL AND ITS GLOBAL CONSEQUENCES

1. Elio Gaspari is the author of five volumes on the Brazilian Dictatorship: *Coleção Ditadura; a ditadura acabada* (2016); *a ditadura encurralada* (2014); *a ditadura derrotada* (2014); *ditadura envergonhada* (2002); *a ditadura derrotada* (2003). He writes a column twice each week for the *Folha de São Paulo* and *O Globo* (Rio de Janeiro.) He was a Tinker Visiting Professor at Columbia University, a visiting fellow of the Woodrow Wilson Center in Washington D.C., and a visiting Fellow at the David Rockefeller Center at Harvard.
2. Kenneth Maxwell, *The Making of Portuguese Democracy* (Cambridge and New York, Cambridge University Press, 1995); Kenneth Maxwell, *A Construção da Democracia em Portugal* (Lisboa, Editorial Presença, 1999); Kenneth Maxwell, *O Império Derrotado; Revolução e Democracia em Portugal* (São Paulo, Companhia das Letras, 2006). Also the documents I donated "Documenting the Portuguese Revolution 1962-1994" (the original inventory) in the Special Collections, Princeton University Library, Princeton, NJ.
3. Cord Meyer, *Facing Reality: From World Federalism to the CIA* (1980).
4. David Castano, the coordinator of the IPRI conference at the Fundação Oriente, gave me a copy of his latest book, David Castano, *Mário Soares, o essencial: O 25 de Abril* (Lisboa, Edições 70, 2014) which covers the role of Mário Soares and is based on very comprehensive research and documentation. He is also the author with Maria Inácia Rezola, *O Conselho da Revolução (1975-1982\ - Uma Biografia* (Lisboa, Edições 70, 2021).

8. O PIVÔ: O GOLPE PORTUGUÊS DO 25 DE ABRIL E AS SUAS CONSEQUÊNCIAS GLOBAIS

1. Elio Gaspari is the author of five volumes on the Brazilian Dictatorship: *Coleção Ditadura; a ditadura acabada* (2016); *a ditadura encurralada* (2014); *a ditadura derrotada* (2014); *ditadura envergonhada* (2002); *a ditadura derrotada* (2003). He writes a column twice each week for the *Folha de São Paulo* and *O Globo* (Rio de Janeiro.) He was a Tinker Visiting Professor at Columbia University, a visiting fellow of the Woodrow Wilson Center in Washington D.C., and a visiting Fellow at the David Rockefeller Center at Harvard.

NOTES

2. Kenneth Maxwell, *The Making of Portuguese Democracy* (Cambridge and New York, Cambridge University Press, 1995); Kenneth Maxwell, *A Construção da Democracia em Portugal* (Lisboa, Editorial Presença, 1999); Kenneth Maxwell, *O Império Derrotado; Revolução e Democracia em Portugal* (São Paulo, Companhia das Letras, 2006). Also the documents that I donated "Documenting the Portuguese Revolution 1962-1994" (the original inventory) in the Special Collections, Princeton University Library, Princeton, NJ.
3. Cord Meyer, *Facing Reality: From World Federalism to the CIA* (1980).
4. David Castano, the coordinator of the IPRI conference at the Fundação Oriente, gave me a copy of his latest book, David Castano, *Mário Soares, o essencial: O 25 de Abril* (Lisboa, Edições 70, 2014) which covers the role of Mário Soares and is based on very comprehensive research and documentation. He is also the author with Maria Inácia Rezola, *O Conselho da Revolução (1975-1982\ - Uma Biografia* (Lisboa, Edições 70, 2021).